DIE GRAUE EDITION
HANS-DIETER MUTSCHLER
VON DER FORM ZUR FORMEL

HANS-DIETER MUTSCHLER

VON DER FORM ZUR FORMEL

METAPHYSIK
UND
NATURWISSENSCHAFT

DIE GRAUE EDITION

DIE GRAUE REIHE 58

Schriften zur Neuorientierung in dieser Zeit
Herausgegeben von Prof. Dr. Walter Sauer,
Dr. Dietmar Lauermann und Dr. Florian Lauermann
in Zusammenarbeit mit der
Prof. Dr. Alfred Schmid-Stiftung, Zug/Schweiz

© 2011 Die Graue Edition
Prof. Dr. Alfred Schmid-Stiftung, Zug/Schweiz
ISBN 978-3-906336-58-9
Alle Rechte vorbehalten. Printed in Germany
Satz: TYPOAtelier, Ketternschwalbach
Druck: Kraft Druck GmbH, Ettlingen
Einband: Lachenmaier GmbH, Reutlingen

Inhalt

Einleitung	7
Wesen und Erscheinung; der neue Materialismus	15
Kalkülvernunft und Vertikale	36
Die kausale Geschlossenheit der Welt	60
Die Entwicklung der Leib-Seele-Debatte	80
Die Lebenslüge des Empirismus	107
Ausdrucksphänomene: Der Verlust der Vertikalen	123
Die Vertikale in der Tradition: Thomas von Aquin	146
Die Vertikale in der Natur: Ethik, Technik und das Gut der Lebewesen	169
An der Grenze	191
Literatur	222

Einleitung

Auf jeder Sprudelflasche stehen chemische Formeln, die uns darüber aufklären, was wir trinken. Es genügt nicht, *Wasser* getrunken zu haben. Man muss verstehen, was man trinkt. Die Praxis ist, so scheint es, eine Fortsetzung der Theorie mit anderen, nämlich den falschen, Mitteln.

Wärme, so erklären uns die Physiker, ist nicht das, als was wir sie empfinden, sondern sie ist nichts als ein statistisches Verhalten von Luftmolekülen, die wir nicht sehen. Farben sind nicht das, was wir wahrnehmen, sondern elektromagnetische Schwingungen der Frequenz λ, ja selbst unser Ich, unsere Persönlichkeit, ist *eigentlich* nur ein Rechenvorgang im Gehirn. „Werden wir nicht errechnet, so gibt es uns nicht"[1], sagt der Philosoph Thomas Metzinger und die mathematische Spieltheorie versichert uns, dass wir jederzeit nach einem Nutzenkalkül handeln, dessen Ausgang sich im Voraus berechnen lässt.

Der Kalkül, so scheint es, gibt uns Aufschluss über das Wesen der Dinge. Die Welt, die uns im Alltag umgibt, ist in dieser Sichtweise lediglich Schein oder die Erscheinung einer tiefer liegenden Realität, die die Naturwissenschaft kalkülmässig erfasst. Als James Watson zusammen mit Francis Crick die Doppelhelix entdeckte, stellte er sofort den Anspruch, das Wesen des Lebendigen erfasst zu haben, so wie manche Physiker eine „theory of everything" anstreben, eine Weltformel, die den kognitiven Inhalt des gesamten Weltprozesses enthalten soll.

Die Mathematisierung der Welt begann im Prinzip mit Galilei. Vor ihm interpretierte man die Natur gerne als ein Weisheitsbuch. Der Regensburger Kanoniker Konrad von Megenberg schrieb im 14. Jahrhundert ein solches „Buch der Natur", das er dem „Buch der Offenbarung", nämlich der Bibel, entgegenstellte. Die Bibel enthielt demnach das Wissen über unsere ewige Bestimmung, während das Buch der Natur uns mitteilte, wie wir uns in dieser Welt verhalten sollten. Von Galilei hingegen stammt der Satz, die Natur sei „in mathematischen Lettern" geschrieben. Wenn das richtig ist, dann ist Natur kein Weisheitsbuch mehr, sondern ein Rechenexempel.

Vielleicht hat Galilei recht, denn man kann ohne Übertreibung sagen, dass die Antike und das Mittelalter (vielleicht mit der Ausnahme von Archimedes) die Berechenbarkeit der Natur gewaltig unterschätzten. Aber wenn wir imstande sind, von den Atomen bis zum menschlichen Geist alles dem Kalkül zu unterwerfen, dann ist nicht ganz klar, weshalb der Kalkül zugleich das innere Wesen der Dinge enthüllen sollte. Kann der Kalkül diese metaphysische Last tragen? Würde es nicht genügen, ihn als ein Mittel anzusehen, um Welt zu berechnen, zu kontrollieren und bestimmte Effekte vorherzusagen? Denn eines kann der Kalkül sicher nicht: er teilt uns nicht mit, *wozu* er gut sein könnte. $E = mc^2$ kann zum Bau von Atomkraftwerken oder Atombomben herangezogen werden, aber die Formel sagt uns nichts über Sinn oder Unsinn solcher technischen Manipulationen.

Allgemein könnte man sagen, dass die Mathematik den Sinn aus der Welt herausfiltert: „Je begreiflicher uns das Universum wird, umso sinnloser erscheint es auch", sagt der Physiker Steven Weinberg. Er will damit natürlich keine Kritik an der Physik zum Ausdruck bringen. Es ist nur einfach so, dass der Kalkül von sich aus keine Sinnperspektiven erzeugt. Er ist nicht etwa sinnlos, sondern sinnfrei.

Weinberg fügt sogleich hinzu: „Doch wenn die Früchte unserer Forschung uns keinen Trost spenden, finden wir zumindest eine gewisse Ermutigung in der Forschung selbst ... Das

Bestreben, das Universum zu verstehen, hebt das menschliche Leben ein wenig über eine Farce hinaus und verleiht ihm einen Hauch von tragischer Würde."[2] Das ist ein erstaunlicher Satz: Das Weltall erscheint in dieser Perspektive wie eine völlig sinnlose Veranstaltung, bringt aber einen Menschen hervor, der Sinn im Akt des Forschens erfährt. Wie geht das zusammen? Entsteht der Sinn aus dem Nichts?

Tatsächlich muss ein Universum, das ein sinnverstehendes Wesen produziert, selber die reale Möglichkeit dazu gehabt haben oder anders ausgedrückt: das Universum kann kein rein materieller Zusammenhang sein, wenn es imstande ist, Geist hervorzubringen, der Sinn erfährt. Doch wenn die Physik sich nur auf den materiellen Zusammenhang bezieht, dann kann sie nicht das Wesen der Dinge ausgedrückt haben, denn dazu gehört auch dieser Sinnzusammenhang.

So verhält es sich auch bei den anderen der genannten Beispiele. Die Frequenz λ ist das, was wir an den Farben berechnen können. Sie enthält nichts von unserem qualitativen Erleben, das mit den Farben verbunden ist. Weiter: Die Doppelhelix ist sicher ein ganz wesentliches Element im Kausalzusammenhang des Organismus, aber nicht dessen Wesen. Denn wie man inzwischen weiß, spielen beim Bau und Verhalten der Lebewesen zahlreiche andere Kausalfaktoren mit, von denen die DNA nur einer ist, wie die Systembiologie deutlich gemacht hat.

Man sollte auch durchaus zugeben, dass in unserem Gehirn Rechenvorgänge ablaufen, aber sie konstituieren nicht die menschliche Person. Selbst wenn das Gehirn die Außenwelt materiell repräsentiert, muss es eine Instanz geben, die diese Repräsentationen *interpretiert* und das ist ein geistiger Akt. Auch ist es falsch zu glauben, dass Menschen immer nach einem Nutzenkalkül operieren. Oft handeln sie aus Solidarität (oder aus einer Laune heraus). Warum glauben wir dennoch, dass der Kalkül das Wesen der Dinge zum Ausdruck bringt, wo er doch nur für einen bestimmten Aspekt der Berechenbarkeit steht?

Ich möchte in diesem Buch die These entfalten, dass der Mensch ein unrettbar metaphysisches Wesen ist, ein Wesen, das wissen will, „was die Welt im Innersten zusammenhält". In früheren Zeiten befriedigte sich dieses Bedürfnis in der Religion oder in der Metaphysik. Doch weil uns diese Instanzen fragwürdig geworden sind, projizieren wir unsere metaphysischen Bedürfnisse in die Naturwissenschaft, insbesondere in die Kalkülvernunft, hinein.

Das kommt nicht von ungefähr: Durch die gesamte Geschichte der abendländischen Philosophie herrschte eine Art Logizismus, wonach die Wesensgründe der Welt das Durchschaubarste sein sollten. Metaphysik war eine Art von höherer Mathematik, wie das in der Philosophiegeschichte bei Leibniz vielleicht am deutlichsten wird. Wenn nun eine solche Metaphysik ihre Plausibilität verliert, dann ist es naheliegend, die empirischen Wissenschaften und ihre unbestechliche Logik an deren Stelle zu setzen, die alte Motivation aber aufrecht zu erhalten: Je schärfer die Logik, desto mehr nähern wir uns dem Wesenskern der Dinge, so die allgemeine Überzeugung.

Ich weiß nicht, ob Gott ein Logiker ist, jedenfalls gibt es mächtige religiöse Traditionen, die im Gegenteil davon ausgehen, dass unser Verstand dem seinen nicht gewachsen ist. Manche, wie etwa die Buddhisten, setzen Logik und Seinserfahrung diametral entgegen. Der Verstand muss schweigen, wenn der Weltgrund zur Geltung kommen soll. Es gab also in religiösen Traditionen schon immer eine gewisse Skepsis gegenüber den Geltungsansprüchen einer Philosophie, die ihre Grenzen ignoriert und wenn inzwischen die Naturwissenschaften diese Rolle spielen, verschärft sich das Problem, denn es gibt keine guten Gründe, den modernen Kalkül so zu verstehen, als gebe er uns Aufschluss über das innere Wesen der Dinge. Der Kalkül ist nützlich, aber er verbürgt keine ontologische Wahrheit, vielmehr verbirgt er sie. Wenn wir uns schmeicheln, mit der Formalisierung der Welt ihr Wesen erfasst zu haben, dann machen wir uns blind für ihren wahren Reichtum. Je formaler, desto inhaltsärmer.

Tatsächlich benötigten wir heute eine Neubestimmung dessen, was Metaphysik und Spiritualität noch sein könnten. Vielleicht liegen sie eher in der Fluchtrichtung des Kontingenten dessen, was wir nicht berechnen können, in der Fluchtrichtung der unreduzierbaren Vielheit, des Wertes oder der Ausdrucksqualitäten, die wir in das Sonderabteil des ‚Ästhetischen' verfrachtet haben, wo sie den intellektuellen Betrieb nicht weiter stören. Das Ästhetische ist in dieser Lesart subjektiv und damit getrennt vom Ergebnis der Wissenschaften, die man für rein objektiv hält. Dagegen sollten wir von einer Gegenläufigkeit des Formalen und Inhaltlichen, von Präzision und ontologischer Relevanz, von Ausdruck und Kausalität, ausgehen. Mein Buch wird diesen Gedankengang in verschiedener Hinsicht entfalten:

Nach der Einleitung mache ich auf das Paradox des heute herrschenden materialistischen Platonismus aufmerksam. Nachdem in der Antike Platonismus und Materialismus Gegensätze waren wie A und non-A, vereinigen sie sich im Rahmen der mathematischen Physik, weil diese Wissenschaft durch ihre mathematische Form ein ideelles Element enthält, das aber materialistisch geerdet wird. In einem Kapitel über „Wesen und Erscheinung" zeige ich weiter, dass diese altehrwürdigen Begriffe, die im Empirismus als ein überholtes Bildungsgut angesehen werden, dennoch im szientifischen Materialismus überlebt haben, wenn auch anders gewichtet: Erscheinung ist zwar noch wie früher die Lebenswelt, Wesen ist jetzt aber ganz im Gegensatz die Formel, nicht mehr die inhaltlich bestimmte Form.

Das Kapitel über „Kalkülvernunft und Vertikale" zeigt, wie die moderne Kalkülvernunft, die sich zu Beginn des 20. Jahrhunderts etabliert, um dann zu einer kulturprägenden Macht zu werden, lediglich dazu führt, echte Metaphysik, oder wie ich es nenne – die ‚*vertikale Dimension*' – zu verdrängen. Wenn wir die berechenbaren Kausalzusammenhänge der Natur ihre ‚horizontale Dimension' nennen, dann beschreibt diese vertikale Dimension den Wertecharakter oder die Sinndimension des Realen, ihr immanentes Telos.

In einem Kapitel über „Die kausale Geschlossenheit der Welt" kritisiere ich dieses verbreitete Dogma, das eine materialistische Position zur Folge hat. Dieses Dogma ist keine Konsequenz der Naturwissenschaft, wie oft behauptet wird, sondern eine blosse Forschungsmaxime ohne ontologisches Gewicht. Tatsächlich wird der Begriff der ‚Kausalität' in der heutigen Diskussion derart vielfältig gebraucht, dass er kaum dazu taugt, die Welt als kausal geschlossen erscheinen zu lassen.

Im Kapitel über „Die Entwicklung der Leib-Seele-Debatte möchte ich an einem konkreten Beispiel zeigen, wohin es führt, wenn man die traditionelle Form oder Idee durch den Formalismus, d. h. durch den Kalkül ersetzt. Man kann die Entwicklung dieser Debatte – entgegen ihrem Selbstverständnis – als fortschreitende Selbstaufhebung lesen: Die Kalküle müssen immer weiter liberalisiert und inhaltlich angereichert werden, bis am Ende die teleologische oder Wertedimension wieder in den Blick kommt.

In „Die Lebenslüge des Empirismus" beschreibe ich die Paradoxie, die den Empirismus belastet, dass er nämlich die Naturwissenschaft – vor allem die Physik – als Legitimationsinstanz gebraucht, dass aber die Physik ein Subjekt mit geistigen Fähigkeiten voraussetzt, das in den Objekten dieser Wissenschaft nicht vorkommt. Dieser transzendentale Gedanke, der von Kant herrührt und den Popper für das 20. Jahrhundert reformulierte, wurde von Russell bis Quine und darüberhinaus in der empiristischen Tradition weggeschoben, weil er dazu führen müsste, ihm seine Legitimationsgrundlage zu zerstören. Der Empirismus zieht es daher vor, die Transzendentalphilosophie zu ignorieren.

Ein Kapitel über „Ausdrucksphänomene" zeigt, wie sich *die neue Befindlichkeit* in der Architektur, der Musik und Malerei, aber auch in der Kleidermode oder in den Frisuren ausdrückt. Es gibt im Bereich des Ausdrucks einfach zu viele Phänomene, wo die Vertikale in den Fällen verloren geht, wo wir sie zu Recht erwarten würden. Die Kunst reagiert immer sehr sensibel auf Veränderungen unseres Welt- und Selbstverständnisses und deshalb zeigt sich der Verlust der Vertikalen gerade hier am Deutlichsten.

In einem Kapitel über „Die Vertikale in der Tradition" zeige ich am Beispiel Thomas von Aquins, welche Eigenschaften ein Denken auszeichnet, das die Vertikale in den Mittelpunkt stellt. Man hat im Mittelalter sozusagen das Gegenteil von dem geglaubt, was wir heute für sinnvoll halten würden. Ich möchte zeigen, dass in diesem mittelalterlichen, vertikalen Denken wertvolle Impulse enthalten sind, wobei wir selbstredend nicht mehr einfach nur die alten Prinzipien fortschreiben dürfen, wie das der konservative Katholizismus zum Teil heute noch tut.

In einem Kapitel über „Die Vertikale in der Moderne" möchte ich zeigen, dass Teleologie, allgemein die Wertedimension, keinesfalls etwas sind, was durch den wissenschaftlichen Fortschritt aufgehoben wurde. Es ist vor allem nicht so, dass die Evolutionstheorie diese Dimension zum Verschwinden bringen könnte. Die vertikale Dimension liegt auch nicht auf derselben Ebene wie die empirisch arbeitende Biologie. Dies glauben zwar die Intelligent-Design-Anhänger und die religiösen Fundamentalisten, aber Werte, Sinn, Zweck und Ziel sind in Wahrheit *metaphysische* Qualitäten des Realen, keine empirischen.

Ich schließe mit einem Kapitel „An der Grenze". Hier skizziere ich, wie eine moderne Metaphysik aussehen könnte: kein apriorisches Wissen, keine überhöhten Geltungsansprüche mehr, sondern der durchaus riskante Versuch „an der Grenze" zu denken, wo der Begriff sich aufhebt und wo das Ästhetische ebenso nahe liegt wie die Mystik. Ich beziehe mich dabei auf eine Tradition des metaphysischen Denkens, die heute mehr und mehr im Begriff ist, aus der philosophischen Diskussion zu verschwinden: die unabgegoltenen Versuche Schellings und Schopenhauers, der Lebens- und der Existenzphilosophie. In diesen Philosophien ist das Bewusstsein lebendig, dass der Mensch mehr ist als eine genetisch programmierte Maschine oder ein rechnergesteuerter Roboter, der sensoriellen Input in motorischen Output umwandelt. In solchen Philosophien vibriert die Erschütterung über eine Epochenschwelle, die noch keine klare Richtung im Blick hat, aber wohl weiß, dass wir sie schließlich finden müssen.

Anmerkungen

1 Metzinger 1993, 284
2 Weinberg 1980, 162

Wesen und Erscheinung; der neue Materialismus

In der Geschichte der Philosophie waren Materialismus und Platonismus entgegengesetzt wie A und non-A. Der Platoniker glaubte an hochgeistige Ideen, an das Gute, Wahre und Schöne, der Materialist hingegen an die Welt der Sinne, an den Genuss, ans Konkrete, an den bunten Wechsel der Erscheinungen. Niemand hätte Platoniker und Materialist zugleich sein können. Heute ist das eher die Regel. Der Philosoph Williard van Orman Quine z. B. verbindet einen empiristischen Materialismus mit einem an der Mathematik orientierten Platonismus und er ist nur einer von ziemlich vielen.

Um diese merkwürdige Überblendung von Platonismus und Materialismus zu verstehen, ist es sinnvoll, in Bezug auf beide Grundhaltungen einen theoretischen und einen praktischen Aspekt zu unterscheiden. In der Tat gibt es einen praktischen und einen theoretischen Materialismus und es gibt sowohl einen praktischen, als auch einen theoretischen Platonismus.

Der praktische Materialismus ist Sensualismus: real ist, was unseren Sinnen so erscheint und weil uns die Sinne Lust verschaffen, ist Lust, bzw. Lustmaximierung, das höchste praktische Gut. In der Antike war es Epikur, der diese Lehre vertrat, in neuerer Zeit Feuerbach, Marx, Nietzsche und einige andere. Man kann sagen, dass die moderne Konsumgesellschaft weitgehend auf diesem Prinzip des praktischen Materialismus beruht und dass die modernen Massenmedien zumeist damit beschäftigt sind, diese Lehre flächendeckend einzubleuen: man ist sexy, jung, lustbetont, hat Geld und das allein scheint den Sinn des Lebens zu garantieren.

Der theoretische Materialismus ist von ganz anderer Art: Hier geht es um *Welterklärung*. Sein Grundsatz lautet: Naturwissenschaft ist der hinreichende Erklärungsgrund aller Dinge. Bekannt wurde der scientia-mensura-Satz von Wilfrid Sellars: „Wenn es darum geht, die Welt zu beschreiben und zu erklären, dann ist die Wissenschaft das Maß aller Dinge, der existierenden, dass sie existieren und der nichtexistierenden, dass sie nicht existieren."[1]

‚Wissenschaft' ist hier = ‚Naturwissenschaft' und daher beinhaltet dieser Grundsatz, dass z. B. Elektronen und Protonen existieren, weil sie von der Physik beschrieben werden oder Genotypen und Phänotypen, weil sie in der Biologie vorkommen. Gedanken, Gefühle, Strebungen, Hoffnungen, Ziele, Werte, Zwecke und Normen gibt es eigentlich nicht, weil sie keine Objekte der Naturwissenschaft sind.

Der theoretische Materialismus ist also, im Gegensatz zum praktischen, etwas Neuzeitliches oder Modernes. Man würde vielleicht denken, dass Demokrit ein theoretischer Materialist gewesen sei, aber ihm ging es nicht einfach nur um theoretische Welterklärung, sondern um einen ausgeglichenen Seelenzustand, den er „euthymia" nannte (etwa so viel wie ‚Wohlgemutheit'). Dagegen sind die modernen theoretischen Materialisten gewöhnlich nicht an praktischer Philosophie interessiert. Das versteht sich von selbst. Wenn Naturwissenschaft hinreichender Erklärungsgrund aller Dinge ist, dann wird es keine Freiheit geben. Wenn es aber keine Freiheit gibt, dann ist praktische Philosophie gegenstandslos. Oben erwähnte Autoren wie Williard van Orman Quine und Wilfrid Sellars z. B. haben so gut wie nichts zur praktischen Philosophie geschrieben, es scheint ihnen nicht so wichtig, ein Novum in der Philosophiegeschichte, denn von Plato bis Kant stand meist das Praktische im Zentrum der Philosophie.

Welch tiefer Graben sich zwischen praktischem und theoretischem Materialismus auftut, zeigte sich im Marxismus. Die

Marxisten hatten ein hohes Freiheitspathos. Tatsächlich glaubten sie, die Gesetze der Geschichte erkannt zu haben, um mit Hilfe bestimmter revolutionärer Veränderungen ein „Reich der Freiheit" herzustellen. Ich will nicht darüber raisonnieren, ob man Freiheit herstellen kann (vermutlich nicht), entscheidend ist, dass die Marxisten zwei Sorten Materialismus unterschieden, die genau dem entsprechen, was ich hier meine: Sie sprachen von einem „mechanistischen" und einem „dialektischen Materialismus". Der mechanistische oder „bürgerliche" Materialismus war ein Szientismus, der nur das gelten ließ, was die Naturwissenschaften lehren, also das, was ich ‚theoretischen Materialismus' genannt habe. Der dialektische Materialismus hingegen ging über alles hinaus, was uns die Naturwissenschaften lehren. Für ihn stand der Freiheitsbegriff im Mittelpunkt. Die Materie musste so gedacht werden, dass sie mit dialektisch-qualitativen Sprüngen immer höhere Phänomene hervorbrachte, bis hin zum Menschen und dessen Erfüllung im „Reich der Freiheit". Diese dialektische Materietheorie wurde begründet von Friedrich Engels und im 20. Jahrhundert von Ernst Bloch näher ausgestaltet. Heute ist all das vergangen und vergessen, deshalb gibt es inzwischen Versuche, theoretischen und praktischen Materialismus zu verbinden, obwohl man von den Marxisten hätte lernen können, dass es nicht gelingen kann.

Bernulf Kanitscheider z. B. versucht, beides miteinander zu verbinden. Er vertritt in seiner theoretischen Philosophie einen extrem Physikalismus, in seinen praktischen einen ebenso extremen Sensualismus. In seiner theoretischen leugnet er alles, was mit Vernunft und Freiheit zu tun hat. Der Mensch sei eine blind programmierte Genmaschine wie andere Tiere auch. In seiner praktischen Philosophie vertritt er dagegen einen radikal-individualistischen Hedonismus. Ziel des Handelns sei die persönliche Lustmaximierung, insbesondere in sexueller Hinsicht.

Man braucht sich nicht aufzuhalten mit Überlegungen, ob denn eine individualistische Moral überhaupt möglich ist. Es genügt, dass selbst eine solche ‚Moral' ein freies Subjekt voraussetzt, das ihr genügen kann. Welchen Sinn sollten sonst die Appelle machen, die eigene Lusterfahrung zu maximieren? Doch die Freiheit dazu hat uns Kanitscheider in seinen theoretischen Schriften abgesprochen. Wir müssen uns also entscheiden, welche Art von Materialismus wir akzeptieren wollen, den theoretischen oder den praktischen, für den Fall, dass wir Wert darauf legen, Materialisten zu sein.

Im Fall des Platonismus verhält es sich anders. Man kann zugleich theoretischer und praktischer Platoniker sein, weil der praktische den theoretischen mit einschliesst (nicht aber umgekehrt). Der Grund ist dieser: Platos Philosophie fußt auf zwei Säulen, die einen Idealismus nahelegen, nämlich auf dem Ethischen und auf dem Mathematischen. In beiden Fällen handeln wir von nichtempirischen Größen, die konkret in Raum und Zeit nicht vorkommen. Ethische Sollensforderungen kommen dort nicht vor, weil sie keine Fakten, sondern erst herzustellende Zustände beschreiben, das Mathematische kommt dort nicht vor, weil es Notwendigkeit enthält, die es im Konkreten, Sinnlichen nicht gibt. So ist beim mathematischen Kreis die Peripherie notwendigerweise überall gleich weit vom Mittelpunkt entfernt, was für runde materielle Körper nicht gilt, die immer leicht verbogen sind. Weil Plato beides, das Ethische und das Mathematische, in den Mittelpunkt stellte, ist sein Idealismus zugleich praktisch und theoretisch.

Dies ändert sich im zeitgenössischen Platonismus von Grund auf. Was heute gewöhnlich ‚Platonismus' genannt wird, ist sozusagen eine Restkategorie des Empirismus. Der Empirismus geht davon aus, dass alles, was in unserem Denken und Erkennen eine Rolle spielt, auf Sinneserfahrung beruht. Man hat versucht, auch das Mathematische in einem solchen empiristischen Konzept unterzubringen. John Stuart Mill z. B. hielt die Mathematik für eine empirische Wissenschaft. Das hatte die missliche Konsequenz, dass er die Notwendigkeit mathematischer Urteile nicht akzeptieren konnte. Er musste zulassen, dass 1 + 1 manchmal auch 2,4 ergibt! Deshalb hatte schon 100 Jahre früher David Hume, ebenfalls überzeugter Empirist, die Mathematik aus dem empiristischen Schema herausgenommen und das ist wohl die verbreitete Meinung seither. Quine hatte sich lange dagegen gewehrt, akzeptierte aber schließlich „zähneknirschend" (wie er sagt) mathematische Gegenstände, wie Zahlen, Mengen oder Funktionen, als existierend jenseits aller sinnlichen Objekte.[2] Das heißt, er musste bezüglich solcher Größen eine Ausnahme von seiner materialistischen Ontologie machen. Bezüglich des Mathematischen war er Platoniker, ansonsten Empirist.

Wenn heute von ‚Platonismus' die Rede ist, ist meist nur dies gemeint. Der szientifische, theoretische Materialist würde am liebsten nur Sinneswahrnehmungen gelten lassen. Weil er aber die mathematische Physik als höchste Erklärungsinstanz ansieht, ist er wohl gezwungen, das Mathematische aus seiner empiristischen Ontologie herauszunehmen und damit einen minimalen Idealismus zuzulassen. Andererseits tut ihm das nicht sonderlich weh, denn dieser minimale Idealismus enthält ja keine Handlungsmaximen, er hat keinerlei praktischen Gehalt – er enthält sozusagen nichts Geistiges und damit keine Sinnperspektiven. Aus diesem Grunde vertragen sich theoretischer Platonismus und theoretischer Materialismus sehr gut und kommen auch häufig in dieser Kombination vor.

Soweit möchte man das Gesagte vielleicht für ziemlich trivial halten, wenn nicht aufgrund dieser inzwischen gängigen Mischung aus Platonismus und Materialismus einen Anspruch erhoben würde, den wir aus der antiken Philosophie kennen, den Anspruch nämlich, das innere Wesen der Dinge auf den Punkt gebracht zu haben. Das verleiht dieser Mischung aus Platonismus und Materialismus ihre ungewöhnliche Sprengkraft.

Ein aktuelles Beispiel vorweg: Craig Venter, der als erster das menschliche Genom entzifferte, war es im Mai 2010 gelungen, ein am Computer erzeugtes, synthetisches Genom in eine Bakterienzelle zu schleusen und das Ganze zum Laufen zu bringen. In der Tat eine Sensation. Aber der Anspruch, den Venter mit seinen Manipulationen verband, folgte dem vorgeblichen Wesensdenken des Platonistischen Materialismus. Das Genom enthält für ihn die Information, d. h. den Algorithmus, der das Wesen des Lebendigen bestimmt. Von daher gesehen war sein Anspruch konsequent, künstliches Leben hergestellt zu haben. In Wahrheit ist eine Bakterienzelle ein sehr komplexes Gebilde mit einer Fülle von hierarchischen Systemebenen, die alle in kausaler Wechselwirkung stehen. So gesehen ist das Genom lediglich ein Element unter sehr vielen. Aber weil Venter das Genom am Computer hergestellt hatte und weil er das Resultat als Programm für die Zelle ansah, d. h. als eine abzuarbeitende algorithmische Vorschrift, waren in seiner Sichtweise alle anderen Systemkomponenten akzidentell. Der Kalkül mutierte zum Wesen des Lebendigen.

Wie an vielen anderen Beispielen zu zeigen sein wird, tritt diese Mischung aus theoretischem Materialismus und Platonismus häufig mit dem Anspruch auf, das innere Wesen der Dinge zur Geltung gebracht zu haben, ein Anspruch, der aus der klassischen Metaphysik stammt, von der er ohne Bewusstsein übernommen wurde. Ein solcher Anspruch, der völlig überhöht ist und der uns den Blick auf das Geistige verstellt, hat sich geschichtsmächtig und derart radikal durchgesetzt, dass ihn selbst kritische Autoren nicht mehr in Frage stellen. Die Naturwissenschaft, besonders wenn sie Mathematik enthält, ist danach fürs innere Wesen der Dinge zuständig, so dass unsere praktische Lebenswelt nur noch wie ein Schatten ist. Es wird uns daher geraten, dass wir aus der Höhle unserer alltäglichen Praxiswelt heraustreten sollten, um im Licht des logisch purifizierten Kalküls die Wahrheit über das Wesen der Dinge zu erfassen. Aber wie in der Einleitung erwähnt, geraten wir dann in die Paradoxie Steven Weinbergs, dass unsere Kosmologie immer sinnloser wird und dass sich die Sinnerfahrung des Forschers auf den ausdehnungslosen Punkt einer einsamen Subjektivität zurückzieht, die in dieser Hinsicht nichts mehr mit dem Kosmos zu tun hat. Wir entfremden uns von der Welt und wir entfremden uns von uns selbst.

Wollten wir dies vermeiden, dann müssten wir die Frage nach dem Wesen neu stellen und von der Kalkülvernunft abkoppeln. Der Kalkül ist mächtig, aber eben darin besteht auch seine Grenze. Es gibt nämlich Fragen, die sind solche der Anerkennung, nicht der Macht und es gibt Werte, die sind nicht nur Mittel zu etwas anderem, für das sie vernutzt werden, sondern sie stehen für sich selbst. Zunächst ist es aber sinnvoll, die Begriffe ‚Wesen' und ‚Erscheinung' genauer zu untersuchen, um zu erkennen, welche Rolle sie im szientifischen Materialismus spielen:

Diese Begriffe des ‚Wesens' und der ‚Erscheinung' sind so alt wie die Metaphysik. Vielleicht haben sie ihren Ursprung in der Erfahrung des Personalen. Zwar sehen viele Menschen so aus, wie sie sind, viele aber auch nicht. Da ist einer freundlich, sympathisch, verbirgt aber lediglich seinen Egoismus. Da ist einer unscheinbar, geradezu langweilig, verbirgt aber nur sein umso reicheres Innenleben. Weil es sich so verhält, haben die Begriffe ‚Wesen' und ‚Erscheinung' in der Alltagssprache überlebt, während sie aus der Philosophie verschwunden sind. Wir sagen ohne Weiteres „Sie hat ein freundliches Wesen" oder „Er ist eine unsympathische Erscheinung". In der Philosophie hingegen kommt der Begriff des ‚Wesens' kaum mehr vor und Autoren wie Martin Heidegger, die beständig vom ‚Sein' und ‚Wesen' reden, wurden eben deshalb schief angesehen.

Andererseits scheint es naheliegend, diese fundamentalen Begriffe, die wir im Umgang der Menschen miteinander benötigen, auf die Natur zu übertragen. Dann betrachten wir sie als ein Reich der Phänomene, denen etwas Wesenhaftes zugrundeliegt und so hat es die Metaphysik durch ihre ganze Geschichte hindurch gesehen. Allerdings trat zu Beginn des 20. Jahrhunderts ein Bruch ein, der die Metaphysik insgesamt und alles Reden von ‚Sein', ‚Wesen' und ‚Erscheinung' in Misskredit brachte.

Dieser Bruch kam nicht von ungefähr, denn die Metaphysik hat es in all den Jahrhunderten ihrer Herrschaft nicht vermocht, auch nur ein einziges, allgemein akzeptiertes Resultat zu liefern. Stattdessen waren die metaphysischen Systeme so verschieden wie nur möglich, erhoben aber durchweg den Anspruch, notwendiges, apriorisches Wissen zu liefern.

Die kritische Reaktion auf diese überhöhten Geltungsansprüche war durchaus verständlich. Anderseits kann man zeigen – und das ist der wesentliche Inhalt dieses Buches –, dass die Metaphysik mitnichten erledigt ist, denn sie hat im szientifischen Gewande inkognito überlebt, so dass die Kategorien von ‚Wesen' und ‚Erscheinung' keinesfalls verschwunden sind. Wir haben sie nur umetikettiert. Um dies zu verdeutlichen, mag ein kurzer Rückblick in die Geschichte der Metaphysik nützlich sein:

Plato setzt, wie oben erwähnt, einen Hiatus zwischen der Welt der materiellen Erscheinungen und ihren Wesensgründen oder Ideen, weil er sich am Mathematischen und am Moralischen orientiert, wo dieser Hiatus beidesmal auftritt. Aristoteles hat ihn dafür getadelt. Für ihn ist die Idee, oder wie er sagt, die ‚Form', immer nur wirksam im Konkreten. Nimmt man die Materie weg, dann verschwindet auch die Form, ohne freilich mit ihr identisch zu sein. Form und Materie sind unselbständige Momente an der Einzelsubstanz, als dem eigentlich Realen.

Thomas von Aquin hat im Mittelalter diese Aristotelische Lehre mit dem Christentum und mit dem Neuplatonismus verbunden. Danach verhält sich das Sein zum Wesen wie das

Wesen zur Erscheinung und das Sein als „esse commune" verweist seinerseits auf das „ipsum esse subsistens", d. h. auf Gott. Wie auch immer, das Denken von Begriffen wie ‚Wesen' und ‚Erscheinung' setzt ein Verhältnis des Ausdrucks zwischen beiden: Das Wesen drückt sich in der Erscheinung aus und das gilt bis Hegel und Whitehead.

Allerdings ereignete sich in der Geschichte der Metaphysik eine entscheidende Zäsur, als in der Neuzeit das entstand, was wir ‚Naturwissenschaft' nennen. Man hat das Entstehen der neuzeitlichen Naturwissenschaft bis ins Mittelalter und in die Antike zurückverfolgen können. Kein Wunder, in der Geschichte entsteht niemals etwas aus nichts. Auf der anderen Seite hat die Naturwissenschaft Eigenschaften, zu denen es kein Pendant in der herkömmlichen Metaphysik gibt. Naturwissenschaft denkt nicht in Termen von ‚Wesen' und ‚Erscheinung', sie fasst die Erscheinungen nicht als Ausdrucksphänomene oder als intrinsisch wertbestimmt.

Das liegt an einem veränderten Begriff von ‚Kausalität'. Die Aristoteliker hatten früher ihre sogenannte ‚Vierursachenlehre', wonach Kausalität immer mit Form- und Materialursache, mit Wirk- und Finalursache zu tun hat. Das heißt: Die Form-Materie-Beziehung war in dieses Kausalitätskonzept eingeschlossen und damit ein Ausdrucksverhältnis. Die Form bestimmte die Materie und artikulierte sich in ihr, sie verlieh den Erscheinungen Einheit, Wert und Gehalt.

Das neuzeitliche Kausalitätsverständnis hingegen orientiert sich am Begriff des ‚Naturgesetzes', den es vorher so nicht gab. Man denkt sich Ursache und Wirkung nun zeitversetzt, während die Aristotelischen Ursachen von Form und Materie gleichzeitig mit dem Seienden waren, auf das sie sich bezogen. Vor allem denken wir uns seit der Neuzeit Ursache und Wirkung als verbunden durch Naturgesetze, was auch ein Novum ist, denn hier drückt nicht mehr ein Etwas etwas anderes aus, sondern worauf es ankommt, ist die bloß neutrale Sukzession von Zuständen, die wertmäßig auf derselben Ebene liegen, d. h. auch Wertfragen spielen hier keine Rolle mehr. Nach einem solchen neutralen Schema denken wir bis heute in der Naturwissenschaft. Es ist deshalb völlig unsinnig zu fragen, was der Energie-, Impuls- oder der Drehimpulserhaltungssatz wohl ausdrücken? Sie drücken gar nichts aus – sie gelten einfach. Wenn man nun hergeht und alle Erscheinungen der Natur einem solchen veränderten Kausalitätsschema unterwirft, dann sind die Naturerscheinungen etwas, in denen nichts mehr erscheint. Das hört sich merkwürdig an, ist aber präzise die Lehre Kants. Nach Kant liegt den Erscheinungen ein „Ding-an-sich" zugrunde, das wir niemals erkennen, sondern nur aus Konsistenzgründen als gegeben unterstellen sollten.

Die Lehre von der Unerkennbarkeit der „Dinge-an-sich" hatte bei Kant nicht nur ihren Grund in den Methoden der Naturwissenschaft, die Kant sehr ernst nahm, Kant war zugleich schockiert von der Beliebigkeit der klassischen Metaphysik. Er sah, dass Metaphysiker ständig neue Systeme entwarfen, jeweils mit dem Anspruch apriori, d. h. notwendig zu sein. Aber wenn die Metaphysiker tatsächlich in der Lage wären, das Wesen der Dinge ein für alle mal auf den Punkt zu bringen, dann dürften sich ihre Systeme nicht so fundamental widersprechen. Ob Plato, Aristoteles, Plotin, Thomas, Descartes, Spinoza oder Leibniz: jeder Metaphysiker verstand wieder etwas anderes unter dem ‚Wesen'. Dies war ein weiterer Grund, weshalb Kant dem Menschen die Einsicht ins innere Wesen der Dinge absprach. Er kürzte die Metaphysik auf eine bloße Erkenntnistheorie herab. Die notwendigen Bedingungen des Erkennens sollten im transzendentalen Subjekt namhaft gemacht werden. Aber diese Bedingungen, d. h. die Kategorien, galten nur fürs Subjekt und seine Erscheinungen. Sie reichten nicht bis zum inneren Wesen der Dinge.

Die nachkantischen Idealisten, Fichte, Schelling und Hegel versuchten sodann, die alte Metaphysik auf transzendentalphilosophischer Basis zu rekonstruieren, indem sie endliches und unendliches Subjekt identifizierten, aber dieser titanische Aspekt ihrer Bemühungen endete im Nichts: in der zweiten Hälfte des 19. Jahrhunderts wandte sich die scientific community von den Spekulationen solcher Philosophen ab und ist nie mehr dorthin zurückgekehrt. Auf diese Situation konnte man zweifach reagieren: entweder man gab die Metaphysik ganz auf oder man definierte sie neu.

Letzteres findet sich zuerst bei Schopenhauer. Schopenhauer setzte ein irrationales Weltprinzip, das er ‚Wille' nannte und dieses irrationale Prinzip sollte sich als Wesen in den Erscheinungen ausdrücken. 100 Jahre später lehrte Henri Bergson ebenfalls ein solches, irrationales Prinzip als Wesen der Dinge, den sogenannten „élan vital". Dieser Ausweg, die Metaphysik zu retten, war problematisch, denn es ist nicht leicht einzusehen, wie ein irrationales Prinzip Grund der Philosophie sein könnte. Andererseits enthalten solche Philosophien wertvolle Impulse für eine zukünftige Metaphysik, die ich im letzten Kapitel skizzierend andeuten werde.

Eine andere Strategie, auf die neue Situation zu reagieren, bestand darin, die Metaphysik ganz abzuschaffen. Dies versuchten zu Beginn des 20. Jahrhunderts die Anhänger des Wiener Kreises wie Moritz Schlick, Rudolf Carnap, Philipp Frank, Hans Hahn, Otto Neurath und einige andere. Der Wiener Kreis orientierte sich hauptsächlich an der Physik und versuchte von dorther eine metaphysikfreie „wissenschaftliche Weltanschauung" zu begründen. Sinnvolle Sätze sollten ausschließlich empirische Sätze und Sätze der Mathematik bzw. Logik sein, die man für analytisch, d. h. für inhaltsleer, hielt.

Die Diskussion um die Voraussetzungen empirischer Wissenschaft führten allerdings zu dem Resultat, dass es auch Prinzipien gibt, die zwar nichtempirisch, aber doch zum Aufbau der Wissenschaft notwendig sind. z. B. ist das Kausalprinzip eine notwendige Voraussetzung aller Wissenschaft. Wir unterstellen, dass jede Erscheinung der Natur unter ein Gesetz subsumierbar ist. Weil es nun aber auch Zufälle in der Natur gibt und weil Zufall die Negation von Gesetzlichkeit ist, kann dieses Kausalprinzip durch keine Erfahrung widerlegt werden. Jede gegenteilige Erfahrung kann nämlich unter dem Stichwort ‚Zufall' abgeheftet und damit außer Kraft gesetzt, werden. Man fing deshalb wieder an, solche nichtempirischen Voraussetzungen der Wissenschaft ‚Metaphysik' zu nennen und ließ eine derart herabgestufte Metaphysik wieder zu.

Eine ähnliche Entwicklung durchlief die Philosophie der natürlichen Sprache, die zur selben Zeit entstand. Auch dort zeigte sich, dass es empirisch nicht begründbare Kategorien gibt, die vorausgesetzt werden müssen, damit Sprache funktioniert. Welche Kategorien das sind, ist bis heute strittig. Man könnte z. B. an das Ding-Eigenschafts-Schema denken, ohne das man sich schwerlich vorstellen kann, wie Sprache ihre Rolle im Alltag spielen sollte.

Wir finden also in der Wissenschaftstheorie und Analytischen Philosophie, die sich aus der Tradition des Wiener Kreises entwickelten, den Versuch, Metaphysik so tief zu hängen, dass sie auch nach dem desolaten Zusammenbruch ihrer eigenen Tradition noch haltbar schien. In dieser tief gehängten Metaphysik ist natürlich von ‚Wesen' und ‚Erscheinung' und solchen traditionellen Prinzipien nicht mehr die Rede, sondern Metaphysik besteht jetzt aus rein formalen Überlegungen. Keine Rede mehr von ‚Sein', ‚Wesen', ‚Erscheinung', ‚Wert' oder ‚Norm'.

Man kann diese radikale Reaktion durchaus nachvollziehen. Ich werde gleichwohl am traditionellen Begriff von ‚Metaphysik' festhalten, weil es nämlich einfach nicht wahr ist, dass sie ersatzlos verschwand. Vielmehr ist es gerade die These dieses Buches, dass wir niemals mehr traditionelle, starke

Metaphysik hatten als heute, wenn auch unter anderem Namen. Metaphysik flüchtet sich in die empirische Wissenschaft und geht dort inkognito.

Man spricht zu Recht vom Menschen als einem „animal metaphysicum". Wir sind Lebewesen, die wissen wollen, was die Welt im Innersten zusammenhält und wenn die Metaphysik dieses Bedürfnis nicht mehr befriedigt, dann greifen wir zur Naturwissenschaft, auch wenn wir damit ihre Geltungsansprüche überdehnen. Irgendwo befriedigt sich das metaphysische Bedürfnis immer und sei es in der Wissenschaft selbst. Ich möchte deshalb das Umkippen des formalen ins wesenhafte Denken an einigen Beispielen ausführlicher verdeutlichen:

Man betrachtet Galilei gerne als den Begründer der neuzeitlichen Naturwissenschaft. Das Nachdenken über Natur dominierten zu seiner Zeit die Aristoteliker, die über Jahrhunderte nichts dazu gelernt hatten. Sie gingen davon aus, dass Aristoteles die endgültige Wahrheit über die Natur bereits erkannt hatte. Man muss allerdings sehen, dass dies eine Bequemlichkeit des damaligen Denkens war, die man schwerlich Aristoteles selber zuschreiben sollte, denn dieser war enorm wissbegierig. Er beherrschte das Wissen seiner Zeit in einem erstaunlichen Maße. Aristoteles wäre der letzte gewesen, sich gegen Neuentdeckungen zu immunisieren.

Galilei hatte Interesse an der Dynamik bewegter Körper. Überblickt man die naturphilosophischen Schriften des Aristoteles, so wird man bemerken, dass er sich hauptsächlich für Lebensphänomene interessierte. Das Anorganische war ihm eher fremd, jedenfalls enthält seine Theorie des Anorganischen zahlreiche entscheidende Mängel. Galilei korrigierte diese Mängel und ersetzte die Aristotelische Dynamik durch eine völlig anders geartete: Er interpretierte die Natur nicht mehr mit Hilfe verborgener Entelechien, Finalursachen, Form-Materie-Verhältnissen oder mit Hilfe des Übergangs von der Möglichkeit in die Wirklichkeit, vielmehr maß er Zeit- und Raumverhältnisse und ließ die Frage nach dem inneren Wesen der Dinge in produktiver Ignoranz auf sich beruhen. An sich ist das die Vorgehensweise der Naturwissenschaft bis heute. Wenn sie sich methodologisch richtig versteht, sollte sie weltanschaulich neutral sein. Was das Wesen der Dinge sei, ist nicht ihr Thema, denn sie behandelt keine Ausdrucksphänomene.

Doch schon bei Galilei zeigt sich eine merkwürdige Inkonsequenz, denn obwohl er zunächst die Metaphysik als wenig hilfreich beiseite schob, verliebte er sich doch nach und nach in seine eigenen Formeln und sah in ihnen platonisierend das Wesen der Dinge verkörpert. Dies hatte natürlich auch damit zu tun, dass man sich zu jener Zeit auf eine Tradition berufen musste, wollte man Erfolg haben. Heute ist das Gegenteil der Fall: man muss zwanghaft vorgeben, originell zu sein. Auf die zeitgenössischen Aristoteliker konnte sich Galilei nicht berufen, weil sie eine falsche Dynamik vertraten. Blieben also die Platoniker. Bei ihnen spielte, im Gegensatz zu den Aristotelikern, die Mathematik eine herausragende Rolle in der Naturphilosophie und das machte sie attraktiv für Galilei.

Andererseits war merkwürdig, dass er sich auf Plato berief, denn dessen mathematisch-geometrische Naturphilosophie im Timaios war rein spekulativ und hatte mit experimentellen Methoden nicht viel zu tun. In der Tat berief sich Galilei mit größerer Berechtigung auf Archimedes, den einzig wirklichen Vorgänger, den er in der Geschichte der Wissenschaft hatte. Archimedes, der ernstlich experimentierte, musste allerdings vorgeben, seine Resultate durch bloßes Nachdenken gefunden zu haben, um dem rationalistischen Vorurteil seiner Zeit zu entsprechen. Obwohl nichts falscher sein konnte als Archimedes' rationalistische Selbstdeutung, nahm Galilei einen *solchen* apriorisch vorgehenden Platonismus ganz ernst. Klaus Fischer sagt: „Es ist zweifelhaft, ob Galilei viele Versuche zur Prüfung seiner Theorie unternommen hat. Andernfalls wäre unverständlich, warum er durchgängig auf der Annahme beharren konnte, daß leichte Körper zu Beginn ihrer natürlichen Bewegung schneller beschleunigt werden als schwere. Solche Tests waren nach Galileis methodischem Verständnis weder zur Stützung der Theorie notwendig noch zu ihrer Verwerfung ausreichend. Seine Vorgehensweise war axiomatisch orientiert."[3]

Man findet ein solches apriorisches Vorgehen in der gesamten Geschichte der Physik. Einstein sagt: „Das eigentlich schöpferische Prinzip liegt in der Mathematik. In einem gewissen Sinn halte ich es also für wahr, daß dem reinen Denken das Erfassen des Wirklichen möglich sei, wie es die Alten geträumt haben."[4] (Unter den „Alten" meint er offenbar die Platoniker.)

Wir haben also ein höchst erstaunliches Phänomen vor uns: Während man Aristoteles vorwirft, er habe seine Resultate im Lehnstuhl erdacht, was historisch falsch ist, unterstellt man, dass die Wissenschaft der Neuzeit ihre Resultate ausschließlich durch Experiment und Generalisierung empiristisch gewonnen habe, was ebenso verkehrt ist. Für unsere Zwecke wichtig ist aber die Beobachtung, dass die Naturwissenschaft seit Beginn mit dem Gewicht des Wesenhaften belastet wurde: Die Formel enthält zugleich die Idee oder das Wesen der Dinge.

Einmal darauf aufmerksam geworden, wird man diese Verschiebung bis in die neuesten Publikationen wiederfinden. In dem bekannten Bestseller des Physikers Stephen Hawking „Eine kurze Geschichte der Zeit" beginnt Hawking seine Ausführungen über Physik mit einem sehr bescheidenen, geradezu instrumentalistischen, Physikverständnis: Diese Wissenschaft sei nur dazu da, Messwerte zu ordnen und in eine handhabbare Form zu bringen. Doch dann verliebt er sich, wie Galilei, im Laufe seiner Untersuchungen in den eigenen Formalismus und behauptet gegen Ende des Buches, dass eine Vereinigte Feldtheorie (wie er sie anstrebt) Gottes Plan enthalten würde.[5] Man erinnert sich an Hegel. Auch Hegel hatte einen solchen Anspruch gestellt.

Das heißt mit anderen Worten: Naturwissenschaft hat Tendenz, die Geltungsansprüche der traditionellen Metaphysik zu übernehmen. Die Vorstellung ist dann die, dass wir uns in unserer praktischen Lebenswelt im Vorraum eines Tempels aufhalten, den uns die Wissenschaft zur Gänze aufschließt. Manche Wissenschaftler drücken dies emphatisch mit Hilfe des Platonischen Höhlengleichnisses aus. Gleich im Vorwort seines Buches „Schatten des Geistes" nimmt der Physiker Roger Penrose auf das Platonische Höhlengleichnis Bezug. Auch Plato war der Meinung, dass die uns umgebende Welt bloßer Schein sei. Wir seien wie Gefangene in einer dunklen Höhle, nur mäßig erleuchtet von einem trüben Lagerfeuer. Erst wenn wir mittels philosophischer Aufklärung unsere alltäglichen Vorurteile überwinden, würden wir das Sonnenlicht der Wahrheit sehen, ein geistiges Licht, das letztlich allen Dingen Sein und Erkennbarkeit verleiht.

Auf Platos Höhlengleichnis bezieht sich Penrose, definiert aber die Wahrheit nun ganz anders: Jetzt ist nicht mehr das Geistige und Normgebende göttlicher Wahrheit der Zielpunkt unseres Erkennens, sondern die mathematische Formel soll uns das Wesen des Seins erschließen. Für Plato war die Mathematik nur ein Weg zur Idee, für Penrose ist sie die Idee selbst. Hier haben wir also den Umschlag von einem klassischen in einen modernen szientifischen Platonismus vor uns.

Wissenschaftstheoretiker haben keine hohe Meinung von den populärwissenschaftlichen Schriften philosophierender Physiker wie Hawking oder Penrose. Sie bemühen sich, ganz bei der Sache zu bleiben. In der Tat verbinden Physiker oft sehr weit hergeholte Weltanschauungen mit ihrer Wissenschaft. Albert Einstein war Spinozist, Max Planck Christ, Erwin

Schrödinger Hinduist, David Bohm Buddhist, Roger Penrose Platoniker usw. Oft machen diese Physiker keinen deutlichen Unterschied zwischen ihren fachwissenschaftlichen Beiträgen und solchen weltanschaulichen Überhöhungen. Carl-Friedrich von Weizsäcker und Hans-Peter Dürr erwecken den Anschein, dass eine ostasiatische Mystik die direkte Konsequenz aus der Quantentheorie sei, eine These, die schon früher New-Age-Physiker wie Fritjof Capra vertreten hatten. All dies ist ziemlich willkürlich und scheint die Vorurteile der Wissenschaftstheoretiker zu bestätigen.

Mir scheint aber, dass die Projektion eines traditionellen Wesensdenkens in die moderne Wissenschaft hinein, nicht auf persönlichen Ideosynkrasien alternder Physker beruht, sondern vielmehr eine epochale Befindlichkeit kennzeichnet, die wir deshalb auch bei ganz nüchtern erscheinenden Wissenschaftstheoretikern finden.

Die Wissenschaftstheorie hatte ihren Ursprung im Wiener Kreis. Seine Angehörigen hielten, wie erwähnt, erst einmal das ganze Gerede vom ‚Wesen' für überholt. Sie waren Empiristen und dachten, dass Sein = Gegebensein in Raum und Zeit sei, nichts weiter. Realität kommt nicht in Graden, sondern sie ist entweder gegeben oder eben nicht gegeben: Sein ist kein reales Prädikat.

Man kann die Erscheinungen als eine ‚dünnere' Art von Realität ansehen, als das ihr zugrundeliegende Wesen. Aber wenn der Empirismus recht hat, ist Realität nicht graduierbar, sondern nur gegeben oder nicht gegeben wie Totsein oder Schwangersein – niemand ist nur ein bisschen tot oder ein bisschen schwanger. Daher heißt es in der gemeinsamen programmatischen Schrift bei Neurath, der zusammen mit Carnap und Hahn einen Artikel zur „Wissenschaftlichen Weltauffassung" geschrieben hatte, gleich zu Beginn: „In der Wissenschaft gibt es keine „Tiefen"; überall ist Oberfläche."[6] Ähnlich haben sich auch Moritz Schlick und Philipp Frank geäußert. Wenn man aber die Schriften dieser Autoren genauer liest, dann findet man auch hier wieder dieselbe Dialektik wie bei Galilei und Hawking: sie belasten plötzlich und ohne dass man eine Begründung erführe, ihre Formeln mit dem metaphysischen Gewicht des Wesenhaften. Moritz Schlick sagt z. B. über die Naturwissenschaft: „Sie führt uns auf die größte Höhe der Abstraktion. Je höher aber die Abstraktionsstufe einer Wissenschaft, desto tiefer dringt sie in das Wesen der Wirklichkeit." In seiner „Allgemeinen Erkenntnislehre" gibt es ein eigenes Kapitel zum Thema „Wesen und Erscheinung", in dem er die Sinnlosigkeit dieser Begriffe betont, nur um wenige Seiten später zu behaupten, dass Maxwell das Wesen der Elektrizität und Einstein das Wesen der Gravitation erfasst hätten.[7] Nun ist also doch vom ‚Wesen der Dinge' die Rede. Und das bei denselben Autoren, die nicht aufhörten, sich über Martin Heidegger aus eben diesem Grunde lustig zu machen! Doch warum sollte die Rede vom ‚Wesen' im einen Fall berechtigt, im anderen aber verboten sein?

Man kommt der Sache näher, wenn man bedenkt, dass der Empirismus diesen Philosophen vorgibt, Wissenschaft sei nur die Fortsetzung der lebensweltlichen Erkenntnis mit anderen Mitteln. Das heißt also: wir haben im Alltag eine Intuition, was es bedeutet, mit materiellen Gegenständen umgeben zu sein. Die Wissenschaft macht dann nichts anderes, als ebenfalls diese Gegenstände zu beschreiben, wenn auch genauer. D. h. Wissenschaft ist wie eine Lupe oder ein Mikroskop, während wir lebensweltlich mit unseren gewöhnlichen Augen die Dinge nur unpräzise sehen können.

In Wahrheit ist diese Auffassung ganz verkehrt. Jeder, der auf der Schule Newtonsche Physik lernen musste weiß, wie sehr ihn diese Physik befremdete. Sie beschreibt mitnichten unsere Lebenswelt. Bei Newton ist von „reibungsfreien Ebenen", „Punktmassen", „Momentanbeschleunigungen" oder „Fernwirkungen" die Rede, was im Alltag nirgends vorkommt und je weiter die Physik fortschreitet, desto weiter entfernt sie sich auch von unseren Alltagsvorstellungen. Schon die elektromagnetischen Feldtheorien des 19. Jahrhunderts sind denkbar weit von allem entfernt, was wir uns vorstellen können und das gilt a fortiori von der Quantentheorie. Mit einem Wort: die Physik stilisiert und idealisiert Realität auf eine Weise, die sich der Lebenswelt mehr und mehr *entgegensetzt*. Das ist im Prinzip auch in der Biologie der Fall. Der Hund, den wir streicheln, ist nicht die genetische programmierte Überlebensmaschine, als die ihn die Biologie darstellt.

Nun hätte all dies keine Folgen, wenn wir nicht darauf bestehen würden, dass Realität univok überall dieselbe ist. Wenn wir zuließen, dass Realität in Graden kommt, dass verschiedene Aspekte von Realität sich ganz anderen Diskursen erschließen, die auf ganz verschiedenen Prinzipien ruhen, dann würde es uns nicht stören, dass die verwissenschaftlichte Welt nicht unsere Lebenswelt ist.

Sobald wir aber empiristisch darauf bestehen, dass es nur eine Sorte von Realität gibt, die sich nur einer Art von wissenschaftlichem Vorgehen erschließt und sobald wir die Wissenschaft in ein Konkurrenzverhältnis zur Lebenswelt setzen, muss man diese Lebenswelt zum oberflächlichen Schein erklären, dem Wissenschaft sich entgegenstellt, denn jetzt haben wir die bloß qualitativen Vorgriffe des Wissens in der Alltagssprache und die quantitativen, mathematisch-präzisen Resultate der Wissenschaft als unüberbrückbaren Gegensatz und wenn wir die Dominanz der formalen Logik zum Kriterium des Eigentlichen erheben, dann müssen wir zwangsläufig der Meinung sein, dass unsere praktische Lebenswelt etwas Vorläufiges ist, dem das Eigentliche zugrundeliegt, das die Wissenschaft erforscht. Auf diese Weise tradiert sich das alte Konzept von ‚Wesen' und ‚Erscheinung' wider Willen und das heißt: Im Widerspruch zu den Grundsätzen des Empirismus zerstört dieser die Einheit der materiellen Realität und schafft sich eine metaphysische Hinterwelt, was er doch gerade vermeiden wollte. Auf diese Weise kommt die Paradoxie zustande, dass der Empirist zunächst einmal feierlich die Begriffe ‚Wesen' und ‚Erscheinung' verabschiedet, sie aber durch die Hintertür dann doch wieder hereinlässt.

Und so verhält es sich bis heute. Quine stellt als Motto über sein Buch „Unterwegs zur Wahrheit" den Satz: „Rettet die Oberfläche und ihr rettet alles." Aus Quines Werk geht aber klar hervor, dass er die Physik für eine Instanz hält, die für das verborgene Wesen der Dinge zuständig ist. Im Übrigen ist es doch ungereimt, insbesondere für einen großen Logiker, zu behaupten, alles sei nur Oberfläche. Das wäre so ähnlich, als würde man behaupten, es gäbe nur Berge, aber keine Täler. Wo es nur Berge gibt, gibt es auch diese nicht. So ähnlich wie der Mensch nicht andauernd in Ekstase sein kann.

Natürlich wäre auch eine Alternative denkbar. Wir könnten die uns umgebende Realität für die *eigentliche* halten und die Kalküle der Physik für ein nützliches Abstraktionsprodukt. Selbst große Physiker wie Werner Heisenberg haben es so gesehen. An den Erkenntnissen der Physik ändert sich dadurch nichts. Es ist nicht so, dass die Formeln der Physik ein Etikett trügen, wonach sie für das innere Wesen der Dinge zuständig sind. Diese Auffassung ist vielmehr metaphysisch und verdankt sich der alten Sehnsucht zu wissen, „was die Welt im Innersten zusammenhält", die man jetzt in die Physik hineinprojiziert. Auf diese Art wird das Formale zum Wesen der Dinge und der szientifische Materialismus zu einer Art Fortsetzung der klassischen Metaphysik mit anderen Mitteln, ohne dass ihm dies bewusst würde.

Anmerkungen

1 Sellars 1963, 173
2 Quine 1980, 410
3 Fischer 1983, 53
4 Einstein 1953, 153
5 Hawking 1988, 218
6 Neurath 1987, 87
7 Schlick 1948, 4; 1918, 199ff

Kalkülvernunft und Vertikale

Karl Jaspers nannte die Zeit so ungefähr um 500 vor Christus eine ‚Achsenzeit'. Damals wurden seiner Auffassung nach die Grundlagen unserer heutigen Kultur gelegt mit Hinduismus, Buddhismus, talmudischem Judentum, Zoroastrismus usw. Wenn dies eine Achsenzeit für die Menschheit als Ganzes war, dann war die Zeit um 1900 eine Achsenzeit für Europa und für die Welt, insofern sie von Europa abhängig bleibt.

Um 1900 brachen jahrhundertealte Monarchien zusammen. Die Physik wälzte sich mit Relativitäts- und Quantentheorie um, wie nie zuvor in ihrer Geschichte. Die Künste gingen von der tonalen zur atonalen Musik über, von der figürlichen zur abstrakten Malerei, von der Skulptur zum ready-made und in der Philosophie entwickelte sich ein neuer Stil, den ich in diesem Buch ‚Kalkülvernunft' nenne.

Von Hegel stammt das Wort, Philosophie sei ihre Zeit in Gedanken gefasst. Das hat man kritisiert mit dem Argument, dass dann Philosophie auf Wahrheit verzichten müsse, um sich dem Zeitgeist in die Arme zu werfen. Man kann es aber auch freundlicher lesen: So wie die Kunst die jeweilige Befindlichkeit einer Epoche zum Ausdruck bringt, jedenfalls dann, wenn sie Niveau hat, so stehen auch Philosophen von Rang für die Befindlichkeit einer ganzen Epoche, was natürlich mit dem Wahrheitsanspruch kollidiert, aber dies zeigt nur, dass unsere Wahrheitssuche immer auch einen historischen Index hat.

Die Zeit um 1900 war auch philosophisch gesehen eine Zeit des Umbruchs und dies wird nirgends deutlicher als in den Werken von Autoren wie Russell, Carnap oder Schlick, die mich zunächst beschäftigen sollen. Hier wird deutlich, wie sich Kalkülvernunft geschichtsmächtig durchsetzt. Ich möchte dann von hier aus Linien in die Gegenwart hinein ziehen, nämlich zu Quine und zur Analytischen Wissenschaftstheorie und -philosophie. Die Dominanz des logischen Kalküls, die Ersetzung von Form durch die Formel, die Neutralisierung der Vertikalen, d. h. der Wertedimension, durch rein kausale Abhängigkeiten, die in der Horizontalen definiert sind, wird den Inhalt dieses Kapitels ausmachen. Dabei werde ich immer darauf achten, diesen Umschwung nicht etwa als das analogielos Neue darzustellen, wie es uns gewöhnlich präsentiert wird. Auch in der Kunst war das wohl nicht so. Arnold Schönberg hat z. B. seine atonale Musik in der Auseinandersetzung mit Johann Sebastian Bach und mit der Spätromantik entwickelt. Aber während diese Zusammenhänge in der Kunst allgemein anerkannt sind, wird die gleichzeitige Revolution in der Philosophie als analogielos hingestellt. Ich möchte hingegen zeigen, dass dies eine Selbsttäuschung ist. Das neue Denken, das sich am Kalkül orientiert, hängt mit 1000 Fäden an der Tradition, insbesondere an der Tradition der Metaphysik. Für diesen Umschwung um 1900 steht vor allem Bertrand Russell, der ihn ganz bewusst vollzog. Ich glaube, dass er eine Schlüsselfigur der Gegenwart ist.

Russell war zunächst Idealist, von englischen Hegelianern wie McTaggart und Bradley beeinflusst. Er glaubte also, dass alles Konkrete eine Idee enthielt, die zu entdecken Aufgabe der Philosophie sein würde. Allerdings fand er den Hegelianismus etwas verworren, jedenfalls entsprach er nicht seinem Bedürfnis nach Klarheit, wie er es von seiner mathematischen Arbeit her gewohnt war. Da lernte er 1900 auf einem Philosophenkongress in Paris Giuseppe Peano kennen, dessen Art ihn beeindruckte, logische Präzision auch auf nichtmathematische Gebiete zu übertragen. Russell formulierte aufgrund dessen ein neues Prinzip, das später stilbildend wurde: „Die oberste Maxime der wissenschaftlichen Philosophie ist folgende: ‚Wo immer dies möglich ist, müssen logische Konstruktionen an die Stelle angenommener Ganzheiten treten.'"[1]

Dies war eine Absage an den Hegelschen Idealismus. Die Hegelschen Ideen waren Russell viel zu schwammig, denn er wollte Klarheit. Diese Klarheit sollte die Klarheit der mathematischen Logik sein – was aber noch wichtiger ist: Die logischen Konstruktionen sollten weiter dieselbe Rolle spielen wie einstmals die Ideen, d. h. sie sollten ebenfalls den Seinsbestand der Dinge zur Geltung bringen. Der Wechsel von Hegel zu Russell ist also der Übergang von einer dialektischen zu einer formalen Logik. Dies ist einigermaßen erstaunlich, denn während ihrer ganzen Geschichte war die formale Logik meist eine Hilfswissenschaft oder doch wenigstens nur ein bestimmter Aspekt an den für ewig gehaltenen Seinsprinzipien, die das Eigentliche ausdrücken sollten. Nun aber muss die Logik das ganze metaphysische Gewicht der Welterschließung tragen.

Sehr interessant in dieser Hinsicht ist Russells Verhältnis zu Leibniz, wie es in seiner Philosophiegeschichte zum Ausdruck kommt. Russell war – im Gegensatz zu Carnap und seinen Nachfolgern – philosophiegeschichtlich sehr gebildet. Er wusste genau, was er tat, während seine Nachfolger nichts zu sein glaubten, als brave Empiristen mit besonders ausgeprägtem logischem Sachverstand, wo sie doch eine starke metaphysische Tradition im Rücken hatten.

Von allen traditionellen Metaphysikern war Russell am meisten angetan von Leibniz und dessen Konzept einer „mathesis universalis". Russell lobt ihn dafür, dass er von der rein logischen Syntax direkt auf die Eigenschaften der realen Welt schloss und machte sich dieses Programm zu eigen. Der Unterschied ist aber, dass Leibniz eine sehr starke Metaphysik als Hintergrund für sein Vorgehen unterstellte. Für Leibniz war Gott ein Formallogiker, daher seine Lehre, wonach die Differenz zwischen synthetischen und analytischen Urteilen rein subjektiv sei. Wäre unser Geist genügend aufgeklärt, dann würden wir sehen, dass auch in jedem faktischen Urteil das Prädikat schon im Subjekt enthalten ist. Wir könnten aus Cäsar ableiten, dass er den Rubikon überschreiten würde. Ob es zur Zeit Leibniz' sinnvoll war, eine solche Metaphysik zu vertreten, sei dahingestellt, dass sie für einen Empiristen nicht nachvollziehbar sein sollte, versteht sich von selbst.

Aber weil die Philosophen der Kalkülvernunft ihr Gebäude auf diesem traditionell metaphysischen Grund errichtet hatten, übernahmen sie das Leibnizsche Konzept einer „mathesis universalis". Auch Carnap bekennt sich dazu und fing in seiner ersten Periode damit an, Philosophie als rein syntaktische Analyse zu betreiben. In diesem Zusammenhang stehen seine Überlegungen zur Leib-Seele-Debatte, die ich im nächsten Kapitel darstellen werde.

Die ganze Paradoxie eines solchen Unternehmens wird deutlich in Rudolf Carnaps erstem großen Werk, seinem „Logischen Aufbau der Welt" (Carnap wählt übrigens Russells oberste Maxime als Motto über dieses Buch). Die Paradoxie verstärkt sich sogar noch, weil Logik für Carnap keine ontologische Bedeutung mehr hat. Russell betrachtet, wie später Quine, die höchsten logischen Prinzipien zugleich als Seinsprinzipien, während sie für Carnap nur Regeln des richtigen Denkens sind. Sie haben also nur mit der Ordnung unserer Sprache, nicht mit der Ordnung der Dinge zu tun. Aber wie sollen sie dann eine Welt aufbauen? Man sieht, schon allein der Titel von Carnaps Werk ist streng widersprüchlich, aber der Glaube an die welterschließende Kraft des Logischen war zu jener Zeit ungebrochen. Die Welt wurde so gedacht, als wäre sie von einem Formallogiker erfunden, damit er es möglichst einfach habe, d. h. die Welt war zum Zwecke des Logikers auf der Welt.

Die Stärke des Formallogikers ist das Durchschauen starrer Bedingungsverhältnisse rein syntaktischer Natur und da von den Realwissenschaften die Physik solche Bedingungsverhältnisse am besten zur Geltung bringt, hatten solche Autoren eine große Affinität zum Physikalismus. In seiner Autobiographie berichtet Carnap, dass er sich ursprünglich auch für Psychologie und Soziologie interessiert habe. Was ihn aber an den empirischen Wissenschaften – mit Ausnahme der Physik – störte, war der Mangel an klaren Gesetzen „und die zahlreichen ungenügend verknüpften Tatsachen."[2] Aber was, wenn psychologische und soziale Gegebenheiten keinen starren Gesetzmäßigkeiten folgen und was, wenn sie weitgehend nur durch außerlogische Begriffsverbindungen beschrieben werden müssen?

Aber dies ist das Pathos der Kalkülvernunft, die Überzeugung nämlich, dass die Welt im Grunde maximal logisch geordnet ist. Es versteht sich von selbst, dass wir unser Reden über die Welt in maximal logisch geordneter Form vorbringen sollten – das genau ist die legitime Bedeutung von Occams Rasiermesser – aber das Occamsche Prinzip besagt *nicht*, dass die Welt von maximaler logischer Einfachheit ist – das können wir nämlich gar nicht wissen. Vielleicht ist die Welt viel komplizierter als wir denken. Doch in einem solchen simplifizierenden Sinn wird Occams Messer seit Russell und Carnap gelesen: Die Welt ist zum Zwecke des Logikers auf der Welt und der Diskurs mit der einfachsten Logik ist auch der wahre.

Russell hatte also das Ziel, die Idee durch die logische Form zu ersetzen. Er war, wie Kant lange vor ihm, erschüttert von der Beliebigkeit metaphysischer Systeme und gedachte einen radikalen Neuanfang der Philosophie ins Werk zu setzen, indem er die seit Frege auf ein modernes Fundament gestellte Logik für die Philosophie so fruchtbar machen würde, wie man seit Galilei und Newton die Mathematik für die Physik fruchtbar gemacht hatte. Zuvor war die Physik im Wesentlichen qualitative, klassifikatorische Physik gewesen, aber erst die Einführung quantitativer, mathematischer Methoden hatte sie auf den Weg des Erfolgs gebracht. Aus diesem Grunde gibt es bis heute Bücher aus dem Bereich der Analytischen Philosophie, die gespickt sind mit logischen Formeln, so wie Physikbücher mit mathematischen Formeln gespickt sind und wer diese logischen Formeln nicht versteht, wird von den Analytischen Philosophen nicht mehr ernst genommen.

Es gibt aber einen großen Unterschied zwischen Physik und Philosophie. Die Physik erlangte ihre Präzision nicht einfach nur durch Anwendung von Mathematik, sondern der Knackpunkt hier war die Kombination von *Messung* und Mathematik. Die Mathematik allein hätte überhaupt nichts genützt. In einer solchen Situation befindet sich aber die Philosophie. Hier gibt es nichts zu messen und deshalb kann die Anwendung der formalen Logik von vornherein niemals dieselbe Rolle spielen wie die Mathematik in der theoretischen Physik. Formallogische Richtigkeit ist ein viel zu weites Kriterium. Psychopathologen leben oft in logisch völlig kohärenten Wahnsinnsvorstellungen. Alles stimmt mit allem überein, nur nicht mit der Realität. Formale Logik ist daher kein geeignetes Mittel, um Sinn und Unsinn auseinanderzuhalten. Der entscheidende Punkt bei der Formalisierung ist der Übergang von der natürlichen zur formalen Sprache. Alle Probleme müssen zunächst in einer natürlichen Sprache formuliert werden und die Formalisierung bringt nur Gewinn, wenn der natürlichsprachliche Zusammenhang zunächst einmal richtig verstanden wurde, was ein hermeneutisches und nicht etwa ein logisches Problem ist. Gemessen daran sind viele Untersuchungen Analytischer Philosophen von grosser Oberflächlichkeit. Ich werde im Kapitel über Thomas von Aquin einige Beispiele dazu anführen.

Russell glaubte inbrüstig an sein neues Konzept. Er beanspruchte, ein neues Kapitel in der Geschichte der Philosophie aufgeschlagen zu haben. Er kündigte an, dass die Philosophie in Zukunft durch Formalisierung endgültige, von jedem anerkannte, Lösungen produzieren werde und bestätigte sich im fortgeschrittenen Alter, dass sein Prinzip erfolgreich gewesen sei und dass es die Philosophie tatsächlich auf ein ganz neues Fundament gestellt habe.[3] Die Analytische Philosophie hat aber bis heute kein einziges Problem gelöst, das allgemein akzeptiert würde und vielleicht war die Behauptung Russells aus den 1940er Jahren, sein Programm sei ein großer Erfolg gewesen, eine bloße Schutzbehauptung, denn Russell schockierte wenig später seine Anhänger mit der Bemerkung, dass er im Laufe seiner Entwicklung mehr und mehr von der formalen Logik abgekommen sei, um sie am Ende ganz aufzugeben.[4] Die meisten führen das auf eine beginnende Altersdemenz zurück, aber vielleicht war es auch die Einsicht, dass formale Logik in der Philosophie immer nur eine subsidiäre Rolle spielen muss. Sie wird niemals die Rolle der Mathematik in der Physik spielen können, denn in der Physik versteht man ohne Mathematik nichts, aber in der Philosophie gibt es sehr bedeutende Werke, in denen nicht eine einzige logische Formel vorkommt und das ist sogar der Fall bei Analytischen Philosophen von Rang wie Thomas Nagel, Arthur Danto oder John Rawls. Hilary Putnam, ursprünglich Schüler von Carnap und Professor für formale Logik, lässt in seinen späteren Werken jede Formalisierung vermissen. In „Vernunft, Wahrheit und Geschichte" nennt er die Logik ein „Randgebiet der Philosophie" und beklagt, dass wir „von der Formalisierung allzu sehr gepackt" seien."[5]

Wehe, ein anderer hätte das gesagt! Putnam ist einer der Zentralfiguren der Analytischen Philosophie, der es sich leisten kann, ihre Dogmen in Frage zu stellen. Jeden anderen hätte man nicht mehr ernst genommen, so wie man den späten Russell nicht mehr ernst nahm. Die Überzeugung von der welterschließenden Kraft des logischen Kalküls hat sich eben zu einer Art von religiösem Dogma verfestigt. Dabei hätte man schon in den Anfängen des Wiener Kreises sehen können, dass hier etwas ganz Entscheidendes nicht stimmte. Rudolf Carnap sagt in seinem „Logischen Aufbau der Welt" an einer bestimmten Stelle überraschenderweise: „Die Kenntnis der

Logistik ist nicht Vorbedingung für das Verständnis der Konstitutionstheorie."[6]

Ein unglaublicher Satz! Kein Physiker würde jemals auf die Idee kommen zu behaupten, eine physikalische Theorie sei auch ohne Mathematik verständlich. Und ausgerechnet im Gründungsdokument der neuen Weltauffassung macht Carnap einen Rückzieher und bestreitet, dass formale Logik eine conditio sine qua non der Philosophie sei! Kein Wunder, dass sie aus vielen Werken verschwunden ist. Tatsächlich hat man Untersuchungen angestellt über unsere logischen Intuitionen, deren Ergebnis lautet, dass uns unser Spürsinn bei elementaren logischen Zusammenhängen sehr selten täuscht. Man sollte sich einmal überlegen, wie es eigentlich kommt, dass Physiker ein komplettes Studium absolvieren, ohne jemals eine Einführung in die formale Logik gehört zu haben! Physiker sind diejenigen, die mit ihrer inzwischen sehr weit ausdifferenzierten Mathematik die meisten formallogischen Schlüsse ziehen, verglichen mit jeder anderen Wissenschaft und all das funktioniert ohne jede Kenntnis der formalen Logik und es funktioniert selbst dann, wenn die Physiker über Jahrhunderte widersprüchliche Begriffe gebrauchen wie z. B. den Begriff des ‚unendlich Kleinen' in der Infinitesimalrechnung. Noch nicht einmal dann stört die Unkenntnis formaler Logik!

Die Analytischen Philosophen glauben, dass eine fortgeschrittene Kenntnis der formalen Logik für das Philosophieren ebenso grundlegend sei, wie Tonleiterüben für den Pianisten. Niemand, der nicht gründlich seine Arpeggien und Tonleitern übt, spielt Beethoven oder Bach. Das ist wohl wahr. Aber mit der Logik verhält es sich anders. Die Logik verhält sich zur Philosophie wie die Grammatik zur natürlichen Sprache. Kein Kind lernt Grammatik und spricht doch seine eigene Sprache korrekt. Grammatik ist nützlich in besonderen Fällen, z. B. wenn man eine fremde Sprache erlernen möchte. Informatiker müssen formale Logik erlernen, weil sie sonst nicht programmieren können. Aber Logik ist, wie Grammatik, eine Hilfswissenschaft.

In seiner „Philosophie des logischen Atomismus" sagt der frühe Russell: „Ich bin der Auffassung, dass in der Philosophie die Logik grundlegend ist und dass Schulen nach ihrer Logik und nicht nach ihrer Metaphysik unterschieden werden sollten."[7] Seine eigene Philosophie sei auf eine relationale Logik aufgebaut, während Hegels monistisches Substanzdenken auf einer überholten Subjekt-Prädikat-Auffassung des Urteils und einer entsprechenden Logik beruhe, in der die Relation keine Rolle gespielt habe. Es ist allerdings so, dass die Kategorie der Relation in Hegels System eine prominente Rolle spielt, während die „Substanz als Subjekt" gedacht wird, d.h. als eine dynamische Grösse, die nichts mehr mit dem starren Substanzdenken der Tradition zu tun hat. Im Übrigen würde die traditionelle Logik eher zu Aristotelischen Einzelsubstanzen denn zu einer Hegelschen Weltsubstanz passen. Von Leibniz sagt Russell, dass er in gewissen erst im 20. Jahrhundert edierten Schriften Freges relationale Logik vorweggenommen habe. Aber wenn das so ist, weshalb hat er dann in seiner Monadologie das Substanzdenken erneuert? Es ist eben einfach nicht wahr, dass formale Logik die Metaphysik festlegt.

(Wenn ich in diesem Buch verkürzend von *der* Analytischen Philosophie spreche, dann wird aus dem Vorhergehenden deutlich geworden sein, dass ich nur die formalsprachliche Richtung und jene Autoren meine, die eine logizistisch-szientistische Grundposition vertreten. Nicht gemeint ist selbstverständlich der Traditionsstrang, der vom späten Wittgenstein zu Strawson oder von Wright verläuft.)

In Bezug auf die formale Logik ist die Differenz zwischen einem missverstandenen Popper und dem Wiener Kreis bezeichnend, was schon in den Titeln entscheidender Werke zum Ausdruck kommt: während Carnap von einem „Logischen Aufbau der Welt" spricht, spricht Popper von einer „Logik der Forschung." Logik baut hier keine Welt auf, sondern sie ist eine wünschenswerte Eigenschaft von Theorien, deren Präzisionsgrad variieren kann: „One should never try to be more precise than the problem situation demands."[8] Ich werde im Kapitel über den Empirismus den oft übersehenen Gegensatz zwischen Popper und dem Wiener Kreis bzw. Russell näher darstellen.

Poppers Auffassung entspricht einem wichtigen Satz am Beginn von Aristoteles' Nikomachischer Ethik: „Man darf nicht bei allen Fragen die gleiche Präzision verlangen ... es kennzeichnet den Gebildeten, in jedem einzelnen Gebiet nur so viel Präzision zu verlangen, wie es die Natur des Gegenstandes zuläßt" und da praktische Fragen nur mit verminderter Präzision behandelt werden können, muss man sich diesem Gegenstand entsprechend anpassen.

Russell ist dagegen in seiner frühen und mittleren Epoche derart von seinem Präzisionsideal eingenommen, dass er praktische Fragen überhaupt nicht als philosophiewürdig ansieht. Er hat an sich sehr viel zu solchen Fragen geschrieben, nämlich zur Politik, Erziehung, Religion, Ethik usw., aber er gibt sich keinerlei Mühe, konsequent philosophische Ordnung in diese Schriften hineinzubringen, sondern er drückt nur mit großem Schwung seine diesbezüglichen Meinungen aus und bezeichnet sie selbst als bloße „Predigten".

Das ist ein ungeheuerliches Phänomen, über das man sich nicht lange genug wundern sollte. Seit Sokrates, Plato und Aristoteles ist das Praktische in der Philosophie von sehr hohem Gewicht, wenn nicht zentral wie bei Kant. Nun aber wird es ins Beliebige, Weltanschauliche abgedrängt. Carnap behandelt Wertfragen als Geschmacksfragen, über die man nicht weiter diskutieren könne und aus diesem Grunde hat er auch nichts zur praktischen Philosophie geschrieben und dasselbe gilt für Hempel, Quine, Sellars, Stegmüller und viele andere.

Dies ist ein erstaunliches Phänomen in der Geschichte der Philosophie und sollte wohl zu denken geben! Wie kommt es, dass im 20. Jahrhundert eine sehr einflussreiche philosophische Richtung entsteht, die Praxis zugunsten von Theorie ignoriert und ins Weltanschauliche, d. h. ins Irrationale abdrängt? Die Radikalität dieser Verdrängung geht so weit, dass sie sich nicht nur auf das Ethisch-Praktische, sondern sogar auf das Technisch-Praktische bezieht, was noch erstaunlicher ist, ist doch das Technisch-Praktische mit den so hoch geschätzten Naturwissenschaften eng verbunden. So findet man in den Schriften formalsprachlicher Wissenschaftstheoretiker gewöhnlich nichts zur Technik, ja noch nicht einmal zum experimentellen Handeln. Praxis in jeder Form bleibt außen vor. Dieses Phänomen schreit nach einer Erklärung, denn es ist sehr ungewöhnlich und ohne jedes Vorbild in der Geschichte der Philosophie.

Man kommt der Sache näher, wenn man sich an Russells Maxime erinnert, man solle die Idee durch die logische Form ersetzen. Die Idee war bei Hegel immer theoretisch und praktisch zugleich. Hegel hat in seiner „Phänomenologie des Geistes" auf jeder Stufe der Reflexion versucht, Theoretisches und Praktisches zu vermitteln. Die Ideen sind also nie nur theoretisch und das war im Grunde schon so bei Plato. Aber es ändert sich sofort, wenn man der logischen Form die Rolle der Idee zuschreibt: dann besetzt sie den Ort, den früher das *Wesen der Dinge* eingenommen hatte und wenn sich dieses *Wesen der Dinge* nun plötzlich durch maximale logische Durchschaubarkeit auszeichnet, dann wird Praxis opak und verliert ihre Stellung als integraler oder auch als zentraler Bestandteil der Philosophie. Das ist also, was ich oben den Übergang von einem praktischen zu einem theoretischen Platonismus genannt habe.

Ich behaupte in diesem Buch, dass es sich hier nicht nur um ein innerphilosophisches, innerakademisches Problem handelt, sondern dass in dieser Verschiebung eine epochale Befindlichkeit zum Ausdruck kommt, die in den Werken bedeutender Philosophen Gestalt annimmt. Unter ‚epochaler Befindlichkeit' will ich allerdings nichts Deterministisches verstanden wissen, so als würde die gesamte Kultur nach einem einheitliche Muster funktionieren.

Dies ist natürlich nicht der Fall und es war vermutlich auch in kohärenteren Kulturen, als der Unsrigen, nicht der Fall. Wir haben oft bestimmte Clichévorstellungen von älteren Epochen, z. B. von *der* Renaissance, aber bei näherem Zusehen lösen sich solche Clichévorstellungen auf. Die Renaissance wird gerne als Überwindung des traditionellen Christentums hingestellt zugunsten eines erneuten Rückgriffs auf das antike Heidentum. Das ist einerseits wahr, andererseits falsch, denn das Christentum hat seinen prägenden Einfluss in der Zeit der Renaissance keineswegs verloren. Das geschah erst viel später.

Wenn aber schon solche vergangenen Epochen, die gewiss viel kohärenter waren als die Unsrige, bei näherem Zusehen sehr viel Ungleichzeitigkeiten enthalten, um wieviel mehr die Moderne, die sich durch eine größere Vielfalt auszeichnet. Tatsächlich gibt es gleich mehrere philosophische Strömungen, die Praxis in den Mittelpunkt stellen und Theorie oft nur noch als deren Wurmfortsatz gelten lassen, Strömungen wie Marxismus, Existentialismus, Pragmatismus oder heute der Konstruktivismus.

All dies ist wahr, widerspricht aber nicht meiner These, wonach Kalkülvernunft *eine* bedeutende Tendenz des gegenwärtigen Zeitalters ausmacht. Ich deute sie als den letzten Ausläufer klassischer Metaphysik, die erst von Marx, Heidegger, Dewey und solchen Philosophen aufgehoben wurde. Deren Metaphysikkritik ist hier nicht Gegenstand der Untersuchung, obwohl man über die Metaphysikabstinenz von Marx oder Heidegger sehr im Zweifel sein könnte. An dieser Stelle jedenfalls möchte ich die Neutralisierung der klassischen Form oder Idee mit Hilfe des Kalküls näher darstellen, der gleichwohl ihre Stelle einnimmt.

Wir könnten diese Neutralisierung auch als Sieg der Horizontalen über die Vertikale beschreiben, wenn wir unter ‚Vertikale' das Werthafte und unter ‚Horizontale' das Deduktive verstehen, etwa in folgendem Sinn: Werte stellen wir uns, schon von der dabei verwendeten Metaphorik her, als etwas Vertikales vor. Wir sprechen gerne von ‚höheren' oder von ‚basalen Werten' und ordnen ihre Intensität auf einer vertikal gedachten Skala an. Das ist naheliegend, denn wo es Werte gibt, gibt es Wertunterschiede, mit deren Hilfe wir unsere Präferenzen festlegen. Auch Zweck-Mittel-Relationen erzeugen eine vertikale Hierarchie, weil wir Zwecke höher einschätzen als die Mittel, die sie realisieren und weil untergeordnete Mittel wieder in sich Zwecke sein können, die hierarchisch noch tiefer liegende Mittel bestimmen. Manchmal wird dies mit Hilfe eines Handlungsbaumes beschrieben, der ebenfalls eine vertikale Gliederung aufweist.

Im Gegensatz dazu bewegt sich der Kalkül in der Horizontalen. Niemand kann z. B. mit Gründen behaupten, dass die Axiome eines Formalsystems ‚edler' seien als die abgeleiteten Theoreme. Das macht schon allein deshalb keinen Sinn, weil man zu jedem Formalsystem logisch äquivalente Systeme angeben kann, bei denen die Axiome und Theoreme ihre Stellung vertauschen. Formales Denken ist also kein Ursprungsdenken. Das zeigt sich auch in der Physik. Man hat z. B. die Newtonsche Physik im Sinn einer Partikelmechanik gedeutet. Danach wären Partikel das Erste, Ursprüngliche und alles andere, wie z. B. Kräfte, wären abgeleitet und kämen später. Aber man kann leicht die Newtonsche Physik logisch äquivalent auf den Kraftbegriff aufbauen. Dann sind die Partikel nicht mehr primär. Etwas Ähnliches gilt für die Quantentheorie, die man ebenfalls logisch äquivalent als Partikel- oder als Feldtheorie aufbauen kann. Hier ist nichts von sich aus ein Erstes, Ursprüngliches oder besonders Edles, Wertvolles. All diese Begriffe haben in Formalsystemen nichts mehr zu suchen.

Die Vertikale bestand in der klassischen Metaphysik nicht nur aus einer Wertehierarchie, sondern auch aus einer Hierarchie der Allgemeinheitsstufen. Das Allgemeinere war das Höhere, das Besondere war weniger wert und das Einzelne bedeutete so gut wie nichts. Die Alten hatten die Auffassung, die Materie in ihrer chaotisch-zerstreuenden Tendenz sei das „principium individuationis". Eine solche Auffassung ist uns extrem ferne gerückt, denn sie verdankt sich dem handwerklichen Herrichten und der Übertragung dieser Praxis in die Ontologie.

Der Handwerker hat einen Plan, etwa den Plan eines Tisches, aber selbst wenn er mehrere Tische nach ein und demselben Plan verfertigt, wird jeder wieder etwas anders ausfallen, weil das Holz verschiedene Maserungen und Dichtegrade aufweist. Das griechische Wort für Materie lautet ‚Hyle', was zu Deutsch ‚Holz' heisst. Holz war der Inbegriff der Materie und weil es deutlich individuelle Schwankungen aufweist, galt Materie als Prinzip des Individuellen, was aber negativ gemeint war. Das Geistige, der Plan war allgemein. Jeder Tisch wurde nach demselben Plan gefertigt. Die Materie mit ihrer Unvorhersagbarkeit zerstörte diese Einheit des Geistigen. Das Allgemeine war deshalb das Wahre, das Besondere und Einzelne das Verfremdete, Uneigentliche. Uns ist diese Sichtweise so sehr abhanden gekommen, dass man sie sich erst wieder künstlich in Erinnerung rufen muss, will man die alte Philosophie verstehen, obwohl sich zeigen wird, dass diese Vorstellung im Szientismus überlebt hat, das Allgemeine sei auch das Wahre. Wir sind einerseits geprägt vom Historismus des 19. Jahrhunderts, der das Individuelle, Geschichtliche in den Mittelpunkt rückte, andererseits von der Naturwissenschaft, die auf orts- und zeitenthobene Gesetzlichkeit und in diesem Sinn auf das möglichst Allgemeine hinaus will. Am besten eine Weltformel, die alles erklärt und sich selbst nicht verändert.

In der Philosophie der Alten wurde das Allgemeine nicht als horizontal wirkendes Gesetz interpretiert, sondern als vertikale Hierarchie der Stufen von Allgemeinheit. Der Aristotelesschüler Porphyrius von Tyros erfand den später nach ihm benannten „Baum des Wissens", die sogenannte „arbor porphyriana". Dieser Baum beschreibt verschiedene Allgemeinheitsstufen, die binär codiert sind:

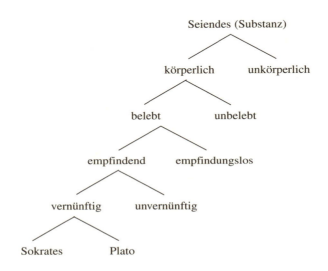

Natürlich müsste man auch die rechts stehenden Begriffe binär weiter aufschlüsseln. Zu den unkörperlichen Substanzen hätte man im Mittelalter Gott und die Engel gezählt, zum Unbelebten Feuer und Wasser, zu den unvernünftigen Tieren die Fische und Säugetiere usw. Der gesamte Wissensbaum würde sich also binär weiter verzweigen.

Sehr wichtig ist, dass dieses Denken immer axiologisch geprägt war. Das Allgemeinere war zugleich das Wertvollere. Wir würden heute diese arbor porphyriana als extensional bestimmte Mengeninklusionen darstellen und dann würde der Wertgesichtspunkt und das Hierarchische verloren gehen. Eine Untermenge ist nicht weniger edel oder wertvoll als die

Obermenge. Wir verbinden die Mengenlehre nicht mehr mit Wertgesichtspunkten. Die Mengenlehre gehört, wie alle modernen Kalküle, in den Bereich des horizontalen Denkens.

Die arbor porphyriana kam spätestens im 20. Jahrhundert aus der Mode, weil sie nicht vereinbar war mit dem evolutionären Denken, denn diese Über- und Unterordnung von Gattungen und Arten setzten eine starre Seinsordnung voraus, die durch Darwin widerlegt wurde. Ich erwähne diese Denkfigur nur, weil sie im modernen Szientismus überlebt hat, wenn auch materialistisch transponiert. Schlick sagt über die Naturwissenschaft (ich hatte die Stelle schon im letzten Kapitel zitiert): „Sie führt uns auf die größte Höhe der Abstraktion. Je höher aber die Abstraktionsstufe einer Wissenschaft, desto tiefer dringt sie in das Wesen der Wirklichkeit."[9] Dies ist eine ganz traditionelle Auffassung über das Verhältnis zwischen Allgemeinem und Wesenserkenntnis. Man findet ähnliche Stellen auch bei Russell. Ganz entsprechend auch bei Quine. Auf die Frage, warum er Physikalist sei, antwortet Quine: „Die Physik erforscht die wesentliche Natur der Welt, und die Biologie beschreibt einen ortsspezifischen Auswuchs. Die Psychologie – die Humanpsychologie – beschreibt einen Auswuchs des Auswuchses." Es gehe darum, „die Welt sub specie aeternitatis zu sehen."[10] Wie kommt ein Empirist dazu, „die Welt sub specie aeternitatis" sehen zu wollen?

Hier ist eben immer noch die alte metaphysische Sehnsucht nach dem Stabilen, Unveränderlichen, Allgemeinen am Werk. Aber in einer Hinsicht unterscheidet sich diese moderne Auffassung radikal von der traditionellen: Das Allgemeine ist jetzt nicht mehr ein mittels progressiver Klassifikation abstrahierter Seinsbegriff, sondern das Allgemeine wird repräsentiert durch das physikalische Gesetz, das die Materie bestimmt. Physikalische Grundgesetze sind orts- und zeitinvariant. Sie gelten immer und überall. Wenn man nun die alte Auffassung beibehält, wonach das Allgemeine über dem Besonderen, vor allem aber über dem Individuellen steht, dann wird das physikalische Gesetz zur Wahrheit über die Welt und die Formen, die wir früher als höher angesehen hatten, Leben und Bewusstsein, werden zu Epiphänomenen, zu „Auswüchsen", wie Quine sagt.

Man sieht aber auch hier wieder, dass die klassische Metaphysik dem schon halb vorgearbeitet hatte. Im oben abgebildeten Schema rangiert der Seinsbegriff an der Spitze der Hierarchie. Dort soll er die ‚Fülle des Seins' repräsentieren, denn er sollte der Platzhalter Gottes in der Welt sein. Aber das geht wohl beides nicht zusammen. Der Seinsbegriff ist der intensional ärmste Begriff und er soll trotzdem die Fülle aller Vollkommenheiten in sich vereinen! ==Es ist doch umgekehrt so, dass das Individuelle das Bestimmungsreichste ist!==

Das Problem ist schon bei Porphyrius auf dem Tisch: Er zeichnet einerseits den nach ihm benannten ‚Baum' auf, wo das Sein an der Spitze steht, er kennt aber andererseits eine Trias von Prinzipien, bei denen das Sein basal, also das Unedelste ist:

↑ intelligere	Erkennen
vivere	Leben
esse	Sein

Das ist in aufsteigender Reihenfolge gemeint. Auch Steine ‚sind'. Davon gibt es mehr als Lebewesen. Die ‚sind' auch, aber sie leben darüberhinaus, d.h. in dieser Stufung ist das qualitativ Höhere oben und das ist eben das Seltenere und gerade nicht das Allgemeinste. Wir haben also einen von Grund auf widersprüchlichen Seinsbegriff!

Die ganze Absurdität solcher Vorstellungen wird deutlich in einem Gemälde von Duccio Buoninsegna, das sich im Dommuseum in Siena befindet. Es stammt aus dem frühen

14. Jahrhundert und bringt das klassische Seinsdenken unnachahmlich zur Geltung. Gezeigt werden Gläubige, Bischöfe, Erzbischöfe, Päpste, alles natürlich hierarchisch geordnet und zwar nach Maßgabe der arbor porphyriana. Ganz unten die gewöhnlichen Gläubigen sind sehr individuell gestaltet, je höher wir aber die Hierarchie emporsteigen, umso ähnlicher werden sich die Gesichter und ein Papst schließlich sieht aus wie jeder andere, so als kämen sie aus der Fabrik.

Das ist die Assoziation, die sich einem modernen Betrachter aufdrängen wird, denn wir haben die Kontingenz der Materie wissenschaftlich und technisch im Griff. Nicht mehr das Individuelle, das Allgemeine ist jetzt eine Grundbestimmung der Materie, als dem Substrat aller Technologie. Aber die Hochschätzung des Allgemeinen hat sich aus der metaphysischen Tradition herübergerettet und liegt noch dem Seinsbegriff von Russell, Schlick oder Quine zugrunde. Wir denken also immer noch in traditionellen Schemata.

Es versteht sich von selbst, dass ich hier nur eine grobe Umrisszeichnung der Entwicklung anbieten kann. Zu sagen, dass das Mittelalter das Allgemeine über das Besondere und das Einzelne stellte, kann im Grenzfall ziemlich falsch werden, man denke an Duns Scotus, der das Gegenteil annahm. Aber wir können doch in erster Näherung sagen, dass das Mittelalter, wie auch die Antike, Tendenz hatten, das Allgemeine als das Wahre anzusehen und das Individuelle als eine Störung.

Die Vorstellung war die, dass wir der *eigentlichen* Realität immer näher kommen, wenn wir vom Individuellen abstrahieren, über die Hierarchie der Gattungen und Arten bis zu den Kategorien als den allgemeinsten Seinsbestimmungen emporsteigen, jenseits dessen nur noch der Seinsbegriff selbst lag, der mit dem Schönen, Wahren und Guten koextensiv war.

Aber damit haben wir uns eine Paradoxie eingehandelt: Je allgemeiner ein Begriff, desto inhaltsleerer. Der Seinsbegriff ist also der ärmste Begriff überhaupt und gerade er soll die Fülle der Bestimmungen enthalten, die auf die „omnitudo realitatis", nämlich auf Gott, verweisen! Hierin steckt ein fundamentaler Widerspruch.

Dieser Widerspruch verschärft sich noch, wenn moderne Autoren von Carnap bis Quine im selben Schema denken, aber das Sein aller transzendentalen Bestimmungen entkleiden, denn jetzt verlieren das Schöne und Gute ihr ontologisches Gewicht. Sie werden nun rein subjektiv – eine Frage des Geschmacks – und die Wahrheit im emphatischen Sinn wird herabgestuft zu blosser Satzwahrheit, während der Seinsbegriff nur noch den Wert einer Variablen im quantorenlogischen Sinn bezeichnet.

Wir haben also den Sieg der formalen Logik über den Inhalt. Von ‚kritischen' Geistern wird dies gerne als eine Perversion des Positivismus angesehen, so z. B. von Horkheimer und von Adorno.

Ich möchte aber darauf bestehen, dass das moderne formale Denken seine Wurzeln in der Tradition hat. Wenn man die These vertritt, dass das Allgemeine das Wahre ist und wenn man die formale Logik als Grammatik des Allgemeinen ansieht (was konsequent ist), wenn man weiter die Fortschritte der Logik seit dem 19. Jahrhundert und die Fortschritte der mathematischen Physik seit dem 20. Jahrhundert in Betracht zieht, dann war die Revolution bei Russell und Carnap einfach fällig. Sie war nicht das Werk verblendeter Positivisten, sondern sie lag in der Konsequenz einer Entwicklung, die bis in die Antike zurückreicht.

„Das Sein ist das Nichts", sagt Hegel zu Beginn seiner großen Logik. Hegel hat also das mittelalterliche Problem wohl gesehen. Er hält zwar an der Hochschätzung des Allgemeinen fest, versucht aber immer, das Allgemeine mit dem Besonderen und Einzelnen zu vermitteln zu einer Art von ‚unitas multiplex'. Hegel ist in dieser Hinsicht ein moderner Denker, während Quine an völlig überholten antik-mittelalterlichen Vorstellungen festhält. Das zeigt sich auch an seiner Betonung des Ewigen gegenüber dem Werden. Seine kalkülmäßige ‚Reinigung' der Sprache von allen zeitlichen Indices im Rahmen einer „kanonischen Notation", bringt alles Werden zum Stillstand, eine klassisch-metaphysische Position. Hegel ist auch hier der modernere Denker. Seine „Bewegung des Begriffs" soll das Denken von der starren Seinsordnung des Mittelalters befreien.

Dagegen treibt Quine die Entqualifizierung der Natur auf die Spitze, indem er bis zum Schluss am Programm der Theoriereduktion festhielt: Psychologie sei auf Biologie, Biologie auf Chemie und Chemie auf Physik reduzierbar. Die Hierarchie der scala naturae klappt in die Horizontale um. Innerhalb eines solchen Denkens gibt es keinen Ursprung mehr. Quine akzeptiert die bekannte Metapher von Otto Neurath, wonach wir das Schiff unserer Überzeugungen auf offener See instandsetzen und erweitern müssen. Die Metapher signalisiert, dass es von sich aus kein Erstes mehr gibt. Der Empirismus ist, von seinem Selbstverständnis her, keine Ursprungsphilosophie. Horizontale Weltauffassungen kennen nichts Ursprüngliches. Ich habe darauf verwiesen, dass wir in der Physik ganz verschiedene Entitäten an die Spitze stellen können, so verschiedene Dinge wie Partikel oder Felder, ohne dass sich am Inhalt der Physik irgendetwas verändert.

Anders ist es, wenn wir werthaft-vertikal denken. Dann lässt sich die Hierarchie nicht vertauschen, sie wird substantiell. Wenn mein höchster Zweck die Macht ist und das Mittel meiner Wahl die politische Arbeit, dann würde die Vertauschung von Mittel und Zwecken zu einer ganz anderen Handlungsmaxime führen. Im ersten Fall wäre ich eine Art von Macchiavellist, im zweiten Fall könnte ich durchaus ein moralisches Vorbild sein.

Kalkülvernunft neutralisiert also in jedem Fall die Vertikale, d. h. die Wertedimension. Das sieht man z. B. deutlich in der Genetik. Betrachte ich die Gene mit Craig Venter als eine Art Algorithmus zur Erzeugung bestimmter Verhaltensweisen oder Eigenschaften von Lebewesen, dann enthält dieser Gedanke keine Wertedimension. Das ist der Grund, weshalb in der ökologischen Ethik die ‚Integrität' des Genoms nicht als Handlungsprinzip anerkannt wird. Oder in der Physik beschreiben viele Autoren die Dissipation von Energie als Verschlechterung. Sie sprechen z. B. von ‚wertvoller Energie', wenn es um den Energieinhalt einer Tankfüllung geht und von ‚wertloser Energie', wenn es um die Reibungsenergie geht, die sich in den Bremsen unserer Autos zerstreut. Aber das sind rein subjektive Wertungen. Der physikalische Kalkül beschreibt solche Prozesse wertfrei. Der Physik ist es sozusagen gleichgültig, wenn Energie in Wärmeenergie verwandelt wird, die wir nicht mehr rückgewinnen können.

Mit all dem stimmt überein, was im nächsten Kapitel über Kausalität gesagt wird: wir stellen uns kausale Zusammenhänge in der Natur gerne als horizontal gespannte Kette vor, daher die Rede von den ‚Kausalketten'. Die Metapher signalisiert das Wertindifferente solcher ‚Ketten', während ältere metaphysische Auffassungen von Kausalität Ursachen für ‚edler' hielten als die Wirkung. Nach der Vorstellung des Neuplatonismus verströmte sich ein Ursein in die Welt bis *hinab* zur Materie in einem beständigen Prozess der Verschlechterung. Deshalb war auch die Suche nach einer ersten Ursache zugleich die Suche nach einem summum bonum.

Solche Vorstellungen der Vertikale werden durch die Kalkülvernunft aufgehoben. Diese Aufhebung ist keinesfalls nur negativ. Es gibt Fälle, wo sie geradezu segensreich wirkte. z. B. hat man in vorwissenschaftlichen Zeiten die Elemente Erde, Wasser, Luft und Feuer in aufsteigender Reihenfolge angeordnet. Feuer war ‚edler' als Wasser oder Erde, schließlich strebte es nach oben, wie jeder anständige Idealist auch. Solche Anthropomorphismen haben den wissenschaftlichen Fortschritt erheblich behindert und die Physik kam erst weiter, nachdem sie mit solchen Hierarchien aufgeräumt hatte (Newton räumte mit der Differenz zwischen ‚himmlischer' und ‚irdischer Physik' auf, die bei Aristoteles eine entscheidende Rolle gespielt hatte).

Aus diesem Grunde ist meine Klage über die Neutralisierung der Vertikalen nicht kulturkonservativ gemeint. Diese Klage ist nur berechtigt, wenn wir die Vertikale in Fällen zum Verschwinden bringen, wo sie mit zur Sache gehört, wie z. B. im Fall der Genetik. Organismen mit Richard Dawkins nur als „genetisch programmierte Überlebensmaschinen" anzusehen, bringt ihren intrinsisch werthaften Charakter zum Verschwinden und blockiert eine verantwortliche ökologische Ethik von vornherein: Gegenüber Maschinen gibt es keine Verantwortung – man darf sie vernutzen.

Ich kann nun die Grundthese meiner Arbeit in Termen der Vertikalen und der Horizontalen neu formulieren: Kalkülvernunft bringt die Vertikale auch dort zum Verschwinden, wo sie hingehört und ersetzt sie durch ein rein horizontales Denken. Wenn sie sich weiter gemäß Russells Grundsatz an Stelle der traditionellen Idee oder Form setzt (die intrinsisch werthaft bestimmt war), dann bringt sie darüber hinaus die Wertsphäre nicht nur faktisch, sondern de jure zum Verschwinden, denn unter ‚Idee', ‚Form' oder ‚Wesen' verstehen wir das, was eine Sache zu dem macht, was sie ist und wenn der Kalkül das Wesen der Sache bereits verbürgt, dann heißt das eben, dass die gesamte Wertsphäre akzidentell oder auch konventionell wird und das ist der Grund, weshalb Philosophen von Carnap bis Quine und Sellars nichts zur praktischen Philosophie geschrieben haben und weshalb in der Analytischen Ontologie Werte oft als seltsame Entitäten behandelt werden, von denen man besser die Finger lässt. Es bedurfte schon einer Art von Revolution, dass in der Analytischen Ontologie

Werte wenigstens teilweise wieder hoffähig wurden, eine Revolution, die wir John McDowell verdanken.

Die Umdeutung, die durch die Kalkülvernunft in die Welt kam, kann vielleicht so am besten verdeutlicht werden: Bei Thomas von Aquin galt das Axiom „omne ens bonum", d. h. Werte gehören nicht nur zum Sein, sie waren mit ihm identisch. Es gibt überhaupt nur intrinsisch werthaft bestimmte Gegenstände! Dagegen gehören nach herkömmlicher Auffassung der Analytischen Ontologie Werte nicht zum Sein. Sie sind lediglich zugeschrieben, d. h. rein subjektive Projektionen.

Aber auch hier möchte ich nicht einfach nur zur Tradition zurückkehren, wonach alles Seiende ipso facto werthaft bestimmt ist. Ich weiss z. B. nicht, welches Gut eine interstellare Wolke oder schwarze Löcher verkörpern? Die gesamte anorganische Sphäre passt nicht zum omne-ens-bonum-Prinzip und darüberhinaus waren die alten Teleologen so freigiebig mit dem Verteilen von Wertprädikaten, dass es oft nahe an den Aberglauben herankam. Nicht nur die genannte Hierarchisierung der Elemente gehört dazu und die Unterscheidung einer edlen Himmelsphysik von einer schmutzigeren Erdenphysik, Thomas von Aquin behauptete z. B., dass die Räume einer Wohnung verschiedenwertig seien. Also: Die Küche edler als das Schlafzimmer, das Wohnzimmer hierarchisch-werthaft über der Küche stehend und an der Spitze selbstverständlich die Hauskapelle. (Ein Musikzimmer würde wahrscheinlich nur mühsam edler sein können als eine Toilette!)

Solchen skurrilen Entgleisungen des vertikalen Denkens stehen weit weniger humorvolle Zuschreibungen gegenüber: Die mittelalterliche Gesellschaft war streng hierarchisch im Sinn einer Ständegesellschaft geordnet, in der die Rollen feststanden. Einmal Bauer, immer Bauer, egal wie klug und tüchtig der Sohn mochte gewesen sein. Einmal Adliger, immer Adliger, gleichgültig wie borniert und machttrunken die Sprösslinge der höheren Stände waren.

Mein Plädoyer für die Vertikale hat daher nichts mit Sympathien für autoritäre Machtverhältnisse zu tun. Man könnte ja vielleicht meine Grundthese als antidemokratisch deuten in dem Sinn, dass Demokratien die gesellschaftliche Hierarchie feudaler Staatsformen egalisiert und damit in die Horizontale umgewandelt haben. Aber das wäre nicht richtig. Auch repräsentative Demokratien verfügen über eine ausgeprägte Vertikale. Rein horizontal wäre eine Basisdemokratie, wie sie die Grünen in Deutschland anfangs erstrebten. Damit sind sie, wie leicht vorherzusehen war, gescheitert. Kein Kegelclub, kein Gesangverein funktioniert basisdemokratisch und auch die Forderung nach ‚direkter Demokratie' konnte immer nur eine zusätzliche Kontrolle von unten nach oben zur Folge haben, niemals eine Abschaffung der repräsentativen Demokratie und der in sie eingebauten Hierarchie. Von daher ist meine Untersuchung keine einseitige Parteinahme für die Vertikale. Sie ist ein Plädoyer für jene Balance, die uns abhanden kam und die uns den Weg zu echter Metaphysik und Spiritualität verbaut.

Anmerkungen

1 Russell 1952, 155
2 Carnap 1993, 11
3 Nach Schilpp 1946, 20
4 Nach Mormann 2007, 30; 39
5 Putnam 1990, 172
6 Carnap 1998, 135
7 Russell 1971, 23
8 Nach Schilpp 1974 I, 17
9 Schlick 1948, 4
10 Quine 1985, 119/120

Die kausale Geschlossenheit der Welt

Die Verstehbarkeit der Welt setzen wir gewöhnlich voraus, ohne uns sonderlich darum zu kümmern. Natürlich ist uns Vieles im Einzelnen unverständlich und ohne Zweifel hat Vernunft ihre Grenzen, aber das hindert uns nicht, die Welt als *prinzipiell* verstehbar anzusehen. In der philosophischen Tradition wurde dies oft durch den „Satz vom zureichenden Grunde" ausgedrückt. Danach können wir bei allem, was es gibt, nach dem Grund fragen, weshalb es ist und weshalb es so ist, wie es ist. Schopenhauer unterscheidet vier Arten von Gründen: Ursachen, Erkenntnisgründe, Seinsgründe, Handlungsmotive. Der „Satz vom zureichenden Grunde" hat also eine mehrfache Bedeutung. Diese mehrfache Bedeutung verengt sich im Empirismus. Bei David Hume wird Kausalität zum „Zement des Universums", wie er es nennt. Die Welt hält jetzt nicht mehr durch ein intelligibles, metaphysisch-plurales Prinzip zusammen, sondern durch materialistisch vorgestellte kausale Regularitäten. Der Philosoph John Mackie hat in einem Buch über Kausalität Humes Metapher vom „Zement des Universums" aufgegriffen, indem er darüber hinaus zu zeigen versucht, dass die Einheit der Welt und ihre Verstehbarkeit allein durch *naturwissenschaftlich* bestimmte Kausalität garantiert wird. Finalität, Motive, Gründe usw. spielen jetzt keine Rolle mehr.

Diese Auffassung ist heute die herrschende und sie wird oft ausgedrückt durch das Prinzip von der „kausalen Geschlossenheit der Welt". Danach sind es nicht metaphysische Ideen oder Formen, die die Verstehbarkeit von Welt garantieren und die die Voraussetzung der universalen Anwendbarkeit des „Satzes vom zureichenden Grunde" sind. Die Welt ist jetzt, im eigentlichen Sinne, nicht mehr verstehbar, sondern nur noch berechenbar, manipulierbar, vorhersagbar. Sie ist uns zuhanden.

Allerdings sollte man sich darüber wundern, dass das Theorem von der „kausalen Geschlossenheit der Welt" als ein *empirisches* Prinzip ausgegeben wird. Sätze über die Totalität des Existierenden und eine damit verbundene Notwendigkeit sind immer metaphysisch.

Die Problematik ungerechtfertigter Idealisierungen und Ontologisierungen betrifft schon den Begriff der ‚Welt' selbst, nicht erst ihre kausale Geschlossenheit. In dem Satz „Die Welt ist kausal geschlossen", ist nicht nur das grammatikalische Prädikat, sondern schon das Subjekt problematisch, denn unter ‚Welt' verstehen wir die Totalität aller Erscheinungen, mithin nichts Empirisches. Kant hat die Welt zu den Ideen gerechnet, zusammen mit Seele und Gott, indem er drei Totalitäten unterscheidet: Der Inbegriff aller äußeren Erscheinungen, des denkenden Subjekts und der obersten Bedingung der Möglichkeit aller Dinge. Solche jede Erfahrung übersteigende Begriffe von Welt, Seele und Gott sind empirisch nicht einzuholen. Sie haben ihre Bedeutung als fiktive Einheitspunkte, die die Forschung ausrichten, ohne jemals als Element in sie einzugehen.

Es wurde zwar oft argumentiert, dass die physikalische Kosmologie Kants Ideen in etwas empirisch Zugängliches verwandelt habe, aber das ist offenbar nicht zutreffend: Zur Welt gehören nicht nur die anorganischen Elemente, sondern auch die Lebewesen, vor allem aber der Mensch. Davon ist aber in der physikalischen Kosmologie nicht die Rede. Interessanterweise hat der Empirist und Materialist Bas van Fraassen den Kantischen Gedanken unter den Bedingungen gegenwärtiger Wissenschaft erneuert.[1]

So leicht wie uns das Wort ‚Welt' von den Lippen geht, so problematisch ist sein Gebrauch bei näherem Zusehen, vor allem wenn damit ein materialistisch verstandener Urgrund aller Dinge bezeichnet werden soll. Die Welt müsste nämlich nach materialistischer Überzeugung eine Eigenschaft haben, die keinem ihrer Teile zukommt: sie müsste unsterblich sein. Alles im Weltall entsteht und vergeht. Das Weltall als die Summe dieser durchaus vergänglichen Substanzen soll aber die wunderbare Eigenschaft haben, dieser allgemeinen Korruption zu entgehen. Ich habe bei keinem Materialisten jemals ein Argument dafür gefunden, woher der Kosmos diese wundersame Eigenschaft hernimmt, unvergänglich zu sein. Daraus schlägt der Gottesbeweis aus der Kontingenz Kapital. Die Frage „Warum ist überhaupt etwas und nicht vielmehr nichts?" erfordert danach eine theistische Antwort. Kant weist auch sie zurück. Auch ein solcher Gottesbeweis würde von synthetischen Urteilen apriori Gebrauch machen, die die Möglichkeit von Erfahrung bei weitem übersteigen. Das Irritierende in der heutigen Diskussion ist der Mangel an metaphysischer Sensibilität gegenüber solchen Fragen. Kant ist vergessen und wir sehen den Kosmos ganz krude als Ding unter Dingen an und prädizieren von diesem Ding (oder vielmehr von diesem Unding) leichthin, dass es erkennbar und kausal geschlossen sei und beanspruchen damit etwas zu wissen, was wir im Ernst gar nicht wissen können.

Der „Satz vom zureichenden Grunde" verstand sich von vornherein als ein *metaphysisches* Prinzip. Er macht Voraussetzungen über die Totalität der Erscheinungen und ihren intelligiblen Charakter. Man könnte nun leicht auf die Idee kommen, dass das Theorem von der kausalen Geschlossenheit (das wir auch ‚Kausalprinzip' nennen werden) ein physikalistisches Nachfolgeprojekt des „Satzes vom zureichenden Grunde" sei und dies wird sich auch im Folgenden bestätigen. Wir haben also wiederum das Bezeichnende, dass sich der Szientismus hinterrücks mit metaphysischer Energie auflädt, die er von anderswoher bezieht, also genau dieselbe Dialektik wie bei der Substitution der Form durch die Formel oder der Vernunft durch den rechnenden Verstand.

Dieser Übergang ist nicht ohne gravierende Folgen, vor allem für die Anthropologie. In der Leib-Seele-Debatte wird die kausale Geschlossenheit der Welt gerne als unaufgebbar hingestellt, weil ohne sie Naturwissenschaft nicht möglich sei. Peter Bieri hat als erster eine Trias von Prinzipien formuliert, von denen man immer nur zwei zugleich halten könne:[2]

1) Mentales und Physisches sind kategorial verschieden,
2) Mentales ist kausal wirksam,
3) Die physische Welt ist kausal geschlossen.

Dieses Schema hat sich in der Literatur pestilenzartig verbreitet und sehr viele Bücher zur Leib-Seele-Debatte fangen sofort mit diesem Schema an. Es geht dann gewöhnlich so weiter: Weil Prämisse 3 als zwingend verbunden mit der naturwissenschaftlichen Forschung hingestellt wird und weil sich niemand mit der Naturwissenschaft anlegen möchte, hat man also nach der Logik dieses Schemas nur noch die Wahl, ob man Prämisse 1 oder 2 als zusätzliche Prämisse halten will. Akzeptiert man Prämisse 1, dann ist man zwar kein Materialist, hat aber auf Freiheit verzichtet. Das scheint vielen kein gangbarer Weg, da wir ja die Intuition haben, über Motivkausalität zu verfügen. Folglich müssten wir wohl auf Prämisse 1 verzichten und damit den Materialismus wählen, d. h. der Materialismus erscheint in dieser Sichtweise als die einzig rationale Position.

Es ist allerdings sehr die Frage, ob man unter diesen Umständen Freiheit noch retten kann, denn jetzt gibt es nichts Geistiges, von der Materie kategorial Verschiedenes, mehr und wenn das Mentale im Grunde selbst materiell ist, wird seine kausale Wirksamkeit nichts anderes sein als die Wirksamkeit der Materie. Doch dann ist Freiheit dahin. Das jedenfalls scheint mir das Problem bei Donald Davidson, der diesen Weg wählte. Wer also das Theorem von der kausalen Geschlossenheit der Welt annimmt, hat eine gewichtige Vorentscheidung getroffen. Er betrachtet die Welt mit John Mackie als einen festgebackenen Zementklotz, so dass der Geist keine Chance mehr hat.

Ich möchte dagegen im Folgenden zeigen, dass das Kausalprinzip kein Ergebnis der Naturwissenschaft ist, sondern die ungerechtfertigte Ontologisierung einer Forschungsmaxime, also einer Handlungsanweisung, die uns sagt, was wir tun *sollen*, wenn wir forschen und nicht, wie die Welt *beschaffen* ist. d. h. wir haben auch hier wiederum den Sachverhalt, dass sich harmlose wissenschaftliche Empirie unter der Hand mit metaphysischer Energie auflädt. Das Kausalprinzip, das als handlungsleitende Maxime in der Tat unabdingbar ist für den Naturwissenschaftler, wird plötzlich als ein ontologisches Prinzip, wie das des zureichenden Grundes, behandelt.

Zunächst einmal wirkt es aber nicht so: Wenn ich z. B. die Planetenbewegungen nach Newton durchrechne, dann erscheint alles kausal geschlossen. Immer Eines bedingt das jeweils Nächste. Könnten wir sicher sein, dass unser Modell die Realität präzise trifft, dann könnten wir das Kausalprinzip auf diese Art empirisch begründen. Aber leider ist die Welt so einfach dann doch wieder nicht. Was, wenn ein großer Meteorit das Sonnensystem durchquert und die Venus aus der Bahn wirft? Dann wird unsere Kalkulation falsch. Natürlich könnten wir jetzt mit Störungsrechnung arbeiten und die Systemgrenzen weiter ziehen. Aber dann könnte der Fall eintreten, dass interstellare Materie Reibung erzeugt und die Planetenbahnen verändert und wenn wir dies berücksichtigen, könnte der Fall eintreten, dass die Wechselwirkungen der Planeten untereinander, die in Newtons Berechnungen vernachlässigt wurden, sich im Laufe der Zeit so aufsummieren, dass das ganze System auseinanderfliegt.

Dieses Spiel könnten wir beliebig weiter treiben. Der entscheidende Punkt ist: Wir müssten es *unendlich* lange weiter treiben, wenn das Kausalprinzip eine Folge aus dem Vorgehen der Naturwissenschaft sein sollte, denn nur dann könnten wir seine Notwendigkeit beweisen. Das aber ist unmöglich. Wolfgang Stegmüller, extremer Physikalist, gibt immerhin zu, dass wir in diesem Fall einen Begriff von der „Totalität der Antecedensbedingungen" haben müssten.[3] ‚Totalität' ist allerdings ein metaphysischer, kein empirischer Begriff. Das heißt, um das Kausalprinzip naturwissenschaftlich zu legitimieren, müssen wir eine Extrapolation machen, die genau dem Übergang von der Formel zur Form, von der Erscheinung zu den Wesensgründen entspricht. Der szientifische Materialismus reichert sich auch hier wieder unter der Hand mit metaphysischem Gehalt an, den er von anderswoher bezieht.

Weil dieser regressus in infinitum der möglichen Einflüsse auf der Hand liegt, betrachten neuere Wissenschaftstheoretiker, wie z. B. Nancy Cartwright und ihre Schule, die Naturgesetze nicht mehr als aktuelle Größen, sozusagen als das feste Gestänge der Notwendigkeit hinter den Erscheinungen, sondern als bloße Tendenzen oder Dispositionen, eine Auffassung, die übrigens schon viel früher Karl Popper unter dem Stichwort ‚Propensitäten' stark gemacht hatte. Definiert man Naturkausalität auf dem Hintergrund einer solchen Auffassung von den Naturgesetzen, dann verbietet es sich von vornherein, eine kausale Geschlossenheit der Welt anzunehmen. Die Naturgesetze bezeichnen dann nur noch gewisse Möglichkeiten, die je nach Situation aktuiert werden.

Ist all dies richtig, was ließe sich dann, von der Naturwissenschaft her gesehen, ernstlich über ‚Kausalität' sagen? Nicht mehr, als dass wir stets der Maxime folgen sollten, zu einer Wirkung die entsprechende Ursache zu suchen. Ob wir sie dann finden, ist ein anderes Problem. Ich werde im Folgenden zeigen, dass selbst eine Welt, die beständig von einem Gott manipuliert würde, wissenschaftlich so gedacht werden kann, dass sie sich in nichts von der unsrigen unterscheidet. Wenn aber dies denkmöglich ist, dann kann das Kausalprinzip kein Ergebnis der Naturwissenschaft gewesen sein, sondern wir haben die metaphysische Sehnsucht, die sich früher im „Satz vom zureichenden Grunde" ausdrückte, in die moderne Naturwissenschaft hineinprojiziert und ziehen sie legitimatorisch wieder heraus.

Dass die kausale Geschlossenheit der Welt kein Ergebnis der Naturwissenschaft sein kann, möge das folgende Gedankenexperiment belegen. Es handelt von der Wirksamkeit eines allmächtigen und allwissenden Gottes in dieser materiellen Welt. Manche Theologen, wie z. B. John Polkinghorne, geben vor zu wissen, wie Gott in der Welt wirksam ist und seine Ausführungen ähneln vielleicht in gewisser Hinsicht den meinen.[4] Der Sinn meiner Überlegungen ist aber ein ganz anderer. Ich möchte lediglich auf die *logische Möglichkeit* hinweisen, dass Gott in der Welt beliebig wirksam sein könnte, ohne dass dies den Gesetzen der Physik widerspräche. Ob und wie er tatsächlich in der Welt wirkt, weiß ich nicht und ich glaube auch, dass es niemand wissen kann, denn wir sind bereits unfähig, ein viel einfacheres Problem zu lösen, nämlich das Paradox von Natur und Freiheit. Obwohl die klügsten Köpfe seit 2000 Jahren versucht haben zu erklären, wie freies Handeln in einer von Naturgesetzen bestimmten Welt möglich ist, scheint es doch bis heute keine überzeugende Antworten auf die Frage zu geben, wie es Freiheit macht, kausal in der Welt wirksam zu werden. Aber wenn wir noch nicht einmal imstande sind zu erklären, wie wir als Menschen frei in die Materie eingreifen, die von Naturgesetzen bestimmt ist, wie wollen wir dann Gottes Aktivität rational nachvollziehen? Das Folgende ist also ein bloßes Gedankenexperiment, um eine Denkmöglichkeit deutlich zu machen:

Nehmen wir an, es existiere ein allmächtiger, allwissender Gott (seine Allgüte tut in diesem Fall nichts zur Sache). Dieser Gott sei in der Lage, bestimmte Quantenfluktuationen zu manipulieren, was er können muss, wenn er allmächtig ist. Weil sich aber diese Quantenfluktuationen kontingenten Entscheidungen verdanken, sind sie mikrophysikalisch von anderen zufälligen Fluktuationen nicht zu unterscheiden. Selbst wenn

dieses Wesen konstante Zwecke verfolgen würde, würden sie doch je nach Situation anders verwirklicht werden, d.h. diese Fluktuationen würden keiner erkennbaren Regel folgen. Sie wären physikalisch gesehen Zufälle, die ohnehin das Einzelgeschehen in der Mikrowelt bestimmen. Weil nun aber dieser Gott allwissend ist, kann er im Voraus absehen, welche Wirkungen diese Fluktuationen zur Folge haben werden und er wählt sie genau so, dass sie sich nichtlinear im Sinn der Chaostheorie hochverstärken, um die von ihm gewünschten Effekte hervorzurufen. Kein Wissenschaftler könnte dann durch keine noch so genaue Beobachtung das Wirken eines solchen Gottes feststellen, obwohl dieser im Prinzip imstande wäre, alles nach seinen Zwecken zu manipulieren.

Aber wenn das möglich ist, dann kann das Kausalprinzip kein Resultat der Wissenschaft gewesen sein, denn in einem solchen Fall wäre die Welt kausal durchlöchert wie Schweizer Käse, aber wir würden es nicht bemerken. Zu sagen, dass ein solcher Geist den Zufall nicht manipulieren kann, würde auf eine Verwechslung der Ebenen hinauslaufen. Wenn ein göttlich-freier Eingriff keinem Naturgesetz folgt, ist er physikalisch vom Zufall nicht zu unterscheiden. Im Übrigen widerspricht das Zufällige der Allwissenheit Gottes. Wenn es ein allwissendes Wesen gibt, kann es für ein solches Wesen keinen Zufall geben. Der Begriff des ‚Zufalls' ist eben kein absoluter, sondern ein kontextrelativer Begriff.

An sich war seit dem Wiener Kreis bekannt, dass das Kausalprinzip keine Ontologie konstituiert, sondern dass es lediglich eine Forschungsmaxime ist. Moritz Schlick sagt (ganz ähnlich wie Stegmüller): „Jede Ursache ist ja streng genommen unendlich kompliziert." Der Kausalsatz, der also für jede Wirkung eine hinreichende Ursache setzt, gilt nach ihm deshalb nur für „Totalursachen" und weil dies kein empirischer Begriff ist, lässt er sich sich nur lebenspraktisch rechtfertigen.[5] Das heißt: Das Kausalprinzip ist lediglich eine Handlungsmaxime.

Nach und nach setzte sich aber in der Philosophie des Wiener Kreises doch wieder die Auffassung durch, dass das Kausalprinzip ontologisch zu verstehen sei und so ist es bis heute in der Analytischen Philosophie geblieben. Peter Bieri z. B., von dem das oben genannte Dreierschema stammt, nennt es in ein und demselben Buch eine bloße Forschungsmaxime und zwei Seiten später behandelt er es gleichwohl als ein ontologisches Prinzip.[6] Das entspricht genau dem Übergang von einer empiristischen Ontologie, die keine Seinsgrade und keine Wesenheiten kennt, zu einem materialistischen Platonismus, der dann doch wieder den Kalkül zum inneren Wesen der Dinge hochstilisiert. Ich beschreibe also immer wieder dieselbe Dialektik, wenn auch unter verschiedener Rücksicht.

Bisher war nur von einer klassischen Kausalitätsvorstellung die Rede. Man nennt sie pauschalierend die „Kant-Humesche-Regularitätsthese", indem man großzügig über die Differenzen zwischen Kant und Hume hinwegsieht. In gewissem Sinn ist das auch berechtigt, weil beide Kausalität und Naturgesetzlichkeit in einen direkten Zusammenhang bringen.

Dieses Kausalitätskonzept ist aber nur eines unter sehr vielen. Ich möchte im Folgenden auch andere erwähnen: Formen singulärer Kausalität, nur notwendiger, statt hinreichender Ursachen, Kausalität aus Freiheit, das alternative Konzept von Strawson und von Wright usw. All dies ist ziemlich verwirrend, aber so ist eben die Situation. Die Rede von *der* Kausalität (im Singular) verbirgt die Tatsache, dass wir unter diesem Begriff radikal Verschiedenes verstehen. Manche Autoren gehen großzügig über diese Verschiedenheiten hinweg, andere wählen einen bestimmten Begriff und behaupten dreist, er passe auf alles, wo man ganz leicht Gegenbeispiele machen kann, die nicht in solche Konzepte hineinpassen. Ich skizziere diese verworrene Situation um zu zeigen, dass wir keinerlei Veranlassung haben, an eine ‚kausale Geschlossenheit der Welt' zu glauben. Der Begriff der ‚Kausalität' ist nicht wie der der ‚Energie' oder der ‚Entropie' ein klar definierter Begriff mit präzisen Anwendungsbedingungen. ‚Kausalität' ist eher ein Begriff wie ‚Befriedigung'. Befriedigung verschafft mir alles, was meine Zielvorstellungen erfüllt und weil meine Zielvorstellungen so verschieden sein können, ist dieser Begriff mehr ein Sack für ganz verschiedene Inhalte, als dieser Inhalt selbst. Irritierend ist, dass so viele Philosophen glauben, sie wüssten was ‚Kausalität' bedeutet und dass sie auf diesen Unbegriff ganze Weltanschauungen gründen. Nichts hindert natürlich, dass wir im Alltag von ‚Kausalität' in einem solchen vagen Sinn reden, aber wir reden auch im Alltag von ‚Energie' und meinen etwas ganz anderes als Newton oder Einstein. Man sollte beide Sprachebenen auseinanderhalten, aber das sowohl Irritierende als auch Bezeichnende ist, dass gewisse Analytische Philosophen, die so viel Wert auf formallogische Präzision legen, gerade in dieser Hinsicht äußerst großzügig sind. Aber sie *müssen* es sein, denn nur unter dieser Voraussetzung funktioniert ihre Identifikation des Satzes vom zureichenden Grunde mit einem materialistisch verstandenen Kausalprinzip.

Nun ist also die Frage, ob es nicht auch weitere Formen von Kausalität gibt, bei der Ursache und Wirkung nicht durch ein Gesetz verbunden sind, wie es nach Hume und Kant immer der Fall sein müsste. Ein solcher Sachverhalt liegt z.B. vor, wenn der Geigerzähler ‚Klick' macht. In diesem Fall ist die Ursache für das Klicken der Zerfall eines radioaktiven Atoms, der nach der Quantentheorie zufällig ist, also nicht Fall eines allgemeinen Gesetzes sein kann. Wir möchten aber – gegen Hume und Kant – den Zerfall gerne als Ursache des Klickens beschreiben, d.h. wir bestehen darauf, dass es auch Formen singulärer Kausalität gibt. Das gilt auch für die Biologie. Dort bindet man zwar meist den Begriff der ‚Ursache' an den der ‚Gesetzlichkeit', möchte aber nicht darauf verzichten, in zufälligen Mutationen Ursachen für die Veränderung von Lebewesen zu sehen.

Aber selbst in solchen Fällen singulärer Kausalität ist die Ursache hinreichend für die Wirkung. Dagegen bezeichnen wir in Praxiszusammenhängen auch gerne Ereignisse als ‚Ursachen', die nur notwendig und nicht bereits hinreichend sind. Wenn z. B. jemand achtlos ein brennendes Streichholz wegwirft, kann es sein, dass er den Brand eines Hauses verursacht. Es kann nur sein, denn es müssen weitere Bedingungen erfüllt sein, damit das Haus wirklich abbrennt: Vielleicht muss es aus Holz gebaut sein und nicht etwa aus Stein, vielleicht muss im Spätsommer das Gras vertrocknet und gelblich geworden sein, vielleicht muss der Hausbesitzer vergessen haben, seinen Rasen zu sprengen usw. usf.

In diesem Zusammenhang könnte man also denken, dass das Wegwerfen des Streichholzes nur notwendig und nicht hinreichend für den Brand ist. Aber selbst das wäre falsch, denn der Brand hätte ja auch ausbrechen können, wenn jemand achtlos eine Zigarre weggeworfen hätte. Um solche Fälle auf den Punkt zu bringen, hat John Mackie in seinem Buch über den „Zement des Universums" seine berühmten INUS-Bedingungen formuliert. „INUS" heißt hier: „An *insufficient, but necessary* part of a condition which is itself *unnecessary,* but *sufficient.*"[7]

Das klingt komplizierter als es ist. Mackie unterscheidet einzelne kausale Komponenten in einem ganzen Geflecht von Ursachen, in die diese Komponenten eingelassen sind. Dann ist, um im Beispiel zu bleiben, das brennende Streichholz zwar nicht hinreichend, den Brand hervorzurufen, aber es ist eine notwendige Komponente in einem Geflecht weiterer notwendiger Ursachen, die zusammen hinreichend sind, doch in dieser Ganzheit wiederum nicht notwendig, denn der Brand könnte ja auch durch ein anderes Set von Ursachen hervorgerufen worden sein, z. B. durch eine Zigarre, die in eine Öllache fiel, welche einen Gastank zur Explosion brachte usw.

Mackie hat viele überzeugt und deshalb erwähne ich sein alternatives Konzept zum vorhin genannten, das sich an der Physik oder allgemein an Naturgesetzlichkeit orientiert. Ich denke durchaus, dass Mackie die meisten Formen von Alltagskausalität zutreffend beschrieben hat, aber sein Konzept hat zwei Eigenschaften, die es unmöglich machen, daraus das Kausalprinzip abzuleiten. Zunächst einmal ist die Stärke dieses Konzepts zugleich seine Schwäche: wer den Alltag richtig beschreibt, beschreibt meist die Wissenschaft falsch. In der Naturwissenschaft jedenfalls geben wir uns nicht mit notwendigen Ursachen zufrieden, sondern wir fordern hinreichende und wir begnügen uns auch nicht mit singulärer Kausalität, sondern wir fordern Gesetzeszusammenhänge. Zudem fordern wir eine Objektivität des Ursache-Wirkungs-Verhältnisses. Im Fall der INUS-Bedingungen ist aber das, was wir ‚Ursache' nennen, ganz und gar von unseren subjektiven Interessen abhängig, denn das Geflecht der im Einzelnen notwendigen, zusammen aber hinreichenden Ursachen kann ja auch ganz anders beschrieben werden, je nach Fragestellung. Wenn der Zigarettenraucher von oben sonst nie raucht, an diesem Tag aber besonders viel Ärger hatte und deshalb rauchte, dann könnte dieser Ärger zu den notwendigen Teilursachen gehören. Oder wenn er gewöhnlich ein Feuerzeug mit sich herumträgt, an diesem Tag aber Streichhölzer, wäre auch das eine Ursache usw. usf. Dieses ganze Geflecht von INUS-Bedingungen hängt völlig von unserer subjektiven Fragestellung ab. Vielleicht besaß der Hausbesitzer keinen Feuerlöscher, obwohl das in Holzhäusern Pflicht gewesen wäre und die Versicherung weigert sich aus diesem Grund, den Schaden zu bezahlen. Dann wäre für die Versicherung dies die eigentliche Ursache des Brandes.

Wenn aber ‚Kausalität' derart subjektiv wird, dann haben wir keinerlei Grund, sie für eine ontologische Kategorie zu halten und damit entfällt der Rechtsgrund für das Kausalprinzip. Es ist ein Anzeichen für einen enorm großzügigen Umgang mit der Kausalkategorie, dass viele Analytische Philosophen (darunter Peter Bieri, Ansgar Beckermann und viele andere) Mackies INUS-Bedingungen für eine adäquate Explikation eines wissenschaftlichen Begriffs von ‚Kausalität' halten.

Kaum ein Begriff ist mehrdeutiger als der der ‚Kausalität' und er wird vor allem von Analytischen Philosophen, die ansonsten auf Logik so großen Wert legen, in extrem mehrdeutiger Form gebraucht. Jaegwon Kim z. B. gibt vor, an der Kant-Humeschen Kausalitätsauffassung festzuhalten, gibt dann aber unpassende Beispiele, so z. B. wenn Mentales Physisches verursacht, wenn Überzeugungen andere Überzeugungen verursachen. Er wendet die Kausalkategorie sogar auf das Verhältnis zwischen Sinneserfahrung und Überzeugungen an, als gäbe es keine hermeneutischen Spielräume, abgesehen davon, dass er auch Zufälle für Ursachen hält.[8]

Eine weitere, sehr verbreitete Kausalitätsvorstellung arbeitet mit dem Energiesatz und dem Begriff des ‚causal power'. Danach müssen Ursachen energetisch gepowert sein, um wirksam zu werden. Lebensweltlich-praktisch ist das einsichtig: wer einen Karren anschiebt, muss Energie aufwenden. Wenn Kausalität immer mit Energieübertragung verbunden ist, folgt das Kausalprinzip allein aus dem Energieerhaltungssatz. Darüber hinaus folgt aus diesem Satz, dass freies Handeln problematisch ist, denn um in die Materie einzugreifen müssten wir dann Energie aus dem Nichts erzeugen.

Das setzt aber voraus, dass alle Bestimmung physikalischer Zustände Energieübertragung notwendig machen. Aber wie ist es z. B. wenn die Mondfinsternis von morgen von den Bewegungszuständen der Himmelskörper heute bestimmt wird? Dann könnten wir nach dieser Zählweise nicht behaupten, dass die Zustände heute die Ursache der Sonnenfinsternis von morgen sein werden, was aber eine mächtige Tradition der Analytischen Wissenschaftstheorie immer behauptet hat. Danach sind Ursachen Anfangsbedingungen von Prozessen, die sich gesetzlich auf eine Wirkung als Endzustand hin entwickeln. In dieser Kausalitätsauffassung ist von ‚Energie' überhaupt nicht die Rede. Wir müssen also bestreiten, dass solche Prozesse kausal sind. In einem Buch über Kausalität vertritt Mario Bunge gerade diese Position. Er geht also davon aus, dass es zwar einen universalen Determinismus durch die Naturgesetze gibt, aber einige von diesen Determinationsverhältnissen sind kausal, nämlich eben die, die energetisch gepowert sind. Aber wenn das der Fall ist, dann ist die Welt selbstverständlich *nicht* kausal geschlossen. Wir haben also den leicht skurrilen Sachverhalt, dass ein extremer Materialist und Szientist wie Mario Bunge die kausale Geschlossenheit der Welt bestreitet, eine Position, die man doch gewöhnlich mit Substanzendualismus und ähnlich hochspiritualistischen Vorstellungen in Zusammenhang bringt. Die Paradoxie entsteht einfach daraus, dass wir in das Konzept des ‚causal power' lebensweltliche Vorstellungen hineinmischen, die sich nicht mit der Physik vertragen. Im Übrigen scheint nicht sehr bekannt zu sein, dass es in der Quantentheorie nicht nur eine Unschärferelation zwischen Ort und Impuls, sondern auch eine zwischen Energie und Zeit gibt. Der Energieerhaltungssatz kann also beliebig aufgehoben werden, wenn auch nur für kurze Dauer, je nachdem wie stark er aufgehoben werden soll. Wenn also Kausalität parasitär am Energiebegriff hängt und wenn die Welt energetisch nicht geschlossen ist, dann kann sie auch kausal nicht geschlossen sein.

Ich glaube, dass die Kausalkategorie, wie sie meistens zur Anwendung kommt, keine wissenschaftliche, sondern eine alltagssprachliche Kategorie ist. Begriffe der natürlichen Sprache sind oft von unglaublicher Vagheit. Das ist kein Nachteil, sondern der Diversität unserer lebensweltlichen Erfahrung geschuldet. Im Prinzip arbeiten wir immer, wenn ein A ein B beeinflusst, mit dieser sehr weiten Kausalkategorie und weil im Universum alles mit allem irgendwie zusammenhängt, können wir auch immer von ‚Ursache und Wirkung' sprechen. Dabei lassen wir offen, ob Ursachen mit Wirkungen gleichzeitig oder ungleichzeitig sind, ob sie hinreichend oder bloß notwendig sein müssen, ob Ursache und Wirkung durch ein Gesetz verbunden sind, ob dieses Gesetz deterministisch oder bloß statistisch ist oder ob uns singuläre Formen von Kausalität auch schon genügen. Von manchen wird auch eine ‚Rückwärtskausalität' mit Ursachen in der Zukunft diskutiert. Fälle, wo Ursachen weder notwendig noch hinreichend sind, kommen ebenfalls vor. So z. B. wenn intensives Rauchen als Ursache für Lungenkrebs angesehen wird. Manche rauchen viel und kriegen keinen Lungenkrebs, andere rauchen nicht und kriegen ihn trotzdem.

Viele schließen das Nichts kategorisch als Ursache aus. Aber selbst das wäre falsch: Wenn ich im Gespräch plötzlich schweige, dann hat dieses Nichtreden die Wirkung, dass mein Gesprächspartner sich unbehaglich fühlt oder wenn im Sommer über längere Zeit der Regen ausbleibt, ist dieses Nichtregnen Ursache dafür, dass die Pflanzen vertrocknen. Es scheint eigentlich nur Fälle von ideellen, nichtzeitlichen Abhängigkeiten zu geben, wo wir die Kausalkategorie vermeiden, z. B. wenn wir ein mathematisches Theorem aus Axiomen herleiten, dann würden wir die Axiome nicht ‚Ursache' und das Theorem nicht ‚Wirkung' nennen. Das ist auch der Fall bei mehr inhaltlichen Begründungen. Wenn ich z. B. Gründe dafür angebe, weshalb Demokratie die beste Staatsform sein soll, dann verursachen diese Gründe nicht die entsprechende Überzeugung. Daher machen wir einen kategorialen Unterschied zwischen Ursachen und Gründen.

Die verwirrende Vielfalt im Begriff der ‚Kausalität' ist besonders auffällig in der Diskussion um die Freiheitsproblematik. Geert Keil z. B. argumentiert gegen die Kant-Humesche Regularitätsthese. Er attackiert die gängige Kausalitätsauffassung frontal: Gesetzliche Prozesse seien *nicht* kausal! Kausalität hat nach Keil immer nur mit *Ausnahmen* von gesetzlich geregelten Prozessen zu tun. So z. B. wenn ein Atom ein Hüllenelektron verliert: Dann fragen wir nach der Ursache. Auf diese Art kann Keil Freiheitsgeschehen elegant in den Naturzusammenhang einbinden. Aber der Preis dafür ist hoch: alle von der Physik beschriebenen ‚Störungen' können nämlich durch Wechsel des Referenzrahmens auch wieder aufgehoben werden. Wenn z. B. ein Atom ein Hüllenelektron verliert, dann hat auch das physikalische Ursachen, die gesetzlich geregelt sind. Die ‚Störung' kann also durch einen Wechsel des Referenzrahmens zum Verschwinden gebracht werden. Keils Ursachebegriff ist also rein subjektiv und würde darauf hinauslaufen, die gesamte anorganische Welt als eine kausalitätsfreie Zone zu verstehen!

Andere Philosophen, wie Uwe Meixner, sprechen von ‚Überdetermination', wenn es um das Verhältnis von Natur und Freiheit geht. Die Kräfte der Natur bestimmen zwar alles Geschehen hinreichend, es kann aber zusätzlich noch von Freiheit her überbestimmt werden, ohne dass dies – laut Meixner – einen Widerspruch einschließen würde.

Die Kompatibilisten nehmen im Gegenteil an, dass Freiheit und Determination deshalb leichthin miteinander verträglich sind, weil Freiheit immer bestimmte Freiheit sei. Wenn man sich vorstellt, dass jemand handelt, ohne von Motiven bestimmt zu sein, dann wäre dies offenbar keine Freiheit, sondern Willkür. Unterstellt man nun eine Humesche belief-desire-Theorie, wonach Handeln wesentlich *a tergo* bedingt ist durch unsere Wünsche, Gefühle oder Leidenschaften, wobei dann die Überzeugungen die Richtung des Handelns angeben, dann erscheint Handeln ebenso kausal bedingt wie der sonstige Naturzusammenhang. Der Gegensatz Natur–Freiheit ist wie verschwunden. Diese ‚Lösung' wird von vielen Analytischen Philosophen bevorzugt, weil sie dann keine Probleme mehr mit der Naturwissenschaft haben, was durchweg ihr höchstes Bemühen ist. Aber auch diese ‚Lösung' hat einen Pferdefuß, denn Motive des Handelns kommen zwar zunächst aus dem Bauch und treiben uns wie Ursachen, sie werden aber gewöhnlich von Zeit zu Zeit durch die Vernunft überprüft, beurteilt und eben dadurch verändert. Infolgedessen sind es eigentlich *Gründe*, die unser Handeln bestimmen und nicht etwa in Raum und Zeit wirkende Ursachen.

Ich glaube nicht, dass es eine glatte Lösung des Freiheitsproblems gibt. Philosophen von Kant bis Thomas Nagel forderten nur, dass wir die *Nichtwidersprüchlichkeit* des Verhältnisses von Natur und Freiheit einsehen müssten. Eine positive Lösung des Problems sei der menschlichen Vernunft unzugänglich. Das Scheitern praktisch aller Lösungsversuche seit 2000 Jahren bestätigt diese These. Wir haben also in der praktischen Philosophie dieselbe Situation wie in der theoretischen: Kausalität ist wie ein Chamäleon, das ständig Farbe und Bedeutung wechselt.

Völlig quer zum bisher Gesagten steht die Kausalitätsauffassung von Philosophen wie Peter Strawson oder Georg von Wright. Diese Philosophen gehen davon aus, dass der Ursprung der Kausalitätskategorie nicht in unserem theoretischen Naturverhältnis liegt, sondern im praktisch-poietischen Herrichten. Wenn ich einen Stuhl verschiebe, dann spüre ich seinen Widerstand und weiß, was Ursache und Wirkung sind. Ursache und Wirkung wären also Begriffe, mit denen wir unser praktisches in-der-Welt-Sein deuten. Wir würden dann diese Begriffe auf die Natur übertragen, insofern dort Prozesse ablaufen, die analog zu unserem poietischen Herrichten sind. Also wenn z. B. der Sturm einen Ast herabschleudert, so dass mein Fenster zersplittert, dann wäre das analog zu einem frechen Jungen, der meine Fensterscheibe mit einem Stein einwirft, um mich zu ärgern.

Georg von Wright verfolgt diese abkünftige kausale Deutung von Naturprozessen bis hinein in die Physik und meint, dass sie in ihrer Entstehungsphase noch am ehesten kausal gedeutet werden konnte. Newton z. B. hat sein Axiom „Kraft = Masse × Beschleunigung" so interpretiert. Er setzte: Kraft = Ursache und Beschleunigung = Wirkung, obwohl seine Formel eine symmetrische Relation ist, während Kausalität eine asymmetrische Relation darstellt. Das weist auf Schwierigkeiten hin, die zunehmen, wenn wir den Fortgang physikalischer Theorien in Rechnung stellen. Können wir z.B. die Maxwellgleichungen kausal deuten und was wären dann Ursache und Wirkung?

Jedenfalls verliert sich die Plausibilität kausaler Deutungen nach von Wright im Lauf des Fortschritts der Physik und das würde dann auch erklärbar machen, weshalb etwa Bertrand Russell vorschlug, die Kausalitätskategorie ganz aufzugeben und nur noch von ‚Funktionalität' (im mathematischen Sinn) zu sprechen. Er nahm eben Maß an der Physik, wo der Begriff der ‚Kausalität' in keiner Theorie vorkommt (so ähnlich wie es auch den Begriff der ‚Materie' nirgends gibt). Eine solche Praxisauffassung von Kausalität wird durch Untersuchungen bestätigt, die man mit kleinen Kindern machte. Diese begreifen zuerst, dass sie selbst und die Erwachsenen kausale Akteure sind, bevor sie die Kausalkategorie auf blosse Dinge übertragen.

Meine Kritik an der verwirrenden Vielfalt des Kausalitätsbegriffs betrifft übrigens nicht diese Vielfalt selbst. Die Welt ist so bunt und unübersichtlich, dass solche analogischen, auf mehreren Ebenen schwingenden Begriffe unvermeidlich sind. Was damit unverträglich ist, ist lediglich die Behauptung, ein universal anwendbares Kausalitätskonzept sei strenge Wissenschaft. Wissenschaft und Lebenswelt kommen nie zur Deckung und ‚Kausalität' ist eben ein Begriff der Lebenswelt. Wenn wir spezielle Zwecke der Wissenschaft einen eingeschränkten, präzisen Kausalitätsbegriff definieren, dann ist dagegen nichts einzuwenden. Aber der passt dann gerade deshalb nicht mehr auf das Ganze.

Führt man sich diese verwirrende Vielfalt der Kausalkonzepte vor Augen führt, dann lässt sich das Kausalprinzip sicher nicht aufrechterhalten, denn so gesehen erscheint die Welt eher wie ein alter Flickenteppich mit Löchern, denn als ein festgebackener Zementblock, wie der Empirismus will.

Der Empirist projiziert in Wahrheit lediglich seine metaphysische Sehnsucht nach einer einheitlichen Verstehbarkeit der Welt in ganz verschiedene Kausalzusammenhänge hinein, die ihm dann als ein kohärentes, rein materielles Ganzes erscheinen, in dem der Geist ein Fremdling ist. Jürgen Schröder beginnt seine Einführung in die Philosophie des Geistes mit einer Frage, die sehr oft in dieser Art von Untersuchungen als erste gestellt wird: „Wie passt der Geist in eine materielle Welt?"

Eine solche Frage kann nur stellen, wer davon ausgeht, dass die Welt von Natur aus – sozusagen hauptamtlich – aus Materie besteht und dass sie kausal geschlossen ist. Wie könnte in einer solchen Welt der Geist hineinkommen? Wirkt er dann nicht wie ein Gespenst im zerfallenen Schloss? Der Philosoph Richard Rorty verglich den Geist gerne mit solchen Gespenstern und die wissenschaftliche Aufklärung mit einer Dämonenaustreibung. Nach Austreibung der Dämonen des Geistes würden wir einsehen, dass die Welt eigentlich nur aus Elementarteilchen, Atomen und Molekülen besteht und dass alle höheren Formen, der Geist insbesondere, nur Begleiterscheinungen der materiellen Dynamik sind. Diese Position des ‚eliminativen Materialismus' scheint mir die einzig konsequente Schlussfolgerung aus dem materialistischen Ansatz zu sein. Der Geist ist nun eine Illusion von Niemand, wie dann oft gesagt wird.

Andererseits ist es gar nicht so leicht, Illusionen zu haben. Steine oder Autos z. B. haben keine Illusionen. Wer sich Illusionen machen kann, der muss auch wahrheitsfähig sein und wer wahrheitsfähig ist, muss über Geist verfügen. Schröders Frage ist also von vornherein falsch gestellt. Der Geist muss nicht erst zur Welt passend gemacht werden. Wenn er nicht immer schon bei ihr war, wird er auch niemals hineinkommen. Der Geist ist in dieser Welt wirksam, weil ihr Kausalzusammenhang immer nur partiell gilt. Würde mein fiktiver Quantengott existieren, dann würde die Welt für den wissenschaftlichen Standpunkt genauso aussehen, wie sie jetzt aussieht. Sie wäre aber in jedem Augenblick offen für den Geist. Die Rede von der ‚kausalen Geschlossenheit der Welt' ist eine Erfindung, nichts Gefundenes.

Anmerkungen

1 Fraassen 2002
2 Bieri 1993, 5
3 Stegmüller 1983, 462
4 Polkinghorne 1998, 60ff
5 Schlick 1979, 338ff
6 Bieri 1993, 6; 8
7 Mackie 1974
8 Kim 2006, 173; 249

Die Entwicklung der Leib-Seele-Debatte

Ich habe die moderne Kalkülvernunft, die sich antimetphysisch und empiristisch gibt, in die Tradition der klassischen Metaphysik hineingestellt, insofern sie mit dieser Tradition eine Auffassung teilt, die uns inzwischen fraglich geworden sein sollte, dass nämlich ‚nach oben' alles immer durchschaubarer wird oder anders ausgedrückt, dass die vertikale Dimension intelligibler ist als die horizontale.

In der klassischen Metaphysik ging man von einer ‚scala naturae', einer werthaft-vertikalen Stufung der Natur, aus: Von den Elementen über die Pflanzen und Tiere bis zum Menschen und seinen geistigen Vermögen. Man nahm an, dass in dieser scala naturae das materielle Prinzip auf den untersten Stufen dominiert und dass das geistige Prinzip stärker wird, je weiter wir nach oben kommen. An der Spitze wird alles immer durchschaubarer. Die Materie andererseits galt als irrational. Sie war als Solche unerkennbar, denn sie war der Inbegriff der Zerstreuung, des Chaotischen. Erkannt werden kann aber nur das Geordnete. In dieser Zählweise wird die Welt nach oben immer *logischer,* daher die Auffassung der höchsten philosophischen Prinzipien als ‚principia per se nota', d. h. als selbstevidente Prinzipien.

Ich sagte, dass diese Einschätzung im modernen, mathematischen Platonismus erhalten bleibt, obwohl sich dieser mit dem Materialismus und Empirismus verbindet. Das Logische ist – wie Russell wollte - weiterhin das Wahre, aber nicht in dem völlig nachvollziehbaren Sinn, dass logisch korrekte Schlüsse wahrheitserhaltend sind oder dass wir auf logische Konsistenz achten sollten. Dies ist freilich zutreffend bzw. wünschenswert, hier aber nicht der Punkt. Die Kalkülvernunft geht über das Logische als notwendige Vorbedingung des vernünftigen Redens weit hinaus: sie behauptet eine ontologische These, nämlich die, dass die Welt so beschaffen ist, dass sie sich durch die einfachsten Kalküle darstellen lässt oder so, dass eine wahre Weltbeschreibung extrem wenige Prinzipien brauchen würde, die zudem deduktiv verbunden sein sollten. Man könnte dies mit Hilfe der Metapher des Kristalls ausdrücken. Während die traditionelle Auffassung Holz, oder besser noch Sand als Urbild der Materie ansah, als etwas Formloses, gewissermassen Charakterloses, dachte man sich jetzt die Materie als mathematisch hochgeordnet, was der Kristall ja ist und weil Mathematik für das Ideelle stand, verbanden sich nun Idealismus und Materialismus zu diesem schon oft beschriebenen mathematischen Platonismus.

Auf eine solche Art versuchte man denn auch, das Leib-Seele-Verhältnis, das zum Undurchschaubarsten gehört, was es gibt, logisch kristallin und durchsichtig zu machen. Das ist unter anderem enthalten in Rudolf Carnaps „Logischem Aufbau der Welt", einem Werk, das ich schon öfters erwähnte. In diesem Buch geht Carnap davon aus, dass es sogenannte ‚Elementarerlebnisse' gibt, hinter die wir nicht zurückgehen können. Sie bilden die empirische Basis aller Erkenntnis. Was wir früher ‚Geist' genannt haben, ist für ihn nur noch die Fähigkeit zur „Ähnlichkeitserinnerung", wie er es nennt und sie ist zugleich die einzige Kategorie, die in seiner ausgedünnten Systematik übrig geblieben ist. Von hier aus will er dann – also auf der Basis minimaler Empirie und maximaler logischer Deduktion – das Eigenpsychische, das Physische, das Fremdpsychische und das Geistige rückgewinnen, alles aber nur als logische Implikation dieser minimalen empirischen Basis. Dieses Unternehmen ist vom Anspruch her gigantisch und es würde, sofern gelungen, das Leib-Seele-Problem gewissermassen en passant bewältigen. Carnap vergleicht sein Vorgehen mit dem Aufbau der Arithmetik aus den Zahlen und ihren Grundrelationen wie Addition, Multiplikation usw. Daraus könne man die Null, die negativen, die rationalen, reellen und imaginären Zahlen usw. aufbauen. Die Welt als eine Skulptur aus reiner Logik.

Einen solchen Versuch der durchgängig logischen Konstruktion der gesamten Philosophie hat es höchstens noch bei Leibniz gegeben, aber der Unterschied ist bezeichnend: während bei Leibniz das Logische den Geist und damit eine Wesensontologie repräsentiert, wird es hier rein formal gefasst. Carnap geht davon aus, dass seine Ableitungen die reine Struktur sind, völlig indifferent gegenüber solchen Begriffen wie ‚Geist' und ‚Materie', ‚Konkretem' oder ‚Abstraktem'. Dieser neutrale Monismus kippt allerdings bei ihm später in einen physikalistischen Materialismus um. Das ist auch nicht sonderlich überraschend, denn es ist nun einmal die überwältigende Erfahrung der neuzeitlichen Physik, dass die Materie nicht etwa das Opake, Irrationale, sondern ganz im Gegenteil das am besten logisch Durchschaubare ist. Daher die oft erwähnte Verbindung zwischen an der Mathematik orientiertem Platonismus und einem empiristischen Materialismus.

Ich gehe in diesem Kapitel zuerst auf Carnap ein, weil er und der Wiener Kreis eine neue Art ins Werk setzten, das Verhältnis zwischen Leib und Seele zu begreifen. Zunächst einmal – und das gilt für die gesamte Entwicklung der Leib-Seele-Debatte bis heute – wird das Problem als ein rein innertheoretisches angesehen. Praxis spielt keine Rolle. Das hat z. B. zur Folge, dass die Alltagspsychologie, von der wir beständig zehren, außer Kraft gesetzt wird. Die Alltagspsychologie unterstellt, dass wir Vernunfts- und Freiheitswesen sind. Dies müssen wir zum Zweck einer gelingenden sozialen Praxis annehmen. Missversteht man jedoch diese Alltagspsychologie als Prototheorie mit derselben Stoßrichtung wie die Neurowissenschaften, dann erscheint sie naiv, primitiv, überholt. Aber das ist ungefähr so, als würde man ein Kochbuch mit einem Chemielehrbuch vergleichen, weil beide mit chemischen Veränderungen zu tun haben. Das Kochbuch ist jedoch eine Handlungsanweisung und die molekularen chemischen Details sind für solche Anweisungen irrelevant, so wie man nicht wissen muss, wie ein Vergaser funktioniert, um ein Auto zu fahren oder wie man den Aufbau von Mikrochips nicht kennen muss, um ein Handy zu bedienen.

Die Leib-Seele-Debatte der Analytischen Philosophie ist vollständig theoriedominiert, deshalb wird der praktische Aspekt kaum ernst genommen. Allerdings gibt es einige kontinentaleuropäische Autoren wie Jürgen Mittelstrass, Martin Carrier und Heiner Hastedt, die diesen Aspekt kritisch zur Geltung gebracht haben. Sie stehen aber außerhalb des mainstreams der Analytischen Philosophie. Doch zurück zu Carnap: wenn die Welt in der Tat so beschaffen ist, dass sie die einfachsten logischen Kalküle realisiert, dann ist es naheliegend, das Verhältnis von Leib und Seele als logische Identität anzusehen, wie das Carnap in seinem ersten großen Werk auch getan hat.

Das hieße, dass das Psychische und das Physische nicht zwei verschiedene Dinge sind, sondern es handelt sich um ein und dieselbe Sache, nur von zwei verschiedenen Seiten her gesehen, also z. B. wie die Vorder- und Rückseite eines Teppichs. Wer sich bei Teppichen auskennt, würde aus der Vorderseite auf die Rückseite schließen können und umgekehrt. Leib und Seele sind überhaupt nichts Unterschiedliches, es sieht nur so aus. Das würde im Klartext darauf hinauslaufen, dass wir imstande sein müssten, ein Übersetzungsmanual herzustellen mit zwei Spalten: auf der linken Seite hätten wir die mentalen Zustände, auf der rechten die Hirnzustände und das Ganze würde funktionieren wie ein Wörterbuch. Im Endeffekt würden wir irgendwann einmal die Rede über den Geist aufgeben, weil wir nichts über ihn aussagen könnten, was nicht auch schon mit Hilfe der Hirnzustände ausgedrückt werden könnte. Tatsächlich versuchte Carnap ganz konkret, Sigmund Freund Satz für Satz in eine physikalistische Sprache zu übersetzen, musste aber einsehen, dass bei seinem Bemühen nicht sonderlich viel herauskam. Doch bleibt eine solche Programmatik bemerkenswert durch ihren verwegenen Optimismus, dass nämlich das vielleicht diffizilste Problem der Philosophie überhaupt rein und ausschließlich mit den Mitteln der formalen Logik aufgelöst werden könnte, denn das hieße ja, dass zur Lösung dieses Problems noch nicht einmal die empirischen Wissenschaften nötig wären. Man könnte es sozusagen im Lehnsessel abhandeln, so wie ich im Lehnsessel wissen kann, dass $x^2 + y^2 = r^2$ und ein Kreis dasselbe sind oder wie Carnap Freud bequem im Lehnsessel formalisierte, ohne im Geringsten Rücksicht auf die empirischen Wissenschaften nehmen zu müssen.

Welche Gründe hatte Carnap für eine derart verwegene Zielvorstellung? Meiner Meinung nach überhaupt keine, außer dem schrankenlosen Vertrauen in die Macht der logischen Kalküle, denn alles, was wir über die Natur unserer psychischen Zustände wissen und alles, was man damals über das Gehirn wissen konnte, sprach gegen ein rein analytisch-logisches Verhältnis.

Carnap bemerkt schon in der zweiten Auflage seines Buches, dass die rein logische Ableitung höherer Stufen aus den elementaren oft nicht im Sinn expliziter Definitionen möglich sei, d. h. er bezweifelt rasch die Durchführung seines ursprünglichen Programms. Aber entscheidend bleibt doch, dass er jemals daran geglaubt hat! Was wurde in der Philosophiegeschichte nicht alles versucht, um dem Rätsel des Zusammenhangs zwischen Leib und Seele auf die Spur zu kommen, aber in der 2000jährigen Geschichte dieses Bemühens wäre niemand vor Carnap auf die Idee gekommen, dass formale Logik dafür hinreichend sein könnte! Es ereignete sich eben zu Beginn des 20. Jahrhunderts eine Revolution in der Philosophie, zeitgleich mit den damaligen politischen und künstlerischen Revolutionen: Die Kalkülvernunft setzt sich durch und sie setzt sich nun an die Stelle der traditionellen Metaphysik. Die Horizontale soll die Rolle der Vertikalen spielen, obwohl es sich um zwei linear unabhängige Vektoren handelt.

Ich möchte nun im Folgenden die weitere Entwicklung der Leib-Seele-Debatte in der Analytischen Philosophie grob skizzieren, aber nicht so, wie das in den meisten Büchern zu diesem Thema geschieht. Dort wird gewöhnlich eine Siegergeschichte erzählt. Es sieht dann so aus, als komme die Analytische Philosophie einer endgültigen Lösung des Leib-Seele-Problems sukkzesive näher, indem die Modelle immer differenzierter werden. Ich möchte hingegen zeigen, dass diese Entwicklung als stufenweise Selbstwiderlegung gelesen werden kann, vor allem als Selbstwiderlegung der Kalkülvernunft als Metaphysikersatz. Ich bürste also die Entwicklung der Leib-Seele-Debatte gegen den Strich und mache das Scheitern des zugrundeliegenden Motivs deutlich, das darin besteht, die Formel an Stelle der Form zu setzen.

Insgesamt durchläuft die Entwicklung folgende Stadien: Nach den logischen Identitätslehren kommen die nomologischen, dann die funktionalen. Diese gliedern sich in Computerfunktionalismus, den allgemeinen und später den biologischen Funktionalismus. Die dabei investierten Prinzipien werden immer stärker und reichhaltiger, was kein Wunder ist. Die menschliche Seele ist äußerst bestimmungsreich und so ist der Kalkül gezwungen, immer neue und disparatere Bestimmungen aufzunehmen, bis er schließlich kollabiert, denn gegen Ende der Entwicklung muss eine werthaft-vertikale Dimension eingeführt werden, weil es offenbar nicht anders geht. Dass diese Entwicklung von ihren Protagonisten als Siegergeschichte erzählt wird, zeigt einmal mehr die weltanschauliche Wucht des zugrundeliegenden Programms: es kommt über uns wie die Globalisierung und hängt wohl auch mit dieser zusammen. Dem Nutzenkalkül hier entspricht die algorithmische Kompression dort. Auch das Geld ist, als quantitative Größe, affin zum Kalkül.

Wir hatten also als erste Stufe die Idee einer logischen Identität zwischen Leib und Seele, die nicht lange gehalten wurde, denn ihre Forderungen waren offenbar zu stark. Das führte dann schon bei Herbert Feigl dazu, die logische Identität durch eine nomologische zu ersetzen. Während eine logische Identität zwischen A und B notwendig ist, sind nomologische Identitäten kontingent. Das heißt, in ihrem Zusammenhang wird eine Identität zwischen Geist und Gehirn behauptet, die durch ein Gesetz ausgedrückt werden muss, das auch falsch werden könnte. Überhaupt muss jetzt geforscht werden. Eine solche Identität lässt sich nicht mehr am Schreibtisch abhandeln. Man hat sie auch ‚Typenidentität' genannt, weil jetzt unterstellt wird, dass etwa der mentale Zustand des Schmerzes in verschiedenen empfindungsfähigen Lebewesen immer mit demselben Gehirnzustand verbunden sein sollte.

Wieso ging man von der logischen zur nomologischen Identität über? Weil es sozusagen das nächst geringere Übel war. Die Maxime der Kalkülvernunft lautet: wähle den Diskurs, der die meisten rein logisch nachvollziehbaren Begriffsübergänge enthält. Daran gemessen steht die Logik über die Mathematik und die Mathematik über der Physik und weil es beim Leib-Seele-Verhältnis um etwas Reales geht, genügte die Mathematik nicht mehr, sondern man brauchte etwas der Physik Vergleichbares! Das fand man in den neuen Theorien Ludwig Boltzmanns, der zur selben Zeit in Wien lehrte. Ich denke, dass auch die Idee, die Physik zur Erhellung des Leib-Seele-Problems heranzuziehen, äußerst weit hergeholt war, aber so ging man damals eben vor.

Ludwig Boltzmann gelang Ende des 19. Jahrhunderts eine epochemachende Entdeckung. Er konnte zeigen, dass thermodynamische Größen wie ‚Druck', ‚Temperatur' oder ‚Entropie' molekularkinetisch gedeutet werden können. Scheinbar eigenständige Phänomene unserer Alltagsphysik erwiesen sich als Epiphänomene einer tiefer liegenden materiellen Realität. Boltzmann war weltanschaulicher Materialist und diese gelungene Reduktion schien seinen Materialismus zu bestätigen. Danach wird alles, was es auf der Welt gibt, durch die Bewegungszustände der Atome festgelegt. Boltzmann arbeitete an der Universität Wien und beeinflusste den Wiener Kreis direkt, z. B. über Philipp Frank, der sein Schüler war. Überhaupt ist es sinnvoll, sich die damaligen Wiener Verhältnisse in Erinnerung zurückzurufen: Seit 1895 gab es an der Wiener Universität einen Lehrstuhl für „Philosophie der induktiven Wissenschaften", der für Ernst Mach eingerichtet wurde. Mach hatte ihn bis 1901 inne. Ihm folgte Ludwig Boltzmann von 1902–1906. In einem solchen Umfeld entstanden die psychophysischen Typenidentitätslehren.

Boltzmann konnte also zeigen, dass die Temperatur eines Gases *nichts anderes* ist als die mittlere kinetische Energie der Moleküle, aus denen es besteht. Natürlich hat der Begriff ‚Temperatur' eine andere Bedeutung als der Begriff der ‚mittleren kinetischen Energie', aber man sagte sich, dass die Bedeutung, also die Intension, dieser Begriffe, unwesentlich sei gegenüber ihrer Referenz oder Extension. Man betrachtet diese spektakulär gelungene Theoriereduktion der phänomenologischen Thermodynamik auf die Molekularkinetik bis heute als Muster für den Reduktionismus überhaupt. In Bezug auf physikalische Gegenstände ist diese Argumentation einer extensionalen Identität bei intensionaler Differenz ohne Weiteres akzeptabel, sie wird aber ganz verquer, wenn man sie auf das Leib-Seele- oder auf das Gehirn-Geist-Verhältnis überträgt, was aber nicht hindert, dass Boltzmanns Reduktion bis in die neuesten Publikationen hinein als Vorbild angesehen wird. So bei Neurowissenschaftlern wie Wolf Singer, Holk Cruse oder Gerhard Roth oder bei Philosophen wie Wilfrid Sellars, John Searle, Jaegwon Kim oder David Lewis, d. h. diese Vorstellung scheint allgegenwärtig.

Zunächst einmal sind nomologische Identitätslehren empirisch gesehen nicht weniger riskant als rein logische, denn Boltzmann fand zu seiner Zeit eine bereits fertig vorliegende, mathematisch formulierte Theorie (die ideale Gasgleichung) vor, die er auf eine noch fundamentalere Gleichung mit statistischen Größen zurückführen konnte. Bezüglich unserer mentalen Zustände gab es jedoch weder zu Beginn des 20. Jahrhunderts eine mathematische Theorie, noch gibt es sie heute. Wir haben keine Ahnung, wie man mentale Zustände quantifizieren sollte. Was aber noch schlimmer ist: wir wissen auch nicht recht, worauf wir diese nicht vorhandene Theorie reduzieren könnten, denn weder damals noch heute besitzen wir eine geschlossene mathematische Theorie des Gehirns und es gibt Zweifel, ob eine solche Theorie überhaupt möglich ist, angesichts der Komplexität ihres Gegenstandes. Mit einem Wort: die Idee, Physisches und Psychisches mathematisch-physikalisch zur Identität zu zwingen, war zu Zeiten des Wiener Kreises völlig aus der Luft gegriffen und sie ist es heute noch.

Eine weitere Schwierigkeit ist die, dass das behauptete Kausalverhältnis zwischen Gehirn und Geist eigentlich der Identitätslehre widerspricht. Wenn A Ursache für B ist, ist A niemals identisch mit B: Wenn der Blitz den Donner hervorbringt, dann müssen beide verschieden sein und da hilft uns auch die Unterscheidung von extensionaler Identität bei intensionaler Verschiedenheit nicht weiter, die man gewöhnlich ins Feld führt. Frege hatte diese Unterscheidung zwischen Sinn und Bedeutung (wie er es nannte) mit dem folgendem Vergleich illustriert: So wie sich Abend- und Morgenstern auf denselben Gegenstand beziehen, nämlich auf die Venus, so soll es auch bei Gehirn und Geist der Fall sein. Man findet diesen Vergleich bis heute oft wieder, so z.B. bei Kay Vogeley und bei anderen Neurowissenschaftlern.

Aber all das kann nicht wahr sein, denn bei Abend-, Morgenstern und Venus haben wir drei Größen, bei Gehirn und Geist aber nur zwei. Freges Konzept ist natürlich konsequent: Abend- und Morgenstern sind intentional verschieden, extentional aber identisch. Wir könnten also sagen, dass bei Frege die Venus als Identitätsträger fungiert. Bei Gehirn und Geist gibt es aber keinen solchen Identitätsträger, denn der müsste ja etwas Drittes jenseits von Geist und Materie sein und was das sein sollte, ist ganz unklar! Das heißt also: diese Identitätslehre wäre nur konsistent, wenn wir einen neutralen Monismus vertreten würden wie Mach und Russell und heute wieder gewisse Pragmatisten. Danach ist der ‚Weltstoff' ein Drittes jenseits von Geist und Materie. Aber davon sind Neurowissenschaftler wie Vogeley meilenweit entfernt. Sie vertreten ja einen materialistischen Monismus. Vogeley sagt: „Geist und Körper sind eine monistisch zu deutende Einheit in der Körperwelt."[1] Das ist ungefähr so, als würde man sagen: „Frauen und Männer sind als Männer identisch", ein Satz ohne jeden erkennbaren Sinn. Man könnte vielleicht sagen „Frauen und Männer sind als Rechtssubjekte identisch", aber dann hätte man einen Identitätsträger benannt, den man als Drittes in solchen Fällen auch braucht. Aber was sollte das Dritte jenseits von Geist und Gehirn sein?

Es gibt aber ein noch viel einfacheres Argument, um diese Typenidentitätslehre ad absurdum zu führen: Die Identitätsrelation ist symmetrisch! Wenn der Geist mit dem Gehirn identisch ist, müsste auch das Gehirn mit dem Geist identisch sein, was eine extrem idealistische Position wäre! Die Identitätslehre diskrimiert also nicht zwischen Materialismus und Idealismus und man könnte sagen, dass der frühe Carnap in dieser Hinsicht konsequenter war, denn er hielt zu jener Zeit noch den neutralen Monismus, der die Sache stimmig macht, obwohl die neutralen Monisten uns niemals mitteilen, was denn wohl dieses Dritte jenseits von Geist und Materie sein könnte?

Man sieht: das nomologische Konzept enthält derart gravierende Widersprüche, dass man sich wundern muss, weshalb es bis heute so verbreitet ist. Es wurde zwar von Philosophen wie Saul Kripke oder Hilary Putnam kritisiert, aber nicht mit Argumenten, wie ich sie hier genannt habe. Die Widersprüchlichkeit, die ich aufgezeigt habe, hängt mit der Überblendung von Form und Formel zusammen, die bei angelsächsischen Autoren gewöhnlich nicht als Problem gesehen wird.

Ich möchte nun die genannten Widersprüche von dieser Überblendung her aufschlüsseln, um meine Generalthese zu erhärten, dass wir uns in einer Situation befinden, wo das Formale die Stelle des Ideellen eingenommen hat. Die vorgeblichen Identitätslehren sind nämlich in Wahrheit überhaupt keine Identitätslehren. Der Satz „Der Geist ist das Gehirn" drückt keine Identität aus, sondern er macht eine Wesensaussage. Das Wort ‚ist' ist, wie man weiß, notorisch mehrdeutig. Manchmal steht es für Prädikation, dann wieder für Existenz oder für Definition. In dem Satz „Der Geist ist das Gehirn" drückt das ‚ist' nichts anderes aus als ‚ist im Wesentlichen', so dass wir ihn übersetzen können in: „Das Wesen des Geistes ist das Gehirn". *Das* ist hier gemeint!

Wenn wir es so zurechtlegen, verschwinden all die genannten Widersprüche. Während z. B. die Identitätsrelation symmetrisch ist, sind es Wesensaussagen nicht. Wenn ich sage „Das Wesen des Geistes ist das Gehirn", dann verbietet das eine Umkehrung des Satzes, dessen Sinn sonst ein ganz anderer wäre. Oder nehmen wir die Tatsache, dass der Satz „Das Gehirn verursacht den Geist" mit einer Identität von Geist und Gehirn unverträglich ist. Doch wenn das Gehirn das Wesen des Geistes ist, dann wird klar, dass es auch seine Ursache sein könnte. Schließlich die Paradoxie mit Abend- und Morgenstern: Wenn ich keine Identität behaupte, sondern ein Wesensverhältnis, dann brauche ich kein Drittes als Identitätsträger, sondern ein Wesensverhältnis hat von sich aus nur zwei Glieder.

In dieser Auslegung verschwinden also sämtliche Widersprüche! Warum reden dann die Anhänger der nomologischen Identitätslehren nicht vom ‚Wesen'? Weil dann sofort deutlich würde, dass sie in der Tradition der klassischen Metaphysik stehen, die sie doch vorgeben, überwunden zu haben! Es klingt einfach logischer und wissenschaftlicher, von ‚Identität' zu reden, als vom ‚Wesen'.

Wie dem auch sei: wer von einer ‚nomologischen Identität von Geist und Gehirn' spricht, ist zumindest gehalten, Gesetze anzugeben, die beide verbinden. Der Philosoph Donald Davidson hat sehr lange danach gesucht und sich dabei in die empirische Forschung selbst mit eingemischt, aber nichts weiter finden können. Natürlich gibt es im Gehirn fest verdrahtete Verbindungen zwischen sensuellem Input und motorischem Output. Wir hätten sonst in der Evolution nicht überleben können. Auf dieser Ebene funktioniert das nomologische Konzept. Aber funktioniert es auch ganz allgemein bei Überzeugungen? Wenn ich z. B. überzeugt bin, dass die Erde rund ist, gibt es dann einen Gehirnzustand, aus dem ich diese Überzeugung zwingend ableiten könnte? Davidson hat nicht nur empirische Untersuchungen gemacht, die ein negatives Resultat nahelegen, er bringt auch prinzipielle Argumente vor, die dagegen sprechen: Überzeugungen machen nur Sinn in einem Netz von anderen Überzeugungen. Sie sind holistisch verbunden. Hirnzustände hingegen können wir atomistisch bestimmen. Ich könnte meinen jetzigen Hirnzustand beschreiben und diese Beschreibung wäre vollständig, ohne auf andere, z. B. frühere, Hirnzustände Bezug zu nehmen. Aber wenn das so ist, wie sollte ich dann Hirnzustände eindeutig mit mentalen Zuständen verknüpfen können?

Aus diesem Grunde lehrte Davidson einen ‚anomalen Monismus': er hielt am Materialismus fest, lehrte aber, dass Gehirn und Geist nicht durch strikte Gesetze verbunden sind, sondern nur episodisch verknüpft im Sinn einer bloßen Tokenidentität. Dies würde z. B. heißen, dass meine Überzeugung, die Erde sei rund, heute und morgen ganz verschieden in meinem Gehirn repräsentiert ist und auch ganz verschieden in verschiedenen Gehirnen. Die Identität zwischen Gehirn und Geist wäre nur noch punktuell. Was aber, wenn wir gesetzlich-kausale Verbindungen für den „Zement des Universums" halten, wie es die materialistische Grundüberzeugung will? Fallen wir damit nicht aus dem Materialismus heraus?

Um dies zu verhindern (der Materialismus sollte unbedingt gerettet werden!), erfand Davidson den Begriff der ‚Supervenienz' oder vielmehr, er übertrug ihn von der Ethik auf die Leib-Seele-Debatte und hatte damit so großen Erfolg, dass er dort bis heute verwendet und immer weiter verfeinert wird. Dieser Begriff der ‚Supervenienz' bezieht sich auf das Verhältnis einer höheren zu einer tieferen Ebene und lässt zu, dass ein Zustand der höheren Ebene mit ganz verschiedenen der tieferen Ebene verbunden sein kann (Prinzip der multiplen Realisierbarkeit), er schließt aber das Gegenteil aus: Es kann niemals vorkommen, dass sich etwas in der höheren Ebene verändert, ohne dass die tiefere das ‚merkt' oder in Bezug auf unser Problem: es kommt niemals vor, dass unser Geist von der Vorstellung A zur Vorstellung B übergeht, ohne dass sich in unserem Gehirn etwas verändert. Wenn das doch geschehen könnte, wäre der Materialismus falsch, denn in einem solchen Fall wäre unser Geist derart unabhängig vom Gehirn, dass man nicht mehr von ‚Materialismus' sprechen könnte.

Der Begriff der ‚Supervenienz' kommt in zwei Varianten vor. ‚Starke Supervenienz' heißt: beide Ebenen sind durch Naturgesetze verbunden. Davidson hält nur die schwache Supervenienz, gemäß seinem Grundsatz des ‚anomalen Monismus'. Man sollte aber schon hier bemerken, dass dieser Grundsatz nicht nur, wie sich später zeigen wird, tendenziell aus dem Materialismus herausführt, er führt auch ganz klar aus der Naturwissenschaft heraus, denn Naturwissenschaft kann immer nur allgemeine Verhältnisse thematisieren. Das Individuelle ist nicht ihr Thema. Das erklärt zwanglos, weshalb Neurowissenschaftler gerne an einer traditionellen Typenidentitätstheorie festhalten, sonst hätten sie nichts mehr zu forschen.

Der Begriff der ‚Supervenienz' wurde also eingeführt, um den Materialismus zu retten, aber dieses Prinzip wäre nur gerechtfertigt, wenn es *unabhängige* Gründe gäbe, das Verhältnis von höherer zu tieferer Ebene auf diese Art zu beschreiben. Aber so ist es nicht. Es gibt viele (ich meine sogar sehr viele) Fälle, wo Supervenienz verletzt wird, wenn es um das Verhältnis zweier Ebenen geht. Der Philosoph Jaegwon Kim gibt in seinen Schriften gerne folgendes Beispiel an, das in Wahrheit das Gegenteil beweist: Wenn wir Kopfweh haben, dann bleibt uns nach Kim *nichts anderes* übrig, als Aspirin zu nehmen. Wenn wir die Wirkung eines Gemäldes verändern wollen, bleibt uns nichts anderes übrig, als zum Pinsel zu greifen usw. In diesem Sinn sei das Materielle primär.[2] Aber die Beispiele sind offenkundig schief. Wir können auch Kopfweh vertreiben, indem wir auf bessere Gedanken kommen oder ein Kunstwerk kann für uns eine neue Bedeutung gewinnen, wenn wir andere Informationen über den Künstler oder über seine Zeit haben. Die Abhängigkeit läuft immer in beiden Richtungen zugleich. Es ist einfach nicht wahr, dass das Mentale nur vom Physischen abhängig ist und nicht auch umgekehrt. Aber wenn das Supervenienzprinzip im Allgemeinen nicht erfüllt ist, dann müsste seine Anwendung auf das Leib-Seele-Verhältnis unabhängig von dieser Anwendung gerechtfertigt werden, was aber nirgends geschieht.

Hinzu kommt, dass es noch nicht einmal materialistisch ist, obwohl es so klingt, denn Philosophen wie Hegel oder Whitehead hätten das Supervenienzprinzip unterschrieben, denn dieses Prinzip legt nur das *logische* Verhältnis zweier Ebenen fest. Über den Primat der einen gegenüber der anderen, wird nichts ausgesagt. Hegel z. B. lehrt, dass der Geist nichts wäre ohne die Materie. Der Geist kommt immer nur im anderen zu sich selbst. Er ist also wesentlich aufs Konkrete, Materielle verwiesen und deshalb hätte Hegel keine Probleme gesehen anzuerkennen, dass sich im Gehirn etwas verändern muss, wenn sich im Geist etwas verändert. Aber das hätte ihn natürlich nicht gehindert, den Akzent auf den Geist zu legen, statt auf die Materie. Dies meinte ich mit dem Rückzugsgefecht in der Leib-Seele-Debatte. Ihre Protagonisten erfinden ständig neue Konzepte, um ihren Materialismus zu retten, was aber ein ums andere mal in neue Widersprüche hineinführt.

Weil das Supervenienzverhältnis nur das logische Verhältnis zweier Ebenen beschreibt, impliziert es keine ontologische Priorität. Es lässt offen, ob der Geist oder ob das Gehirn primär sind. Sobald ich diesen Primat einführe, habe ich eine vertikale Dimension eröffnet und davor fürchtet sich der Materialist, obwohl seine eigene Position ohne eine solche vertikale Dimension noch nicht einmal formuliert werden kann.

Das Konzept von Davidson ist also per se weder materialistisch noch wissenschaftlich, aber es markiert einen Übergang zu einer ganz neuen Weise, das Leib-Seele-Verhältnis zu fassen, nämlich zum Funktionalismus. Im Funktionalismus spielt das Prinzip der multiplen Realisierbarkeit eine entscheidende Rolle und dieses Prinzip ist in Davidsons Tokenidentitätslehre mitenthalten, weil er zugestehen könnte, dass z. B. Schmerz verschieden realisiert ist in verschieden aufgebauten empfindsamen Lebewesen.

In den 1960er Jahren wurden die Identitätslehren ganz allgemein in Frage gestellt und zwar durch einen einzigen Artikel von Hilary Putnam, der genau dies zu bedenken gab: wir können davon ausgehen, dass verschiedene Lebewesen extrem verschieden aufgebaut sind. Andererseits glauben wir, dass sich z. B. ganz verschieden gebaute Lebewesen im selben mentalen Zustand des Schmerzes befinden können. Wenn nun die Typenidentitätslehre wahr wäre, dann müsste auch die physische Realisation des Schmerzes immer dieselbe sein, was höchst unwahrscheinlich ist. Wir müssen also davon ausgehen, dass sich Schmerz multipel realisieren lässt und wenn das richtig ist, dann muss die Typenidentitätstheorie falsch sein!

Was wäre dann die Alternative? Das Prinzip der multiplen Realisierbarkeit kommt in vielen Zusammenhängen vor, z. B. überall dort, wo es um Zweck-Mittel-Verhältnisse geht, denn ein und derselbe Zweck lässt sich meist durch ganz verschiedene Mittel realisieren. Weil das traditionelle Prinzip „anima forma corporis" der Aristoteliker teleologisch ist, könnte man auf dieses Prinzip zurückgreifen, was Putnam inzwischen übrigens tut. Damals aber war Putnam noch ganz im Banne der Kalkülvernunft und überlegte, was sozusagen – logizistisch gesehen – das nächst geringere Übel wäre, an den Prinzipien der Kalkülvernunft festzuhalten, dieses Problem aber gleichwohl zu bewältigen. Daher wählte er die Computermetapher. Leib und Seele verhalten sich wie hard- und software! So wie ein und dieselbe Software auf ganz verschiedenen Hardwarekonfigurationen laufen kann, so kann der Schmerz biologisch ganz verschieden realisiert sein. Die Computertheorien des Geistes waren geboren!

Das lag durchaus in der Fluchtrichtung der Kalkülvernunft. Diese beruht auf dem Grundsatz „Wähle immer den Diskurs, der die meisten rein logischen Übergänge enthält, dann kommst Du der Wahrheit am nächsten." Da die formale Logik und danach eine Art mathematischer Physik des Psychischen versagt hatten, nahm man jetzt Maß an der Informatik, aber auch dort nur in einem sehr formalen Sinn, denn Putnam identifizierte den Computer mit einer universellen Turingmaschine. Diese ist eigentlich keine Maschine, sondern ein Gedankenexperiment geeignet, den logischen Bodensatz des Computers auf den Punkt zu bringen, denn es betrachtet den Computer als ein rein syntaktisches Gebilde, das einfach nur Input- in Outputgrößen umwandelt nach gewissen algorithmischen Vorschriften. Auch hier wieder die Neutralisierung der Vertikalen: In Wahrheit existieren Computer überhaupt nur als Mittel zum Zweck der Datenverarbeitung und durch dieses teleologische Moment wird eine vertikale Dimension aufgespannt, die man aber seinerzeit ignorierte.

Natürlich ist der Computer *auch* eine universelle Turingmaschine, aber wie alle Zeichen, haben auch die vom Computer verarbeiteten Symbole zusätzlich eine semantische und vor allem eine pragmatische Dimension. Diese berücksichtigte Putnam nicht, gemäß den Grundsätzen des Logizismus, denn hätte er diese Aspekte ebenfalls berücksichtigt, dann wäre sein Konzept logisch weit weniger durchschaubar gewesen, was er verhindern musste.

Der Preis dafür war allerdings sehr hoch, denn John Searle kritisierte solche Computertheorien des Geistes mit einem ebenso simplen wie schlagenden Argument: wenn der menschliche Geist ein Computer ist, dann haben seine Zustände keine Bedeutung. Aber Sprache hat Bedeutung, also kann der Mensch kein Computer sein. Zudem ist ein Computer ohne Nutzer nichts. Ein Computer, der einsam im Urwald stünde, wäre kein Computer, sondern höchstens eine Behausung für herumkriechende Ameisen. Der Computer ist also ohne Nutzer = nichts. Aber wer ist der Nutzer des Menschen, wenn er wirklich ein Computer ist?

Solch extrem simplen Einwänden setzt sich eine Computertheorie des Geistes aus, sie sind genau so naheliegend wie die Einwände gegen die psychophysischen Identitätslehren, aber der Computerfunktionalismus setzte sich trotzdem durch und wird in der Kognitionsforschung bis heute gehalten, so mächtig und bezwingend ist die Metaphysik der Kalkülvernunft. Nach ihrer Auffassung sind mentale Zustände nichts als funktionale Zustände in Abhängigkeit von Input- und Outputgrössen und von anderen internen Zuständen des Systems. Das bedeutet, dass es so etwas wie ein Ich oder einen Personkern nicht geben kann und selbstredend damit auch kein Verantwortungssubjekt, sondern was sich in uns ereignet, ist ein subjektloser Wechsel von Zuständen, die funktional abhängig sind von anderen Zuständen und das ist die ganze Wahrheit über den Menschen. Was wir ‚Subjektivität' genannt haben, wäre demnach eine glatte alteuropäische Illusion.

Nicht nur dies, das Konzept des Computerfunktionalismus hat auch weitere, ziemlich desolate Konsequenzen, denn wenn mentale Zustände nichts als Funktionen von Input- und Outputgrößen sind, die man sich nomologisch verbunden vorstellt, dann könnten wir uns in unserem Erkennen niemals irren. Erkennen könnte sich nur ereignen oder nicht ereignen, es könnte aber niemals wahr oder falsch sein. Es entstand also das Problem der Missrepräsentationen. Wie sind sie möglich?

Fasst man Erkennen als Repräsentieren von Sachverhalten, dann sollte es auch Missrepräsentationen geben, schließlich können wir uns auch irren. Dieser triviale Sachverhalt hat es in sich, denn er lässt sich nur teleologisch verstehen. Erkennen ist auf Wahrheit als auf sein Ziel hin ausgerichtet und Ziele können verfehlt werden und das ist der einfache Grund, weshalb wir uns irren können. Ein Wesen, das keine Ziele hätte, könnte sich niemals irren. Deshalb würde ein Planet, der von einem Kometen aus der Bahn geworfen wird und der dann in einer torkelnden Bahn um die Sonne kreist, sich nicht etwa irren, sondern er würde halt anders kreisen als vorher, punktum. Nun ist das Teleologieproblem ein leidiges Problem des Naturalismus, mit dem er eigentlich nicht fertig werden kann, denn wenn wir Endursachen in der Natur zulassen, haben wir etwas Geistiges unterstellt, was sich nicht mit einer materialistischen Grundposition vereinbaren ließe.

Frank Ramsey und David Lewis haben den Funktionalismus später vom Computerparadigma abgelöst und über ‚kausale Rollen' definiert. Funktionale Zustände spielen jetzt solche kausalen Rollen bezüglich Input- und Output- und internen Zuständen. Der Begriff der ‚kausalen Rolle' erlaubt eine Interpretation dessen, was wir ‚Missrepräsentation' nennen, denn Rollen kann man verschieden gut spielen oder auch verfehlen. Z. B. spielt der Schmerz bei Lebewesen die kausale Rolle, uns vor weiteren Verletzungen zu bewahren. Das Warnsystem der Schmerzempfindung kann aber auch gestört sein. Dann spielt es seine kausale Rolle schlecht oder gar nicht mehr.

Das Problem in der gesamten Literatur, die sich dieses Begriffs der ‚kausalen Rolle' bedient, ist aber eine Unklarheit über die Anwendung teleologischer Prinzipien, denn der Rollenbegriff wird unterschiedslos auf Organisches und Anorganisches angewendet. Es wird dann etwa davon gesprochen, dass die Schwerkraft die kausale Rolle spiele, die Planeten auf ihrer Bahnen um die Sonne zu halten. Aber wir haben schon gesehen, dass dies eine bloß metaphorische Redeweise ist, denn eine solche Rolle kann man nicht verschieden gut spielen oder auch verfehlen, d. h. der Begriff der ‚kausalen Rolle' verwischt die Differenz zwischen rein kausalen und finalen Prozessen. Um dem irgendwie gerecht zu werden, haben Autoren wie Fred Dretske oder Ruth Millikan versucht, den Funktionalismus an die Evolutionstheorie zu binden. Ruth Millikan etwa entwickelt den zentralen Begriff der ‚proper function'. Danach können Lebensprozesse zufriedenstellend oder weniger zufriedenstellend ablaufen. Dieser Begriff wird also von vornherein nicht wie der der ‚kausalen Rolle' auf alles bezogen, sondern nur auf Lebensprozesse, was zunächst einmal einsichtig ist. Das Folgeproblem ist aber: mit diesem realteleologischen Begriff verliert Millikan ihre Legitimation durch die Darwinschen Evolutionstheorie, denn diese denkt rein kausal, also nichtteleologisch. Im Grunde kann ein Darwinist so etwas wie eine ‚proper function' überhaupt nicht denken. Er kann nur konstatieren, dass es Lebewesen gibt, die zufällig mehr oder weniger Erfolg im Kampf ums Überleben haben, indem sie mehr Nachkommen produzieren. Weil aber das Überleben im eigentlichen Sinne kein Ziel ist, ist der Überlebende nicht gut und der Ausgerottete nicht schlecht und die Eigenschaften der Organismen, die dazu geführt haben, sind auch nicht gut oder schlecht, sondern einfach nur anders. D.h. der Begriff der ‚proper function' ist erschlichen, aber durchaus nötig, denn man kann den Menschen und seine Erkenntnisfähigkeit nur realteleologisch beschreiben. Die Biologie reicht dazu eben nicht aus. Damit haben wir faktisch die Wiedereinführung einer vertikalen Dimension, was sich der Funktionalist aber nicht eingesteht, weil er vorgibt, nichts zu sein als ein harmloser Darwinist, der ausschließlich von Kausalzusammenhängen Gebrauch macht. Das entspricht dem rein syntaktischen Computerverständnis bei Putnam: die Vertikale soll vermieden werden, wenn nicht faktisch, so doch im eigenen Selbstverständnis.

Mit dem biologischen Funktionalismus ist die vorerst letzte Stufe der Entwicklung erreicht, die durchweg und präzise den Prinzipien der Kalkülvernunft folgt. Danach wurde das Leib-Seele-Verhältnis zuerst rein logisch gefasst, dann physikalisch, dann informationstheoretisch und schließlich biologisch, d. h. die Entwicklung verläuft so, dass die Logik immer weiter angereichert wird durch nichtlogische Kontexte, aber immer nur so viel, wie man unbedingt muss und es ist daher leicht, vorherzusehen, wie die Entwicklung in Zukunft verlaufen wird, denn bei manchen Autoren, wie z. B. Kay Vogeley, sieht man das jetzt schon: Der Mensch ist keine Insel und wenn man den menschlichen Geist hinreichend verstehen will, wird man um seine Sozialbezüge nicht herumkommen. Man wird also als Nächstes die Sozialwissenschaften ins Boot nehmen müssen. Dann wird sich der Naturalismus noch weiter von seinem ursprünglichen Programm entfernt haben. Manche Neurowissenschaftler wie Wolf Singer oder Wolfgang Prinz lassen allerdings das Soziale als Fiktion zu. Sie behaupten etwa, dass das Ich ein soziales Konstrukt sei. Wenn sich die Gesellschaft dazu entschließt, ihre Mitglieder als personale und freie Wesen anzusehen, dann sind sie es auch, aber nur *insofern*. Das heißt: Personalität, Geist, Ich, Verantwortlichkeit sind lediglich Konventionen wie die Hutmode oder die Gestalt der Automobile. Alles könnte auch ganz anders sein und wenn wir uns morgen entschließen würden, dem Geist die Existenz abzusprechen, würde es ihn augenblicklich nicht mehr geben. Das Soziale ist hier nichts Substanzielles, es hat rein fiktionalen Charakter.

So absurd sich das auch anhört, es folgt präzise dem Gesetz, dem dieses Denken immer gefolgt ist: lasse möglichst wenig

Kontexte zu, die logisch opak sind. Soziologie ist bis heute nicht mathematisiert und es sieht auch nicht danach aus, dass sie es in der Zukunft sein wird. Wer also die soziale Einbindung des Menschen berücksichtigt, handelt sich eine weitere Trübung der Kalkülvernunft ein und deshalb wird das Soziale zunächst nur als Fiktion angenommen, so wie das Teleologische bei Millikan nur als Illusion angenommen wird. Aber das wird sich auf die Dauer nicht halten lassen.

Vielleicht wird die Entwicklung auch ganz anders weitergehen. Der Neurowissenschaftler Antonio Damasio akzeptiert von vornherein, dass zur Beschreibung und Erklärung des menschlichen Geistes die Natur- und Sozialwissenschaften gleichermaßen herangezogen werden müssen. Er beschreibt einfach den Menschen zugleich von außen und von innen, aus der Beobachter- und aus der Betroffenenperspektive. Bezüglich der Innenperspektive macht er Gebrauch von Philosophie, Linguistik, Psychologie, Geschichtswissenschaft, eben von allem, was zur Aufklärung der Probleme beiträgt. Weil er mehrgleisig fährt, kann er die Kausalkategorie der Typenidentitätslehren nicht mehr gebrauchen, die nur naturwissenschaftlich definiert ist und spricht statt von ‚Kausalität' durchweg nur noch von ‚Korrelation' zwischen Gehirn und Geist, was eine viel schwächere Aussage ist, denn Korrelationen sind symmetrisch im Gegensatz zu Ursache-Wirkungs-Verhältnissen und sie müssen nicht hinreichend und noch nicht einmal notwendig sein. Standardbeispiel für eine Korrelation sind Zweck-Mittel-Verhältnisse. Zwecke sind für Mittel weder notwendig, noch hinreichend, noch umgekehrt. Es herrscht also ein Verhältnis der wechselseitigen Kontingenz. Gleichwohl sind sie nicht zufällig verbunden. Manche Mittel sind für vorausgesetzte Zwecke sinnvoller als andere. Wir haben also so etwas wie Sinn-Notwendigkeit. Der völlig und zu Unrecht vergessene Philosoph Friedrich Kaulbach hat diesen Begriff der ‚Sinn-Notwendigkeit' als Pendant zum Begriff der ‚Kausalität' eingeführt, wie ihn die Naturwissenschaften gebrauchen. Tatsächlich haben wir bei gelungenen poietischen

Handlungsvollzügen + das Gefühl, dass Mittel und Zwecke aufeinander abgestimmt waren, so als müsse es so gekommen sein. Aber dieses ‚Muss' ist nicht das Muss kausaler Abhängigkeiten, sondern das, was Kaulbach als ‚Sinn-Notwendigkeit' bezeichnet.

Vielleicht ist das Beispiel der Mittel und Zwecke mehr als ein weit hergeholter Vergleich für das Korrelationsverhältnis zwischen Gehirn und Geist. Vielleicht ist es wörtlich wahr. Könnte es nicht sein, dass das Gehirn Mittel zum Zweck des Geistes ist? Würden dann nicht plötzlich die Computertheorien des Geistes sinnvoll werden, weil wir ihre pragmatische Dimension ernst nehmen könnten? Würde dann nicht das Prinzip der multiplen Realisierbarkeit automatisch erfüllt sein, weil sich Zwecke immer durch verschiedene Mittel realisieren lassen? Und würden wir dann nicht verstehen, weshalb ein adäquater Begriff des Geistes eine vertikale Dimension erforderlich macht? Dass in der Leib-Seele-Debatte niemand auf eine solche Idee kommt, hängt einfach damit zusammen, dass sie naturalistisch dominiert wird und dass Endursachen für den Naturalisten ein rotes Tuch sind. Aber es hilft nichts. Wir haben gesehen, dass die Naturalisten längst von Teleologie und damit von einer vertikalen Dimension Gebrauch machen. Ich gestehe natürlich zu, dass eine Zweck-Mittel-Relation das Verhältnis zwischen Seele und Leib nicht ausschöpft. Ich werde im abschließenden Kapitel dieses Buches das menschliche Ausdrucksverhalten stark machen, das über bloße Zweckrationalität hinaus geht. Es scheint, dass das Leib-Seele-Verhältnis auf verschiedenen Ebenen decodierbar ist. So gesehen kann man die funktionalen Modelle oder die Zweck-Mittel-Rationalität als Teilwahrheit akzeptieren.

Damasio nennt seinen Ansatz ‚naturalistisch', aber eher so, wie ein Taufscheinchrist, der im Ernst an nichts mehr glaubt, aber trotzdem an Weihnachten in die Kirche marschiert, weil er es eben so gewohnt ist. Doch kann man nicht sehen, was an Damasios Vorgehen noch naturalistisch sein sollte, war doch der Naturalismus durch eine notwendige Bezogenheit auf die Naturwissenschaft definiert.

Interessant ist nun das Folgende: Damasio beschreibt die psychischen Leistungen des Menschen im Rahmen einer Hierarchie, die er ganz bewusst werthaft interpretiert. Proto-Selbst, Kernbewusstsein, autobiographisches Selbst und dann die höheren Kulturleistungen wie Kreativität, Moralität, Kunst, Technik. Man sieht: hier aufersteht die Vertikale erneut! Sollte sich diese Vorgehensweise durchsetzen, dann wäre eine über 100-jährige Entwicklung ans Ende gelangt. Die Kalkülvernunft hätte sich als Generalschlüssel zur Realität außer Kraft gesetzt.

Es würde den Rahmen dieses Buches sprengen, diese Selbstaufhebung der Kalkülvernunft in anderen Bereichen nachzuzeichnen. Man findet aber ganz analoge Entwicklungen im Bereich der Logik, Mathematik und Physik, ja im Naturalismus ganz allgemein. Immer steht der voraussetzungsärmste Kalkül am Anfang und muss dann stetig weiter angereichert werden, weil die Welt leider nicht von der Art ist, dass sie sich den einfachsten Kalkülen erschließt. Hier nur wenige Andeutungen:

Naheliegend war es zunächst zu versuchen, die Axiomatisierung für den ganzen Bereich der Idealwissenschaften durchzuführen, also z. B. Mathematik auf Logik zu reduzieren. Diesen Versuch unternahm Frege, wobei er an einer von Russell entdeckten Antinomie scheiterte. Es waren dann Russell und Whitehead selbst, die mit den „Principia Mathematica" diesen Versuch erneuerten. Dieses ‚logizistisch' genannte Programm lag auch dem Versuch Hilberts zugrunde, die gesamte Mathematik auf ein einheitliches axiomatisches Fundament zu stellen. All diese Programme gelten heute aufgrund der Gödelschen Theoreme als gescheitert. Das heißt, das Programm ist noch nicht einmal innerhalb der Idealwissenschaften durchführbar. Vor allem die Logik ist weit weniger kohärent, als oft angenommen. In der Aussagenlogik ist noch jedes Theorem algorithmisch beweisbar. Dies gilt bereits nicht mehr für die Prädikatenlogik, während die Systeme der modalen, doxastischen oder deontischen Logik immer größere, nichtlogische Spielräume eröffnen. So gibt es mindestens fünf verschiedene Ansätze zur Modallogik und das heißt eben, dass die Eindeutigkeit schon auf der höchsten formalen Ebene verloren geht. Die Notwendigkeit des Kalküls belädt sich mit der Kontingenz der realen Welt.

Dies ist natürlich a fortiori der Fall in der mathematischen Physik, deren Entwicklung von der maximal logisch-deduktiven Durchschaubarkeit zur Anerkennung immer weiterer Kontingenzen führte. Newtons Axiomensystem war ein erster großer Erfolg bei dem Versuch, deduktive Klarheit zu verbreiten. Allerdings war sein System nicht auf die elektrischen und magnetischen Kräfte anwendbar, geschweige denn auf die inzwischen entdeckten Kernkräfte. Bis heute ist es nicht gelungen, sie in einer ‚Weltformel' axiomatisch darzustellen. Gegen dieses Programm sprechen die Kontingenzen, die nach und nach in der Physik auftauchten. Die Newtonsche Physik enthält als deterministische Theorie keine Kontingenzen. Die Quantentheorie zeigte jedoch, dass bei Einzelereignissen unhintergehbar Zufälle eine Rolle spielen, die von der Theorie nicht beschrieben werden können.

Sehr beeindruckend ist nun, dass sich die Heroen der neuen Physik zu Beginn des 20. Jahrhunderts, also Einstein und Planck, gegen den Indeterminismus der Quantentheorie wehrten. Dies widersprach der Idee einer maximalen algorithmischen Komprimierbarkeit der Natur, von der sie überzeugt waren. Dem widersprach auch die von Edward N. Lorenz in den 1960er Jahren entwickelte Chaostheorie. Auch hier ist wieder interessant zu sehen, dass Lorenz selbst seine fundamentale Entdeckung der sensitiven Abhängigkeit nichtlinearer Prozesse von den Anfangsbedingungen zunächst nicht wahr haben wollte. Er konnte nicht glauben, dass sich sogar in einem volldeterminierten System die Trajektorien beliebig verzweigen, auch wenn sich die Anfangsbedingungen nur minimal unterscheiden. Dies hat eine weitere Einschränkung der Berechenbarkeit von Natur zur Folge. Mit einem Wort: selbst innerhalb der exaktesten Wissenschaften, Logik, Mathematik, Physik, stößt die Idee einer maximalen logischen Ordnung auf deutliche Grenzen und an diese Grenzen stieß man auch ganz allgemein in der Entwicklung des Naturalismus, von dem die Leib-Seele-Debatte nur ein Teilbereich ist. Auch hier nur wenige Andeutungen:

In Bezug auf den Naturalismus war die Idee des Wiener Kreises zunächst die, alles in Physik zu verwandeln. Diese Idee wurde über Jahrzehnte hinweg verfolgt bis hin zu Quine und Stegmüller. Aber schon bei diesen Autoren zeigten sich Auflösungserscheinungen. Quine z. B. machte exzessiv von allen möglichen Wissenschaften Gebrauch, die niemand zur Physik rechnen würde, wie z. B. von der Psychoanalyse. Er versicherte dann immer, man werde die Psychoanalyse schon auch noch auf Physik zurückführen. Das war ein riskanter, ungedeckter Wechsel auf die Zukunft. Stegmüller andererseits machte Gebrauch von der Kybernetik, um die Teleologie wegzuerklären, übersah aber, dass Kybernetik, im Gegensatz zur Physik, keine theoretische, sondern eine Ingenieurwissenschaft ist, die von leitenden Zwecken abhängig bleibt. Wir könnten kein kybernetisches System aufbauen, wenn wir nicht wüssten, wozu?

Eine ähnliche Grenzüberschreitung fand statt, als die Soziobiologie begann, sich der mathematischen Spieltheorie zu bedienen. In beiden Fällen hielt man dies für harmlos, weil diese Wissenschaften mathematisiert sind, ein typisches Vorurteil der Kalkülvernunft. So ähnlich wie die Kybernetik ohne leitende Zwecke und Werte kein Objekt hätte, würde man die mathematische Spieltheorie ohne den Begriff des ‚Nutzens‘, der auch ein teleologischer Begriff ist, nicht verstehen.

John von Neumann und Oskar Morgenstern hatten 1944 die mathematische Spieltheorie als eine Theorie des menschlichen Verhaltens eingeführt, um dieses Verhalten so zu erklären wie Newton das Verhalten der Planeten erklärt hatte und so wie Newton den Begriff der ‚Gravitation' als unerklärten Grundbegriff eingeführt hatte, wollten auch sie ihre soziale Physik auf den unerklärten Begriff des ‚Nutzens' aufbauen. Der Unterschied war jedoch: Der Begriff der ‚Gravitation' erlangt seine Bedeutung ausschließlich durch die Newtonschen Theorie, was für den Begriff des ‚Nutzens' nicht gilt. Diesen Begriff kennen wir aus unserem praktischen Weltverhalten immer schon und nur auf dieser Basis wird die Spieltheorie verständlich.

Auf diese Art wurde das naturalistische Programm immer weiter verwässert. So wie die Soziobiologen mit der Spieltheorie ein dem Naturalismus fremdes Element eingeführt hatten, führten die Evolutionären Erkenntnistheoretiker, wie z. B. Gerhard Vollmer, die unreduzierbare Kompetenz des Menschen auf Wahrheit und auf das moralisch Gute ausgerichtet zu sein, in ihre vorgeblich naturalistischen Konzepte ein. Philip Kitcher schließlich, der viel zur Philosophie der Biologie publiziert hat, macht von allen Natur- und Sozialwissenschaften gleichermaßen Gebrauch, behauptet aber ebenfalls, nichts zu sein als ein harmloser Naturalist.

All diese Autoren können aber jetzt ihren vorgeblichen Naturalismus nicht mehr durch die notwendige Bezogenheit auf die Naturwissenschaft definieren, sondern sie pflegen jetzt gerne zu betonen, dass der Naturalismus jene Position sei, die das Übernatürliche ausschließe. Aber das haben Philosophen wie Aristoteles, Spinoza, Hegel und Whitehead auch getan! Man sieht: das naturalistische Programm hat im Großen jede Kontur verloren, so wie die Leib-Seele-Debatte im Speziellen konturlos geworden ist. Das Flaschenetikett ist geblieben, der Inhalt ist ein anderer: Neuer Wein in alte Schläuche.

Was man sich allerdings fragen sollte ist, weshalb das naturalistische Programm über 100 Jahre hinweg und auch heute noch so verbissen verfolgt wird, wo doch die Defizite seit Langem auf der Hand liegen. Der Grund liegt in der Herrschaft der Kalkülvernunft, die den leeren Thron der Metaphysik besetzt hält. Wer die Macht hat, will sie mit allen Mitteln bewahren, das ist die traurige, macchiavellistische Lehre aus der Politik. Sie gilt aber auch für Weltanschauungen, vor allem, wenn sie sich ihrer eigenen Wissenschaftlichkeit so sicher sind wie der szientifische Materialismus. Einmal mehr unterliegen wir der Dialektik von Form und Formel, Idee und Kalkül, Gleichnis und Gleichung.

Anmerkungen

1 Vogeley 1995, 178
2 Kim 2006, 13; 199

Die Lebenslüge des Empirismus

Ich habe bisher der Auffassung zugestimmt, dass eine naturwissenschaftliche Weltinterpretation rein horizontal ist. Ich verstehe dies nicht als eine wertende, insbesondere nicht negative Charakterisierung, denn die Horizontale ist eine fundamentale Dimension der Welt und ihre Erforschung hat uns neben großen Einsichten auch die Grundlage für eine beispiellose technische Weltbewältigung geliefert, die niemand missen möchte. Aber Macht ist ein altes Rauschgift und von diesem Urteil sollte die technische Macht nicht ausgenommen werden.

Hanna Arendt hat bezüglich politischer Macht und gegen den Generalverdacht der Marxisten den Gebrauch von Macht gerechtfertigt und vom Begriff der ‚Gewalt' unterschieden. Ohne Macht wären die Politiker in der Tat machtlos, aber wenn sie machttrunken, d. h. maßlos werden, dann schlägt Macht in Gewalt um und dann sind die Folgen negativ. Eine solche Dialektik können wir auch in Bezug auf technologisch induzierte Macht feststellen. Der Kitzel der Macht über die Natur hat längst in ökologische Gewalt umgeschlagen und die fundierende Rolle der Wissenschaft in Wissenschaftsfundamentalismus. Das ist es, was ich kritisiere. Gegen eine solche Kritik steht allerdings der Wissenschaftsglaube oder vielmehr -aberglaube, der insbesondere in den angelsächsischen Ländern sehr verbreitet ist. Dort spielt Naturwissenschaft die Rolle des Proletariats im Marxismus, der Heiligen im Mittelalter oder des edlen Wilden in der Aufklärung, nämlich die einer heilen Welt. Richard Rorty, der ansonsten an allem zweifelt, woran man zweifeln kann, nimmt nicht nur die Naturwissenschaft von seinem Skeptizismus aus, sondern sogar die Naturwissenschaftler. Sie hätten sich als „hervorstechende Musterbeispiele für bestimmte moralische Tugenden" erwiesen.[1] Für andere Tugenden wiederum nicht. Wer hat schließlich die Atombombe erfunden? Der Wissenschaftsglaube lässt sich aber durch solche Kleinigkeiten nicht aus der Ruhe bringen.

Technologische Macht hat offenbar in Gewalt gegen den Zweifel an die Allzuständigkeit ihrer Basis, der Naturwissenschaft, umgeschlagen. Ich möchte im Folgenden das gewaltsame Niederschlagen dieses Zweifels in Bezug auf die verbreitete empiristische Deutung der Naturwissenschaft herausarbeiten. Eine solche empiristische Deutung hat sich als Standard in der Wissenschaftstheorie durchgesetzt und sie entspricht genau dem, was ich in Bezug auf die Leib-Seele-Debatte sagte: wir negieren die Vertikale und bleiben ihr doch verpflichtet.

Zur Erinnerung: Kant akzeptiert in seiner Philosophie die rein horizontale Erklärung aller Naturphänomene durch die Physik. Das teleologisch-Vertikale lässt er nur noch als fiktive alsob-Bestimmung gelten. Das erkennende Subjekt allerdings ist auch bei Kant durch die vertikale Hierarchie seiner Vermögen gekennzeichnet. Im Verhältnis zur Naturwissenschaft sind es besonders die regulativen Ideen, die ein hierarchisches Element in die Wissenschaft hineinbringen, wenn auch nur für das erkennende Subjekt.

Dieses Subjekt eliminiert der Empirismus. Es soll nun nicht mehr über die Objekte hinausragen. Das Subjekt ist mit all seinen Vermögen ins kausale Geflecht der Welt hineinverwoben wie jedes andere Atom auch. Das hat sich im Kapitel über die Leib-Seele-Debatte gezeigt. Sowohl die Identitäts- als auch die funktionalen Theorien betrachten den Menschen als eine Reiz-Reaktions-Maschine, innerhalb deren Subjektivität keine konstitutive Rolle mehr spielt. Das Ich muss verschwinden und durch einen kausalen oder funktionalen Transformationsmechanismus ersetzt werden, der alle bisher subjektiv genannten Leistungen erklärbar machen soll.

Auf diese Art wird die Wissenschaft selbstanwendbar. Wolfgang Balzer, radikaler Empirist, wendet die Computertheorie konsequent auf den Forschungsprozess selber an, denn wenn das menschliche Gehirn nichts als ein Computer ist, kann man auch gleich den Computer selbst Entdeckungen machen lassen und muss nicht mehr den mühsamen Umweg über den Menschen gehen. Balzer strebt also die maschinelle Entdeckung neuer Theorien an. Nun gibt es zwar Computer, die mathematische Beweise führen, aber in diesem Fall kennen sie den Ausgangs- und Zielpunkt des Beweises und die dabei zu verwendenden Methoden. Aber sie wären heillos überfordert, wenn sie all dies nicht im Voraus wüssten. Aus diesem Grunde hat noch nie ein Computer eine wirklich neue physikalische Theorie gefunden, um anschließend mit dem Nobelpreis ausgezeichnet zu werden und es sieht auch nicht danach aus, als müssten wir bald damit rechnen, denn eine solche Maschine müsste das Induktionsproblem gelöst haben. Logik ist deduktiv und es war deshalb wenig aussichtsreich, wenn die Empiristen nach einer induktiven Logik suchten, die sie auch niemals gefunden haben. Charles Sanders Peirce führte den neuen Begriff der ‚Abduktion' ein, zu unterscheiden von ‚Induktion' und ‚Deduktion'. Abduktion ist das eigentlich schöpferische Element in der Forschung, das mit dem ideellen Ausgriff des forschenden Subjekts zu tun hat. Mit formaler Logik ist hier nichts zu machen. Die Objekte der Wissenschaft haben andere Eigenschaften als die Subjekte, die sie hervorbringen und das zeigt sich weiter in aller Deutlichkeit in der Geschichte des Empirismus:

Im 20. Jahrhundert war es Karl Popper, der das Kantische Konzept übernommen, aber auch modernisiert hat. Natürlich vertritt er kein geschichtsenthobenes Apriori, keine zwingende Zahl von 12 Kategorien oder zwei Anschauungsformen usw. Er übernimmt nur die Denkfigur der transzendentalen Möglichkeitsbedingungen, die hierarchisch der Objektkonstitution vorausliegen. In dieser Hinsicht ist er eben doch kein Empirist.

Aber obwohl er das immer wieder betonte, wurde diese Tatsache seit dem Wiener Kreis nicht zur Kenntnis genommen und zwar bis heute. Gerhard Schurz rechnet in seiner Wissenschaftstheorie von 2006 Galilei, Newton, Darwin, Locke, Hume, Mill und Popper zu den Empiristen, Descartes, Leibniz und Kant zu den Rationalisten. Danach gibt es nur zwei mögliche erkenntnistheoretische Positionen: entweder es kommt alles von außen, aus der Sinnenwelt, dann ist man Empirist, oder die Vernunft hat völlig unabhängig von der Erfahrung die Möglichkeit, inhaltlich-wahre Erkenntnis zu gewinnen, dann ist man ein Rationalist.

Es mag solche Rationalisten gegeben haben, aber Kant und Popper gehören sicher nicht dazu, aber man sollte sie auch nicht zu den Empiristen rechnen. Es gibt nämlich eine dritte Möglichkeit. Kant und Popper gehen davon aus, dass zwar alles Erkennen zwingend auf eine empirische Basis angewiesen ist, dass aber das erkennende Subjekt über vorgängige Begriffsrahmen verfügt, die in einem spontanen Prozess erzeugt werden. Erkennen ist also nicht, wie im Empirismus, rein rezeptiv. Popper wirft den Empiristen drastisch eine „Kübeltheorie des Erkennens" vor, wonach das zu Erkennende in den Geist hineingeschüttet wird wie Wasser in einen Eimer. Doch nach Popper sind wir am Erkenntnisprozess aktiv beteiligt, haben sozusagen Freiheit gegenüber den Objekten. Die Kategorien, die die Objekte formal bestimmen, stammen nicht aus der Erfahrung, wie z. B. die Kategorie der Kausalität, die sich empirisch nicht rechtfertigen lässt, weil sie in aller Erfahrung bereits vorausgesetzt werden muss und es hilft auch nichts, sie im Sinn der Evolutionären Erkenntnistheorie als stammesgeschichtliches Aposteriori zu entschlüsseln, das nur dem Individuum als apriorisch erscheint, denn in diesem Fall muss die Biologie als Basis der Argumentation immer schon vorausgesetzt werden, eine Wissenschaft, die ohne Kenntnis der Kausalkategorie nicht existieren würde. Man dreht sich also im Kreise. Interessant in diesem Zusammenhang ist die Reaktion tiefgläubiger Empiristen auf einen solchen Zirkularitätsvorwurf. Quine z. B. antwortet, dieser Zirkel sei ihm gleichgültig, weil er „eine naturalistische Position innehabe."[2] Das sagt derselbe Philosoph, der so unnachgiebig gegen logische Zirkel vorgehen konnte (seine Kritik an der analytisch-synthetisch-Unterscheidung beruht z. B. darauf). Aber wir werden dem öfters begegnen. Auf die Grenzen seiner Weltanschauung hingewiesen, reagiert der Empirist lieber mit einem sacrificum intellectus.

Man wird es vielleicht etwas übertrieben finden, wenn ich von „tiefgläubigen Empiristen" spreche, aber inzwischen haben das manche von ihnen selbst bemerkt und wenden diesen Glauben affirmativ, so z. B. Baas van Fraassen. Nach ihm sind Materialismus und Empirismus keine inhaltlichen Lehren und sie sind vor allem nicht aus der Physik abzuleiten. Vielmehr gilt: „There is such a thing as the","spirit of materialism", which never dies". Materialismus und Empirismus seien eher eine Weltanschauung wie die Religionen, der Kapitalismus oder der Sozialismus.[3] Das ist nicht etwa ironisch oder kritisch gemeint. Andererseits ist es höchst gewöhnungsbedürftig, von einem „unsterblichen Geist des Materialismus" zu sprechen. Aber vielleicht ist es wahr und der Materialismus kann nur überleben, wenn er unsterblich wird, d. h. wenn er als Materialismus zugrunde geht.

Im Zusammenhang dieses Kapitels sind Kategorien wie die der ‚Kausalität' nicht so wichtig, sondern vielmehr die regulativen Ideen der Vernunft wie Einfachheit, Eleganz, Sparsamkeit, Schönheit usw. Es hat sich nämlich gezeigt, dass solche nichtempirischen Kriterien eine große Rolle bei der Theorieauswahl spielen und dass sie nicht formalisiert werden können. Zwar hat man das versucht, aber ohne Erfolg. Solche Kriterien sind nicht mechanisch anwendbar, sondern sie beruhen auf know how, d. h. auf nichtantizipierbarer Erfahrung. Ein erfahrener Physiker hat es im Gefühl, ob eine Theorie zu kompliziert ist, um wahr zu sein.

Der Wissenschaftshistoriker Albrecht Fölsing berichtet über Einstein, dass seine Allgemeine Relativitätstheorie sehr lange empirisch unüberprüfbar war, allerdings fanden zu diesem Zweck 1919 Messungen unter Arthur Eddington in Guinea/ Westafrika statt. Alle Welt saß vor dem Radio, um vom Ausgang des Experiments zu hören, alle außer Einstein selbst. Eine Doktorandin hatte die Nachrichten verfolgt, kam aufgeregt zu ihm und fragte, was er getan hätte, wenn Eddingtons Experiment negativ ausgegangen wäre. Einstein darauf lakonisch: „Da könn't mir halt der liebe Gott leid tun, die Theorie stimmt doch." Max Planck gratulierte ihm zu diesem Erfolg: „So hat sich denn der innige Bund zwischen dem Schönen, Wahren und Wirklichen wieder einmal als wirksam erwiesen."

Das hört sich nach klassischer Metaphysik an: das Gute, Wahre und Schöne. In der Tat spielen solche idealistischen Motive eine große Rolle bei der Entdeckung des Neuen in der Physik, werden aber in der empiristischen Wissenschaftstheorie gewöhnlich nicht zur Kenntnis genommen, ebenso wenig wie die religiösen Hintergrundüberzeugungen, die solche Motive tragen. Die Physik soll eben als eine rein materialistische Instanz erscheinen. Aber ohne ein idealistisches Moment würde es auch keine Physik geben, denn um materialistisch zu sein, ist die notwendige Bezogenheit auf die Materie nicht hinreichend. Eine solche Bezogenheit gilt in der Tat für die Physik, aber das macht sie noch nicht zu einer materialistischen Instanz, obwohl das häufig so gesehen wird. Die Frage ist vielmehr, ob der forschende Physiker nicht Geist haben muss, um die Materie zu erkennen? Im Übrigen ist auch die Kunst notwendigerweise auf Materie bezogen, aber niemand schließt daraus, dass sie eine materialistische Instanz sei, ganz im Gegenteil!

Fölsing erwähnt noch einen anderen Fall, der für die Frage nach dem empiristischen Wissenschaftsverständnis wichtig ist: Zur Zeit als Einstein die Spezielle Relativitätstheorie entwickelte, gab es drei andere Theorievorschläge, die durchweg besser mit den experimentellen Daten verträglich waren. Sie wurden jedoch nicht akzeptiert, einfach deshalb, weil sie nicht so schön und elegant waren wie Einsteins Gleichungen. Solche Fälle, in denen nichtempirische Kriterien den Ausschlag geben, gibt es in der Geschichte der Physik sehr häufig. Manchmal widerspricht auch die Genese einer wissenschaftlichen Entdeckung dem empiristischen Cliché. Popper erwähnt gerne die Entstehung des Kopernikanischen Weltbildes. Es wurde von Kopernikus nicht aufgrund neuer Messdaten, sondern aus metaphysischen Gründen entwickelt. Kopernikus hatte eine neuplatonisch-mystische Grundüberzeugung, wonach die Sonne den Mittelpunkt des Universums bilden müsste, so wie Gott der Mittelpunkt der Geisterwelt ist. Weil solche Fälle häufig in der Geschichte der Physik auftreten, hatte Popper kein negatives Verhältnis zur Metaphysik. Sie ist ihm die Inspirationsquelle der Physik und ihr Leitstrahl.

Es ist vielleicht auch in diesen Fragen des Empirismus nützlich, wie im Kapitel über die Leib-Seele-Debatte, in die Anfänge des Wiener Kreis und zu Bertrand Russell zurück zu gehen, denn es scheint, dass damals die Weichen für unsere heutigen Auffassungen gestellt wurden. Im Folgenden beziehe ich mich auf die bewunderungswürdigen Diskussionsbände, die Arthur Schilpp über Carnap, Popper, Einstein und Russell herausgegeben hat. In diesen Bänden bietet jeder der Vorgestellten zunächst einmal einen Überblick über seine intellektuelle Entwicklung, dann werden die besten Fachleute auf der Welt um kritische Stellungnahme gebeten und der jeweils Vorgestellte hat die Möglichkeit, zu antworten. Schilpps umfangreiche Bände sind eine wertvolle Quelle der Einsicht in die Ursprünge des Neoempirismus im 20. Jahrhundert. Sie bezeugen eine merkwürdige, man möchte schon fast sagen ‚Verdrängung', der Kantischen Konstitutionsproblematik.

Popper hat sich jederzeit auf Kant berufen. Aber er wurde in dieser Hinsicht entweder ignoriert oder umgedeutet. Weder in Bertrand Russells Autobiographie von über 700, noch in seiner Philosophiegeschichte von über 800 oder in seinem Buch über die „Denker des Abendlandes" von über 400 Seiten kommt der Name ‚Popper' jemals vor, während es sonst niemand von Rang gibt, den Russell vergessen hätte. Über Kant schreibt er in seiner Philosophiegeschichte nur Belangloses über dessen Raum- und Zeitauffassung, nichts über das eigentlich Interessante, wie z. B. die transzendentale Methode und er rechnet Kant, wie die Empiristen bis heute, zu den Rationalisten, was er nicht war und auch ständig bestritten hat. Von Seiten der Empiristen erscheinen häufig Bücher über Popper, in denen der Name ‚Kant' überhaupt nicht vorkommt, so z. B. das entsprechende Buch von Carlos Garcia. Garcia ist deshalb besonders beeindruckend, weil er eine „Apologie" Poppers geschrieben hat und weil er ausgerechnet in einem solchen Buch Poppers stärkste Seite und das, was ihn spezifisch macht, ignoriert. Dagegen hat Lothar Schäfer in seiner Arbeit über Popper dessen Kantianismus klar herausgearbeitet, eine Darstellung, die von Popper ausdrücklich gutgeheißen wurde.

Popper hat in Bezug auf die empiristische Missdeutung seiner Philosophie ironisch von einer ‚Popperlegende' gesprochen. Während Schlick und vor allem Neurath die Differenz wohl sahen, wurde diese Popperlegende von Carnap erfunden, von Hempel tradiert und prägt das allgemeine Bewusstsein bis heute. Die Legende lehrt, dass Popper irgendwie dasselbe gewollt habe, wie der Wiener Kreis, dass er aber aus einer gewissen Eitelkeit heraus die Differenzen ungebührlich herausgestrichen habe, um sich in den Mittelpunkt zu stellen. Diese Auffassung findet man bis heute, so bei Manfred Geier, Thomas Mormann, Alex Rosenberg und vielen anderen.

Der Empirismus ging einfach davon aus, dass man Wissenschaft nicht anders deuten könne als empiristisch. Als Popper im Lauf der Zeit seine nichtmaterialistische Ontologie der ‚drei Welten' vorstellte (die objektive, die subjektive und die Welt der geistigen Hervorbringungen), waren Materialisten und Empiristen wie Mario Bunge hell entsetzt, besonders über Welt$_3$, die Welt des Geistigen. Popper sei doch immer ein mitleidloser Kritiker des Idealismus gewesen! Wie konnte er nun plötzlich selbst einer werden? Aber das zeigt nur, dass der Erfahrungsbezug der Transzendentalphilosophie im Angelsächsischen Empirismus radikal missverstanden wurde, gemäß dem Cliché, dass es außer Empirismus und Rationalismus nichts Drittes gäbe.

Auch Einstein war in seiner frühesten Epoche Empirist gewesen, nämlich Anhänger von Ernst Mach. Er hat das später als den größten Fehler seines Lebens bezeichnet. Die Empiristen haben dann Einsteins spätere Entwicklung zum Kantianer, ja zum Platoniker niemals zur Kenntnis genommen, weil sie stolz waren auf ihre Gallionsfigur. Einstein war für sie der Inbegriff einer empiristisch-materialistischen Weltanschauung und so ist es bis heute geblieben. Rudolf Haller schrieb 1993 eine „Einführung in die Philosophie des Wiener Kreises" in der er die heroischen Zeiten der zwanziger Jahre beschwört, als Einstein noch der Garant einer materialistischen Weltanschauung gewesen sei. Dabei hätte man es schon damals besser wissen können.

Einsteins metaphysische Grundüberzeugung wird deutlich in dem Schilpp-Band über Bertrand Russell. Hier verfasste Einstein seine „Remarks on Bertrand Russell's Theory of Knowledge." Einstein vertritt dort die These, dass die Menschheit in ihrer Entwicklung zunächst einmal versucht habe, die Wahrheit über die Natur durch rein apriorisches Denken herauszufinden, wie bei Plato. Dann sei sie in das gegenteilige Extrem verfallen und habe versucht, ihre Theorien aposteriorisch aus der Erfahrung abzuleiten, wie bei Hume. Auch dies sei misslungen. In Wahrheit müsse man die Wissenschaft zwar in der Erfahrung verankern, zugleich aber die überschießende, nichtempirische Kraft des Denkens in Rechnung stellen, wie bei Kant. Hume hingegen habe durch seine klare Kritik die Philosophie nicht nur entscheidend gefördert, sondern sei ihr auch zur Gefahr geworden, indem durch diese Kritik eine verhängnisvolle Angst vor der Metaphysik ins Leben trat die, so Einstein, „eine Krankheit des gegenwärtigen empiristischen Philosophierens bedeutet." Dies war eine Ohrfeige für Russell. Aber Einstein konnte sich das leisten. Russell hat auf diesen Affront niemals reagiert. Russell war Einsteins Artikel offenbar peinlich. Sein Held hatte ihm den Segen verweigert.

Der Gegensatz zwischen Einstein und den Empiristen wird in dem entsprechenden Schilpp-Band auf Schritt und Tritt deutlich. Philipp Frank und Hans Reichenbach versuchen dort, Einstein für den Empirismus zu vereinnahmen, während andere, weniger bekannte Autoren, ihn zutreffend als Kantianer hinstellen, womit sich Einstein klar identifiziert. An die Adresse von Reichenbach gerichtet sagt er: „It seems to me, moreover, that you have not at all done justice to the really significant philosophical achievment of Kant. From Hume Kant had learned that there are concepts (as, for example, that of causal connection), which play a dominating role in our thinking, and which nevertheless, cannot be deduced by means of a logical process from the empirically given (a fact which several empiricists recognize, it is true, but seem always again to forget)."[4] Nicht nur Einstein, auch viele andere Physiker haben sich klar vom Empirismus distanziert. So Max Planck, Niels Bohr, Wolfgang Pauli, Werner Heisenberg, und viele andere. Doch das hinterließ bei den Empiristen keine Spur.

Russell war immer sehr bemüht, mit den größten Wissenschaftlern im guten Einvernehmen zu stehen. Deshalb besuchte er während des II. Weltkrieges Albert Einstein, Kurt Gödel und Wolfgang Pauli an der Eliteuniversität in Princeton, sozusagen die crème de la crème der damaligen Wissenschaft. Später beklagte er sich allerdings über die „sehr deutsche Neigung zur Metaphysik", die er bei allen drei vorgefunden habe. Es sei ihm niemals gelungen, wirklich ins Gespräch zu kommen. Einstein hat sich später über den Austausch mit Russell ebenfalls sehr negativ geäußert. Es gibt auch Gespräche zwischen Einstein und Carnap, bei denen ebenfalls nicht viel herauskam, aber das hat die Empiristen niemals daran gehindert, sich auf Einstein zu berufen. Man kann ohne Übertreibung sagen, dass das Verhältnis zwischen Empirismus und realer Wissenschaft eine Art kognitiver Einbahnstrasse ist. Die Empiristen brauchen die Physik als Legitimationsinstanz, aber die Physiker kümmern sich nicht darum. Carnap hat seinen „Logischen Aufbau" der Welt nicht nur als prima philosophia konzipiert, sondern auch als Inspirationsquelle für die empirische Wissenschaft. Statt der Metaphysik sollte die Logik voranleuchten. In seiner Autobiographie beklagt er das mangelnde Interesse der Wissenschaftler an seinen Überlegungen, aber so ist es bis heute geblieben. In Steven Weinbergs Buch „Der Traum von der Einheit des Universums" lautet die Überschrift des siebten Kapitels „Wider die Philosophie", womit aber nur die Wissenschaftstheorie gemeint ist. Weinberg nennt sie „eine gefällige Randglosse zur Geschichte und zu den Entdeckungen der Wissenschaft" und fügt hinzu: „Ich kenne *niemanden*, der in der Nachkriegszeit aktiv am Fortschritt der Physik beteiligt war und dessen Forschungsarbeit durch das Wirken von Philosophen nennenswert gefördert worden wäre."[5]

Das ist vernichtend, aber ich könnte nicht sagen, dass mir ein einziger Wissenschaftstheoretiker außer Popper bekannt wäre, der sich davon hätte beeindrucken lassen. Die Wissenschaftstheorie gedeiht in den esoterischen Zirkeln der universitären Seminare, wo die Modelle ständig verfeinert werden, ohne dass das eine Rückwirkung auf den Forschungsbetrieb hätte. Aber wenn es sich wirklich so verhielte, dass die Wissenschaftstheorie die ‚Logik der Forschung' auf den Punkt bringt, könnte das doch nicht der Fall sein!

Es ist vermutlich wiederum kein Zufall, dass Poppers „Logik der Forschung" noch am ehesten Anklang unter praktisch arbeitenden Naturwissenschaftlern fand. Einstein z. B. konnte sich mit Popper sehr gut verständigen, mit Carnap und Russell, wie gesagt, nicht. Popper hatte eben keinen antimetaphysischen Affekt. Der Grund war einerseits seine Kantlektüre, die ihn davon überzeugte, dass es ohne Metaphysik keine Physik gibt, vor allem aber die Beobachtung, dass Physiker von Bedeutung immer von metaphysischen Vorgriffen zehren. Aus diesem Grunde ging es Popper, im Gegensatz zum Wiener Kreis, nicht um eine Abgrenzung zwischen Wissenschaft und Metaphysik, sondern zwischen Wissenschaft und Pseudowissenschaft. Was er ausgrenzen wollte, waren Pseudowissenschaften wie Marxismus und Freudianismus, denen er vorwarf, empirisch nicht widerlegbar, also inhaltsleer, zu sein. In dem Schilpp-Band über Carnap zum Thema „The Demarcation between Science and Metaphysics" machte Popper seine Position deutlich, aber es half ihm nichts. Carnap bevorzugte die Popperlegende und stellte es weiterhin so dar, als sei es Popper um eine Abgrenzung gegen die Metaphysik gegangen. Man wollte eben, so wie auf Einstein, auch nicht auf Popper als Berufungsinstanz verzichten.

Es ist bei manchen Büchern interessanter, sich zu überlegen, was *nicht* drin steht, als umgekehrt. Ich glaube nicht, dass vielen Lesern aufgefallen ist, dass Russell auf nahezu 2.000 Seiten, die er über andere Philosophen schreibt, den Namen ‚Popper' niemals erwähnt. Naturgemäß fällt uns das, was nicht ist nicht so auf wie das, was ist. (Z. B. haben Biologen erst vor einigen Jahrzehnten entdeckt, dass Reptilien und Vögel niemals *gähnen*.)

Bei Popper gibt es auch eine solche Leerstelle: Während die empiristische Wissenschaftstheorie gewohnheitsmäßig aggressiv gegen die Religion ist, fragt man sich bei der Lektüre Poppers irgendwann einmal, ob er denn überhaupt eine Meinung zu diesem Thema hat, da er selten davon spricht. In

Wahrheit ist Popper Atheist, hält es aber nicht für nötig, davon viel Aufhebens zu machen. Das ist wirklich erstaunlich, denn man wird kaum einen Empiristen finden, der es nicht für seine Pflicht hält, sich negativ über die Religion zu äußern. Zunächst einmal ist das nachvollziehbar, denn wenn es nur die sinnliche Erfahrung gibt, dann kann Gott nicht existieren, schließlich sieht und hört man ihn nicht. Erstaunlich aber ist, dass selbst Wissenschaftstheoretiker, die den engen Empirismus weit hinter sich gelassen haben, ihren antireligiösen Affekt weiterhin pflegen.

Die Wissenschaftstheorie von Karel Lambert und Gordon Brittan fällt außerordentlich liberal aus. Die Autoren lassen z. B. intentionale Kategorien als unreduzierbar zu, sie machen Gebrauch von den verschiedensten Wissenschaften, aber bei der Theologie hört der Spass auf. Theologie müsse unbedingt ausgegrenzt werden. Einen Grund, weshalb das so sein muss, erfährt man nicht und das ist heute oft so bei Philosophen, die den Naturalismus beliebig weit liberalisieren, aber ein Rest von materialistischen ‚Anstand' rät ihnen, wenigstens noch den lieben Gott aus dem Spiel zu lassen. Während die Unfehlbarkeit des Papstes in der katholischen Theologie längst nicht mehr allgemein anerkannt ist, sind die Empiristen ungleich strenggläubiger, wenn es um ihre Dogmen geht.

Popper ist hier nicht so unkritisch. Dass er sich einer antireligiösen Polemik enthält, scheint direkt damit zusammenzuhängen, dass er regulative Ideen zulässt. Ein Mensch, der Ideen hat, verfügt über Geist und wenn der Mensch über Geist verfügt, ist die Frage nach einem absoluten Geist zumindest offen und kann sinnvollerweise gestellt werden. Aber wer den Menschen so nicht sieht, wird auch die Möglichkeit von Religion nicht einsehen können.

Es ist also keine Übertreibung, wenn ich von einer „Lebenslüge des Empirismus" spreche. Der Empirist trifft eine Vorentscheidung. Danach ist Naturwissenschaft, insbesondere aber die Physik, eine materialistische Instanz und was nicht in dieses Schema hineinpasst, wird verdrängt oder beiseite geschoben. Ich möchte dieses harte Urteil natürlich nicht auf alle Wissenschaftstheoretiker beziehen, sondern nur auf die Empiristen. Nicholas Rescher z. B. fundiert seine Systematik im Pragmatismus, ebenso fußt die Protophysik der Erlanger Schule auf Praxisüberlegungen, vor allem auf experimenteller Praxis und allgemein kann man sagen, dass die Wissenschaftstheorie in ihrer Geschichte eine pragmatische Wende genommen hat, nicht zuletzt durch den Affront von Thomas S. Kuhns Lehre vom ‚Paradigmenwechsel'. Aus diesem und anderen Gründen hat sich die wissenschaftstheoretische Diskussion inzwischen sehr weit verzweigt.

Und doch blieben gewisse zentrale Motive des Empirismus erhalten, wie ich an einem aktuellen Beispiel abschließend zeigen möchte: Alex Rosenberg schrieb 2005 seine "Philosophy of Science". In diesem Buch schlägt er sich hauptsächlich mit dem Problem der empirischen Unterdeterminiertheit von Theorien herum, das er für das größte ungelöste Problem empiristischer Wissenschaftstheorie hält. Es geht um die Frage, wie man mit dem Phänomen umgehen soll, dass ein und dasselbe set von Messdaten von verschiedenen Theorien zugleich erklärt werden kann, die zwar empirisch, nicht aber logisch äquivalent sind. Es geht also um das Problem, auf das ich oben im Zusammenhang mit Einsteins Relativitätstheorie verwiesen habe. Davon unterschieden ist das Problem, das in der Frühzeit der Quantentheorie auftrat, als Heisenberg seine Matrizenmechanik entwickelte und Schrödinger die Wellenmechanik. Deren logische Äquivalenz konnte durch John von Neumann und Paul Dirac nachgewiesen werden. Es handelt sich also nicht um zwei verschiedene Theorien, sondern nur um zwei verschiedene Versionen einer einzigen Theorie. Anders ist es bei David Bohms alternativer Quantentheorie die mit der allgemein akzeptierten nur empirisch, nicht aber logisch äquivalent ist. Die meisten Physiker lehnen sie ab, weil sie zu kompliziert und nicht schön genug sei und das war ja auch der Grund, weshalb Einstein für seine Spezielle Relativitätstheorie den Zuschlag bekam und nicht seine Kollegen, die empirisch adäquatere Theorien aufgestellt hatten.

Im Fall logisch nicht äquivalenter Theorien mit gleicher Erklärungskraft entscheidet sich die scientific community meist nach kurzer Zeit für eine Theorie, die sie für die wahre hält, offenbar aufgrund nichtempirischer Kriterien. Doch wenn der Empirismus wahr wäre, müsste die Wissenschaftsgeschichte ganz anders verlaufen sein. Es müsste, wie Rosenberg selbstkritisch bemerkt, häufig der Fall eintreten, dass nichtäquivalente Theorien auf die Dauer nebeneinander existieren und dass die Wissenschaftler mal von dieser, mal von jener Theorie Gebrauch machen, je nach Gusto. Dieser Fall tritt aber niemals ein.

Rosenberg sieht deshalb nur zwei Möglichkeiten: Entweder geben soziale Einflüsse oder metaphysische Überlegungen den Ausschlag. Wenn soziale Einflüsse den Ausschlag geben, dann ist die Naturwissenschaft modeabhängig und ebenso subjektiv wie Geschichts- oder Gedichtinterpretation. Dies schließt Rosenberg aus, weil es die Objektivität der Wissenschaft zerstören würde. Was er als Empirist aber auch nicht akzeptieren kann, sind apriorisch-philosophische Prinzipien, religiöse Überzeugungen, ästhetische Geschmacksurteile, psychologische Dispositionen, soziale Einflüsse oder einfach nur die Mode.

Das nenne ich eine ehrliche Haltung! Weil der Empirist zur Lösung seines größten Problems von der Metaphysik Gebrauch machen müsste, verzichtet er lieber auf eine Lösung, weil er nämlich sonst kein Argument mehr gegen die Religion hätte! Weil er aber apriori von der Falschheit von Religion und Metaphysik überzeugt ist, lässt er lieber eine Lösung des drängendsten Problems der Wissenschaftstheorie in der Schwebe. Ein veritables ‚sacrificium intellectus', wie man es sonst nur bei religiösen Fundamentalisten findet. An die

Grenzen seiner Weltanschauung geführt, hört der Empirist lieber auf zu denken, als dass er sie in Frage stellen würde. Einstein hatte wohl recht: Die Angst vor der Metaphysik ist eine Krankheit des Empirismus.

Anmerkungen

1 Rorty 2002, 44/5
2 Quine 1975, 174
3 Fraassen 2002, 60/61
4 Schilpp 1949, 678
5 Weinberg 1992, 175

Ausdrucksphänomene:
Der Verlust der Vertikalen

Man kann also grob davon sprechen, dass eine kausale Lesart der Welt horizontal, eine finale dagegen vertikal ist. Wir stellen uns Ursache-Wirkungs-Verknüpfungen gerne wie eine horizontal gespannte Kette vor, während wir Zweck-Mittel-Relationen nicht anders als vertikal denken können, weil der Zweck hierarchisch über den Mitteln steht, also einen höheren Wert repräsentiert. Ursache-Wirkungs-Verhältnisse andererseits denken wir uns wertfrei in dem Sinn, dass weder die Ursache mehr Seinsgehalt aufweist als die Wirkung, noch umgekehrt. Daher ist uns die traditionell metaphysische Konzeption völlig abhanden gekommen, wonach sich ein Ursein in die tieferen Seinsbereiche verströmt wie ein Wasserfall, der sich an den Klippen bricht. Eine solche Vorstellung hatten die Neuplatoniker und sie war noch bis hin zu Kepler sehr verbreitet. Daher findet man in seinen Schriften eine eigentümliche Mischung von traditionell vertikalem und modernem horizontalem Denken.

Später dominierte das horizontale über das vertikale Denken. Das ist, wie im Fall der Kosmologie, nicht weiter aufregend. Es wird problematisch überall dort, wo die vertikale Dimension unabdingbar ist, wie z. B. bei der Beschreibung mentaler Zustände oder bei der Beschreibung menschlichen Handelns. Dort im Sinn des Naturalismus auf einer rein horizontalen Beschreibung zu bestehen, bringt substanzielle Inhalte zum Verschwinden und es wird sich in diesem Kapitel zeigen, dass wir heute eine durchgehende Neigung haben, die Vertikale auch dort zum Verschwinden zu bringen, wo sie eigentlich hingehört. Ich beziehe mich im Folgenden auf Phänomene wie auf die Architektur, Malerei oder Musik, um zu zeigen, dass meine These von der Ersetzung der Form durch die Formel sich auch in solchen Kunstformen ausdrückt wobei ich nicht davon abstehe, mich auch auf so triviale Dinge wie die Kleidermode oder auf die Frisuren zu beziehen. Es wäre ganz verkehrt, die ‚hohe Kunst' von solchen ‚gewöhnlichen' Ausdrucksphänomenen abzusondern. Kultur ist, was Ausdrucksphänomene anbelangt, jederzeit eine Einheit.

Wenn also die Grundthese meines Buches richtig ist, wonach die wissenschaftliche Kalkülvernunft ein zentrales Bestimmungsstück unserer Kultur ist, dann sollte sich dies auch in der Kunst bemerkbar machen oder ganz allgemein bei den verschiedensten Ausdrucksphänomenen. Ich möchte dies in Bezug auf die Musik, die Malerei, die Mode, und vor allem aber in Bezug auf die Architektur zeigen. In der Architektur drückt sich die Kalkülvernunft in einem Stil aus, der sich auf der ganzen Welt verbreitet hat und den ich die ‚Klotzarchitektur' nennen möchte. Es handelt sich um einen vergröberten Bauhausstil, den jeder von überall her kennt. Es geht um diese völlig phantasielosen Kisten oder Kästen, die eher einem Container, als einem Wohn- oder Bürogebäude gleichen. Sie sehen überall auf der Welt gleich aus: Ob in Beirut, Hongkong, Manila, Singapur, Sao Paulo, Seattle, Detroit oder Castrop-Rauxel: überall stehen diese extrem phantasielosen Klötze in der Landschaft herum, die den Charme eines Bananenkartons verströmen: „quadratisch, praktisch, gut".

Hätte man zu Beginn des 20. Jahrhunderts jemand mit verbundenen Augen in eine beliebige Gegend Deutschlands geführt, er hätte – wieder sehend geworden – aufgrund der architektonischen Unterschiede wissen können, wo er sich befindet. Damals gab es noch so etwas wie territoriale Identität. Heute würde dieser Versuch fehlschlagen und zwar nicht nur in Deutschland, sondern auf der ganzen Welt. Diese Massenarchitektur, die sich überall durchgesetzt hat, bezeichnet einen ästhetischen Nullpunkt: Kuben, Kisten, Kästen, oben so wie unten, einfach nur abgeschnitten, ohne Abschluss mit einer Spitze, einem Giebel, selbst ohne Balkone oder Fenstersimse, also ohne Vertikale.

Heute empfinden wir das Flachdach als gewöhnlich oder vielleicht sogar als Norm, obwohl solche Dächer alles andere als selbstverständlich sind. Die Bauhausarchitekten, die das Flachdach bei uns eingeführt haben, begeisterten sich für die Wohnhäuser in Nordafrika, wo man sich abends auf dem Dach aufhält oder dort sogar die Nacht verbringt. Aber in Nordafrika regnet es selten, so dass es keine Gründe gibt, schräge Giebeldächer zu bauen, damit Regen und Schnee ablaufen oder abrutschen können, wie das in unseren Breiten der Fall ist. Eigentlich ist das Flachdach eine exotische Angelegenheit. Genauso exotisch wie die Tatsache, dass die Klotzarchitektur an der Basis so breit ist wie an der Spitze.

So etwas hat es in der gesamten Geschichte der Architektur niemals gegeben, von den Pyramiden über die griechischen Tempel, die gotischen Kathedralen, die Kuppeln der Renaissance, Barockkirchen oder Bürgerhäuser des 19. Jahrhunderts, die Architektur der Gründerzeit, ja noch nicht einmal der durchaus von der Technik her konzipierte Eiffelturm geht einfach nur senkrecht nach oben. Niemals gab es den Fall, dass ein Gebäude die Vertikale völlig unbestimmt ließ und sich nach oben hin nicht verjüngte. Dass es eigentlich so sein sollte, hat schon rein physikalische Gründe: der Druck, der auf den tieferen Stockwerken lastet, ist viel größer als der auf den höheren. Die Baumeister der Gotik hatten eine ausgefeilte Technik, Spannungen und Drücke abzuleiten und machten daraus eine eigene Ästhetik. Sie beachteten im Ernst die Maxime „form follows function".

Auch in der Natur verhält es sich so: Jeder Grashalm, jeder Baumstamm, jeder Berg oder Blumenstengel und jedes Tier verjüngen sich nach oben. In der Klotzarchitektur hingegen vermeidet man alles, was darauf hindeuten könnte, dass die

Vertikale etwas kostet oder etwas bedeutet. Der Post Tower in Bonn, der Mori Tower in Tokio oder die zerstörten Twin Towers des World Trade Center in New York gehen einfach nur senkrecht nach oben. Würde ein Dämon in der Nacht drei Stockwerke draufsetzen, niemand wäre imstande, es durch bloßes Hinsehen zu bemerken. Solche Gebäude negieren die Vertikale und erzeugen einen architektonischen regressus in infinitum: es könnte ewig so weitergehen.

Übrigens scheint mir der Klimax dieser Art von Architektur bereits überschritten. Postmoderne Verspieltheit und dekonstruktivistische Willkür haben neue Elemente in die Architektur eingeführt, vor allem aber der Einfluss der Bionik, d. h. das sich-Orientieren an den materialsparenden Verfahren der Natur, haben dazu geführt, dass die Gebäude wieder menschlicher, bzw. natürlicher aussehen. So etwa der Berliner Hauptbahnhof oder die Flughäfen in Leipzig und Madrid und es ist wohl kein Zufall, dass der neue Entwurf für Ground Zero ein vertikal gegliedertes Gebäude vorsieht. Die grössten Türme, die heute gebaut werden, wie die Petronas Twin Towers in Kuala Lumpur, der Taipei 101 auf Taiwan oder der Bury Dubai sehen wieder sehr klassisch oder sogar pflanzenhaft aus, jedenfalls betonen sie die Vertikale.

Die Architektur hat offenbar eine bestimmte Entwicklung durchlaufen. Die ältesten Wolkenkratzer in New York, das Woolworth Building oder das Empire State Building, waren neugotisch gestaltet mit Spitzbogen, Wasserspeier und einem klarem Abschluss nach oben. Dann kam die Zeit der Klotzarchitektur, die sich mit Erfolg um maximale Phantasielosigkeit bemühte. Dieser grobschlächtigen Architektur sind wir nach wie vor ausgesetzt, d. h. jenem „Brutalismus" und jenen „Wohnmaschinen", von denen Le Corbusier träumte. In meiner Sichtweise ist diese Architektur der deutlichste ästhetische Ausdruck jener Kalkülvernunft, die ich in meinem Buch kritisiere.

Die Autoren des Wiener Kreises, die diese Kalkülvernunft geschichtswirksam eingeführt haben, begeisterten sich für das Bauhaus und die funktionale Architektur. Carnap und Neurath waren von ihrer Überzeugung her Sozialisten, die die Gesellschaft als eine zu optimierende Maschine ansahen. In der DDR hat man später dieses Maschinelle in einem Maße durchgesetzt, verglichen mit dem unsere 1970er-Jahre-Bauten human aussehen. Jedenfalls gab es in der DDR gigantische Wohnmaschinen für zigtausende Menschen, wo Kilometer für Kilometer ein phantasieloser grauer Klotz neben dem anderen steht, wie z. B. in Berlin-Marzahn. Solche Städte sind der Architektur gewordene Physikalismus.

Die Gesetze der Physik enthalten keine Indexicals. Sie sind zeit- und ortsunabhängig. So verhält es sich auch mit dieser Architektur: sie sieht auf der ganzen Welt gleich aus. Was nun im Marxismus de jure geschah, geschah im Kapitalismus de facto. Wer jemals die portugiesische Algarveküste besucht hat weiß, dass Berlin-Marzahn überall ist, nur wirkt es an dieser von Natur aus lieblichen Südküste Portugals weitaus brutaler als im märkischen Sand. Jene Architekten, die in den sechziger Jahren den Brutalismus eingeführt und für zukunftweisend erklärt haben, sollten sich einmal die Algarveküste oder die Costa del Sol in Spanien ansehen! Jedenfalls abstrahiert die Klotzarchitektur, genau wie die Gesetze der Physik, von jedem konkreten Hier und Jetzt. Sie negiert alle territorialen Differenzen und nimmt keine Rücksicht auf Landschaft oder Kultur.

Ich habe öfters darauf hingewiesen, dass die moderne Kausalitätsvorstellung keine Wertunterschiede kennt. Sie bewegt sich nur noch in der Horizontalen, während Finalursachen eine zweite Dimension aufspannen. Finalursachen konstituieren eine vertikale Hierarchie mit einem klaren Abschluss nach unten und nach oben, wie ich im nächsten Kapitel zeigen werde. Solche Abschlüsse neutralisiert aber die Klotzarchitektur. Weil jedes Stockwerk gleich aussieht, hat die Vertikale überhaupt keine ästhetische Bedeutung mehr. Durch das Flachdach fehlt des Weiteren der Abschluss nach oben und weil es kaum einen Unterschied macht, ob solche Gebäude ein Stockwerk mehr oder weniger haben, drücken sie den regressus in infinitum schon von ihrer Form her aus. Ich möchte damit nicht behaupten, dass das Flachdach per se keinen Abschluss erlaubt. Tatsächlich haben die Architekten des Bauhauses immer darauf geachtet, dass ihre Gebäude nicht ‚wie abgeschnitten' aussahen, aber die weltweit verbreitete Klotzarchitektur kümmert sich nicht um solche Feinheiten.

Man vergleiche damit die Form der gotischen Kathedralen! Als Thomas von Aquin in Paris an seiner „Summa theologica" schrieb, wurde Notre Dame gebaut. Man hat oft bemerkt, dass seine Summa eine Art Kathedrale des Denkens ist.[1] Die finale Ordnung, die seine Systematik bestimmte, entspricht in der Tat dem Aufbau solcher Kathedralen. Für Thomas ist die unabschließbare Vielheit die Basis des Denkens. Die Fülle und Breite der Erfahrung tragen sein Gebäude, das oben in einer klaren Sinnspitze endet. Ich werde diesen Gedanken im folgenden Kapitel über Thomas von Aquin des Näheren ausführen.

Wer unsere Architektur in Bezug auf die Gestaltung der Vertikale durchmustert, wird einer Fülle von Phänomenen begegnen, die präzise jener Überformalisierung entsprechen, die die Kalkülvernunft zur Folge hat, wenn sie sich an Stelle einer ideell bestimmten Vernunft setzt. Das fängt ganz harmlos an: Viele Gebäude haben in Wahrheit kein Flachdach, sondern ein leicht geneigtes. Dies verbirgt man oft schamhaft hinter einer Verkleidung, die den Anschein des Flachdaches hervorrufen soll. Man findet Beispiele dafür bei Tankstellen, Bus- und Zughaltestellen oder bei den Wartehäuschen der Bahn. Um den Regen abfließen zu lassen, sind solche Dächer im flachen Winkel geneigt, aber man verbirgt es hinter einem breiten Blechstreifen, der sehr hässlich aussieht.

Im Brückenbau ist das schamhafte Verbergen der Vertikalen besonders auffällig. Brücken sollten von Natur aus geschwungen sein. Das ergibt sich allein aus ihrer Statik. Seit der Antike gab es Versuche, die Brückenbögen immer weiter zu spannen, so wie man auch immer größere Kuppeln baute. Der Ponte Vecchio in Florenz, dessen Brückenbögen uns heute ganz bescheiden vorkommen, war einstmals eine besondere Ingenieurleistung, weil die Spannweite größer war, als bei jeder zuvor gebauten Brücke.

Durch die Beherrschung des Materials können wir heute viel grössere Distanzen ohne Pfeiler überbrücken, aber die physikalischen Gesetze gelten immer noch, wonach es zwingend ist, die Zug- und Druckkräfte einer Brücke durch geschwungene Konstruktionen auszugleichen. Dieses Geschwungene verleiht den Brücken einen eigenen ästhetischen Reiz, so bei den Eisenfachwerkkonstruktionen der Gründerzeit, wie etwa bei der Eisenbahnbrücke über den Rhein bei Köln-Deutz. Man könnte auch an die Hängebrücke, die Lissabon mit der Tejo-Südseite verbindet denken, die mit ihren großen Pfeilern und den Stahlsaiten aussieht wie eine gigantische Harfe. Die meisten Menschen empfinden solche Brücken als schön. Spektakulär ist die Golden Gate Bridge in San Francisco, von Poeten besungen und von Malern verherrlicht.

Dagegen hat sich vor allem in den siebziger Jahren ein Typus Brücke durchgesetzt, der die Vertikale völlig ausser Kraft setzt. Ich denke an diese hässlichen Autobahnbrücken, die nur aus einem horizontalen Balken bestehen, der ziemlich ‚wackelig', auf spindeldürren ‚Beinen' steht. Solche Brücken verschandeln die schönsten Gegenden Deutschlands. Abschreckende Beispiele sind die Autobahnbrücken über den Main bei Würzburg, über die Lahn bei Limburg oder die in Richtung Bodensee bei Singen. Die Limburger Brücke ist ganz besonders hässlich, weil sie sich direkt gegenüber dem Limburger Dom befindet, der sehr romantisch auf einem Felsen über der Lahn thront. Der Limburger Dom ist nicht nur eine der schönsten romanischen Kirchen Deutschlands, er fügt sich auch perfekt in die Landschaft ein. Dagegen durchschneidet die Limburger Autobahnbrücke dieses romantische Tal mit der Brutalität eines Düsenjets. Man möchte wissen, weshalb die Menschen nicht auf die Strasse gehen, bevor ein solches Monstrum gebaut wird. Nehmen sie die Natur nicht mehr wahr? Fragt man die Architekten, weshalb sie solche Brücken bauen, dann werden sie das Prinzip „form follows function" anführen.

Aber das Wort ‚Funktion' kann in einem mathematischen oder in einem teleologischen Sinn verstanden werden. Im teleologischen Sinn interpretierten es die Baumeister des Mittelalters. Sie formten die Bögen der gotischen Kathedralen so, dass die auftretenden Spannungen *zweckmäßig* abgeleitet wurden und das ist auch der Fall bei den modernen Hängebrücken, die wir gerade deshalb als schön empfinden. Von dieser Art sind aber die meisten modernen Brücken nicht, sonst müssten sie irgendwelche Rundungen aufweisen. Tatsächlich enthalten solche Brücken einen gebogenen Metallstab im Inneren, der die auftretenden Spannungen und Drücke ableitet. Aber dieses vertikale Element wird schamhaft hinter einer rein horizontalen Betonkonstruktion verborgen. Das „form follows function" wird also nicht teleologisch, sondern *mathematisch* verstanden. In der Tat ließe sich die Form einer solchen Brücke durch eine ganz einfache mathematische Funktion beschreiben, die nur einen Parameter enthielte, während eine parabolisch geformte Brücke durch mehrere Parameter beschrieben werden müsste.

Das „form follows function" wird also hier im Sinn der Kalkülvernunft verstanden. Die „function" läuft auf eine möglichst einfache mathematische Beschreibung hinaus und folgt damit genau der Maxime, die ich der Kalkülvernunft unterstellt habe, dass nämlich die Welt so beschaffen ist, dass sie durch möglichst voraussetzungsarme Kalküle beschrieben werden kann und diese Kalküle haben auch hier die Eigenschaft, die Vertikale zum Verschwinden zu bringen.

Die russischen Konstruktivisten orientierten sich zu Beginn des 20. Jahrhunderts an der Kalkülvernunft und schufen vielbeachtete futuristische Kunstwerke, allen voran Kasimir Malewitsch, der seine geometrisch-abstrakten Gemälde schräg oben in die Wandecke hängen ließ, wo ansonsten die russischen Ikonen ihren Platz haben. Auch sonst findet man in der konstruktivistisch-mathematischen Malerei zu Beginn des 20. Jahrhunderts oft diese Verbindung zwischen expressiver Kalküldarstellung und Metaphysik bzw. Mystik, so z. B. bei Piet Mondrian, der Mitglied der theosophischen Gesellschaft war. Die Künstler haben also die versteckte Metaphysik der Kalkülvernunft besser verstanden als die Philosophen.

Die russischen Konstruktivisten schufen nicht nur Kunstwerke, sondern auch Gebrauchsgenstände. So z. B. einen Stuhl, der nur aus quadratischen Platten und rechten Winkeln bestand. Auf einem solchen Stuhl kann niemand sitzen. Im teleologischen Sinne ist er sicher nicht ‚funktional', wohl aber in einem mathematischen, denn seine mathematische Beschreibung würde viel einfacher sein, als die eines gewöhnlichen Stuhles.

Einstein, der wie gesagt, von den logischen Empiristen als Verkörperung ihrer „wissenschaftlichen Weltanschauung" vereinnahmt wurde, ließ sich in Berlin ein neues Haus im funktionalen Stil einrichten, aber es gefiel ihm im Endeffekt doch nicht. Er wolle „nicht auf Möbeln sitzen, die mich unentwegt an eine Maschinenhalle oder einen Operationssaal erinnern."[2] Dagegen war Carnaps Arbeitszimmer in diesem nüchternen Stil eingerichtet. Carnap und die anderen Heroen des Wiener Kreises schwärmten für den Bauhausstil und hielten sich öfters in Dessau auf. Die Kalkülvernunft hängt eben mit dem Rest der Kultur zusammen und kann nicht von ihr getrennt werden.

Man wird bemerkt haben, dass die Parallelen zur Kalkülvernunft bis in die Details gehen. Das „form follows function" enthält nämlich genau die Überblendung zweier Bedeutungskomponenten wie der Begriff der „kausalen Rolle" in der Leib-Seele-Debatte. In beiden Fällen geht unter dem Deckmantel des Wissenschaftlichen, Mathematischen die Teleologie incognito.

Wie ich schon sagte, scheint die Klotzarchitektur ihren Zenit bereits überschritten zu haben. Ich erwähnte z. B. den projektierten Neubau auf Ground Zero. Viele Brücken sind jetzt wieder geschwungen, wie die vor Kurzem fertig gestellte Brücke auf die Insel Rügen oder die Intercity-Schnellbahntrasse bei Limburg an der Lahn, die einen großen parabolischen Bogen über das Tal schlägt, was sehr ansprechend aussieht, im großen Kontrast zu der alten Autobahnbrücke. Türme werden jetzt wieder so gebaut, dass sie die Vertikale betonen. Ich erwähnte bereits die Petronas Twin Towers, den Taipei 101 oder den Burj Dubai. Man könnte auch an den Torre Agbar in Barcelona denken, der aussieht wie ein Zuckerhut oder an den Messeturm in Frankfurt, der den Markusdom in Venedig zitiert. Vielleicht artikuliert sich hierin eine neue historische Befindlichkeit, so als sei die Dominanz der Kalkülvernunft bereits gebrochen und dem entspricht auch das Fazit meiner Überlegungen zur Leib-Seele-Debatte, das in eine ganz ähnliche Richtung weist.

Einmal darauf aufmerksam geworden, wird man nicht nur in der Architektur, sondern in den übrigen Kulturbereichen Phänomene finden, bei denen die Vertikale minimiert, destruiert oder versteckt wird. Das hängt mit jener historischen Zäsur zusammen, die zeitgleich mit dem Entstehen der Kalkülvernunft ist: Zur selben Zeit, als sich der logische Atomismus entwickelte, entstanden die abstrakte Malerei, die funktionale Bauweise und die atonale Musik.

In der Musik hat man schon immer eine vertikale von einer horizontalen Dimension unterschieden. Die Vertikale, das war der harmonische Zusammenklang, die Horizontale, das war das kontrapunktische Geflecht. Indem Arnold Schönberg die klassische Harmonik aufhob, hob er auch die Vertikale auf, während Hindemith in seiner „Unterweisung im Tonsatz" an diesem Spannungsgefüge festhielt. Die gesamte klassische Musik, von der frühen Mehrstimmigkeit bis zur Spätromantik, beachtete nicht nur die vertikale Dimension des Zusammenklangs, sie achtete zugleich und sehr sensibel auf die Dialektik zwischen Spannung und Entspannung bezüglich der Tonhöhe. Bevor ein Operntenor das hohe C singt, nimmt er mehrfach Anlauf, worauf die Musik sich wieder beruhigt. In Johann Sebastian Bachs Werken (besonders auffällig in seinen Cembalowerken) werden die höchsten und die tiefsten Töne jeweils für besondere Effekte aufgespart. Die Vertikale wird also in mehrfacher Hinsicht ausgestaltet. Dagegen gibt es viele moderne Kompositionen, die die Töne sprunghaft aus der zur Verfügung stehenden Skala auswählen. Das ist natürlich nicht immer der Fall, aber Komponisten, wie Heinz-Werner Henze, die in ihren Opern das traditionelle Prinzip der vertikalen Spannung und Entspannung beachten, sind u. a. deshalb als ‚konservativ' verschrieen. Henze hat sich immer dagegen gewehrt. Er meinte, eine Opernpartie müsse sanglich sein. Eigentlich eine Selbstverständlichkeit. Andererseits gab es Komponisten wie John Cage, die jegliche Vertikale in der Musik ganz bewusst ablehnten. Die Vertikale des harmonischen Zusammenhangs sei autoritär.

Der Musiker, der am ehesten wie eine Verkörperung der Kalkülvernunft wirkt, ist Jannis Xenakis. Xenakis studierte zuerst Ingenieurwissenschaften und war daher mit mathematischen Kalkülen sehr vertraut. Er war zunächst 12 Jahre Assistent bei Le Corbusier und legte seiner Architektur abstrakte mathematische Kalküle der Mengenlehre, Zahlentheorie, der Booleschen Algebra oder der Markow-Ketten zugrunde. Später, als er Komponist wurde, wendete er dieselben mathematischen Kalküle in seiner Musik an. Der Kalkül steht für das Wesen. Xenakis' Vorgehen erinnert an das „Elementarwörterbuch" Wassily Kandinskys, das dieser ebenfalls ganz verschiedenen Kunstformen zugrundelegte. Jedenfalls haben wir auch hier die Überzeugung, dass die Einheit der Welt im Kalkül garantiert wird und so wie die Kalkülvernunft sich selber das Gewicht des metaphysisch-Wesenhaften zuschreibt, so deutete auch Xenakis seine mathematischen Modelle im Sinn der Pythagoreer als die Wesensgründe der Natur.

Meine herausgegriffenen Beispiele können natürlich im eigentlichen Sinne nichts *be*weisen, sondern nur exemplarisch auf etwas *hin*weisen, dass es nämlich einfach zu viele Fälle gibt, wo die Vertikale verdrängt, verschrieen oder versteckt wird und zwar in solchen Fällen, wo sie eigentlich mit zur Sache gehört.

Ein banales, aber beeindruckendes Beispiel dafür ist unsere Art, Buchsbaum- oder Buchenhecken in Kastenform zu beschneiden. Das geht regelmässig schief, weil die Hecken an der Unterseite ausfransen. Es hindert uns aber seit 250 Jahren nicht, der Natur diese ihr ungemäße Form aufzudrängen, weil die Franzosen in der Aufklärung die Idee hatten, die Natur müsse geometrisiert werden, was für die anorganische Natur angemessen sein mag, nicht aber für die lebendige und so zwängen wir unsere Hecken seit 250 Jahren in eine Form, die sie nicht verkraften. Hauptsache, die Vertikale verschwindet. Lässt man die Hecken einige Zeit wachsen, dann stellt sich die Vertikale von selbst wieder her. Aber sie soll ebenso verschwinden, wie auf den kurz geschorenen Golfrasen, die manche Menschen schön zu finden scheinen.

Zur selben Zeit, als die atonale Musik entstand, entstand die abstrakte Malerei. Sie hob mit dem Gegenstandsbezug zugleich die Vertikale *und* die Horizontale auf. Ich glaube nicht, dass ein Kunstkenner, der noch nie ein Bild von Kandinsky oder Malewitsch gesehen hätte, entscheiden könnte, ob es auf dem Kopf steht oder nicht. Es gibt hier kein ‚Oben' oder ‚Unten'. Bei Kandinsky hängt dies übrigens direkt mit dem naturwissenschaftlichen Weltzugriff zusammen: er liebte den Blick durchs Mikroskop.

In der Zeit nach Schönberg kehrten viele Komponisten zu einer freien Art der Tonalität zurück. Entsprechend fanden auch viele Maler wieder zu einem freien Gegenstandsbezug. Aber selbst bei ihnen findet man häufig eine Negation der Vertikalen. Horst Antes z. B. malte lange Zeit ausschließlich sogenannte „Kopffüßler". Das sind Wesen, die keinen Hals oder Rumpf haben. Die ausgeprägte vertikale Gliederung der menschlichen Gestalt wird hier auf ein Minimum reduziert. Ich wundere mich sehr, dass sich niemand darüber wundert. Wir haben uns allzu rasch daran gewöhnt, dass die Künstler eben verrückt sind und haben daher Tendenz, alles zu akzeptieren, was sie machen. Nicht, dass wir es nicht akzeptieren sollten, aber sich darüber wundern dürfen, müsste schon erlaubt sein, ist doch das Wundern, gemäß alter Überzeugung, der Beginn des Denkens.

In dieser Hinsicht noch radikaler als Horst Antes war Georg Baselitz, dessen Gemälde seit den 1970er Jahren auf dem Kopf stehen. Hätte er vor 150 Jahren gelebt, man hätte seine Gemälde umstandslos ‚richtig' herumgedreht. Warum lassen wir uns das gefallen, dass es uns sogar gefällt? Offenbar weil die Abschaffung des gewöhnlichen Unten und Oben einen Reiz auf uns ausübt, der mit einem bestimmten Lebensgefühl korrespondiert.

Die menschliche Gestalt, denen manche Künstler die Vertikale entziehen, ist eigentlich der Inbegriff des Gegenteils. Es ist schon erstaunlich genug, dass wir auf zwei Beinen gehen. Das Kind lernt es nur mit der allergrößter Mühe und die Roboter können es bis heute noch nicht so richtig. Dass ein Wesen auf zwei Beinen steht und geht, ist also ein bemerkenswertes Phänomen, das von sich aus ganz entschieden die Vertikale betont. Daher die Metaphorik des ‚aufrechten Ganges', die immer auch moralisch verstanden wurde. Die vertikale Hierarchie des menschlichen Körpers ist also unübersehbar. Auch verzichtet niemand im Grenzfall lieber auf seinen Kopf als auf seine Beine.

Dieses Hierarchische wurde denn auch durch die gesamte Geschichte der Menschheit stark herausgestrichen, wie durch Hüte, Frisuren, Turbane, hochgesteckte Straußenfedern und was nicht alles: Kronen, Turbane, Federbusch, Pickel- und Spitzhauben, Allongeperücken. In der Spätgotik trugen die Frauen hochaufragende, kegelförmige Hüte mit Schleier. Im 16. Jahrhundert waren hochtoupierte Frisuren Mode, im 18. Jahrhundert waren bei Männern und Frauen Hüte mit bauschigen Flaumfedern beliebt. Im 19. Jahrhundert wurden die Damenhüte immer größer, während die Männer anfingen, riesige schwarze Zylinder zu tragen. Man ging nicht aus ohne Zylinder. Noch in der 1950er Jahren nach dem zweiten Weltkrieg zeigte sich kein Mann in Deutschland in der Öffentlichkeit ohne Hut, wie heute noch die orthodoxen Juden. Die Frauen toupierten bis zu Beginn der Sechziger ihre Haare in abenteuerlicher Weise, so als ginge es darum, die Turbane der Muslime oder die Perücken der Barockzeit zu überbieten. Man erinnert sich an die sogennnte „B-52-Bomber-Frisuren" der Farah Diba und der Brigitte Bardot.

Damals ließ man sich die Vertikale noch etwas kosten. Die Frauen standen stundenlang vor dem Spiegel, blockierten das Badezimmer für den Rest der Familie, nur um diese unglaublichen Haarberge zu produzieren, die keinem Regenguss, keinem Windstoß standhielten, aber ständig mit sehr viel Chemie erneuert werden mussten. Zusätzlich wurde die vertikale Hierarchie des weiblichen Körpers durch weite Schirmröcke, Glockenkleider und Petticoats betont, wie 100 Jahre früher durch den legendären „cul de Paris".

Dieser betörende Zauber war mit einem Schlag vorbei. Zeitgleich mit der Einführung des Flachdachs trugen die Männer plötzlich keine Hüte mehr und die Frauen hörten auf, ihre Haare zu toupieren. Stattdessen kam bei den Männern der Bürstenhaarschnitt auf, der aussah, wie unter den Rasenmäher geraten und bei den Frauen ein sträflingsartiger Kurzhaarschnitt. Statt Hut ließ man allenfalls eine Baseballkappe, Schild- oder Baskenmütze gelten (auch so eine Art Flachdach). Zur gleichen Zeit wurden die Kühlerfiguren an den Autos abgeschafft, die versilberten Spitzen an den Weihnachtsbäumen verschwanden, man versuchte, die Kleinschrift und die antiautoritäre Erziehung einzuführen und mit den Ikea-Möbeln (bei Ikea duzt sich jeder) kam die Klotzarchitektur ins Wohnzimmer, während futuristische Nobelmarken wie ‚Dual' oder ‚Braun' die Radios und Plattenspieler in neutrale Kästen verwandelten, Hauptsache keine Vertikale mehr. Die Vertikale sollte auch hier verschwinden.

Auch die Körperform wurde frisch gestylt. Bei den Frauen wurde die ‚Garçonne', d. h. die ‚Knäbin' Mode, eigentlich eine sexistische Ungeheuerlichkeit. Später, in den 1960er Jahren, wurde das Model Lesley Hornby das allgemeine Vorbild: kein Busen, kein verbreitertes Becken, kurze Haare, eigentlich ein vorpubertärer Knabe. So sehen die Models heute noch aus und die Mädchen hungern diesem Ideal nach, bis sie magersüchtig werden oder einfach sterben.

Die Hornby-Frau trug Blazerkostüme, enge Röcke oder sackartige, sogenannte ‚Hängerkleider' um die vertikale Gliederung der Taille unsichtbar zu machen und weil die Frauen gewöhnlich schmalere Schultern haben, kamen die Polsterungen auf, um auch dies noch zu verbergen. Die männliche Figur wurde ebenfalls frisch formatiert. Breite Schultern und ein mächtiger Brustkorb galten jetzt als unschön. Natürlich haben solche Veränderungen der Mode immer zugleich mehrere Ursachen und symbolisieren nicht nur einseitig den Naturalismus. Es gibt sozialwissenschaftliche Untersuchungen über Körpergestaltung, die kritisch auf die Symbolisierung von Machtverhältnissen abheben.[3] Solche Untersuchungen sind keine Alternativem zu dem hier Gesagten. Ausdrucksphänomene sind immer in ganz verschiedener Hinsicht interpretierbar.

Vor allem aber ist das hier Gesagte kein Plädoyer für eine Rückkehr zur Tradition im Sinn von Hans Sedlmayrs heftig beklagtem „Verlust der Mitte". Sedlmayr war ein erzkonservativer Katholik und Sympathisant des III. Reiches. Er lehnt die gesamte moderne Architektur ab und forderte eine Rückkehr zur Gotik und zum Barock. Aber echte Kunst wiederholt sich nie und wenn die Architektur in Zukunft die Vertikale wieder zum Ausdruck bringen sollte, dann sicher auf eine Weise, die ihrer Modernität gemäß sein wird.

In diesem Zusammenhang ist von Bedeutung, dass wir uns derart leicht an die Neutralisierung der Vertikalen gewöhnt haben, dass wir uns verwundern, wenn sie wieder rückgängig gemacht wird. Der Normalzustand kommt uns befremdlich vor. Warum schließlich fallen uns Künstler wie Joseph Beuys oder Udo Lindenberg auf, wenn sie ständig einen Hut tragen? Gibt es etwas Gewöhnlichereres als einen Hut?

Warum drehen wir uns um, wenn ein Punk mit schrillbunt gefärbtem, haarlackgestärktem, wie ein Hahnenkamm emporstehendem Irokesenschnitt an uns vorbeigeht? Was war denn der Kopfschmuck der Indianer oder die Federn am Tirolerhut? Selbst in der Natur ist diese Art von Betonung der Vertikalen Gang und Gäbe. Nicht nur der Wiedehopf, auch der Kiebitz, der Kranich, der Pfau, der Seidenschwanz, Sekretär, die Harpyie oder die Haubenmeise geben sich so. Was der Punk heute macht, hat im Prinzip eine Tradition von vielen Millionen Jahren: Im Jura gab es einen Dinosaurier namens ‚Stegosaurus', dessen mächtiger Leib triumphalistisch mit großen Hornplatten in Form einer Zackenleiste abschloss – ein prähistorischer Punk. Warum fallen uns die heutigen Punks überhaupt auf, wo sie doch etwas ganz Gewöhnliches tun? Es muss schon die zivilisationssprengende Macht des

Karnevals, der Love Parade, des Christophers Street Days oder der Fußballweltmeisterschaft eintreten, bevor in unserer funktional verklemmten Kultur der Körper und seine naturhafte Vertikale wieder zur Geltung kommen! In solch ekstatischen Momenten feiern die Menschen die Vertikale wieder ganz ungeniert. Man könnte leicht die These aufstellen, dass der Fasching die einzige Jahreszeit ist, in der die Menschen normal sind und *keine* Maske tragen. Ihr Gesicht im Alltag hat den Charakter einer Maske, während die Maske an Fasching das wahre Gesicht verrät. Es ist wie früher mit dem Hofnarren: Nur er durfte dem König die Wahrheit sagen. Wir haben – so scheint mir - ein grundsätzlich gestörtes Verhältnis zur Vertikalen und wissen nicht, wo wir sie zur Geltung bringen sollen und wo nicht.

Wegen dieser Verklemmtheit provozieren die Gammler und Aufmüpfigen gerne mit der Schmalzlocke, wie Elvis, den Pilzköpfen wie die Beatles, mit dem Afrolook wie Angela Davis und Jesse Jackson. In den Sechzigern wurde das Musical ‚Hair' zum Kultrenner der Hippies. Was über Jahrtausende die Norm war und was man heute nur noch ausnahmsweise bei den griechisch-orthodoxen Priestern findet, wird nun zum provozierenden Blickfang. Auch hier lohnt ein Blick in die Fachliteratur, etwa in die „Encyklopedia of Hair" von Victoria Sherrow, um zu begreifen, dass wir uns gegenwärtig im Ausnahmezustand befinden. Der Punk ist die Norm, nicht wir.

Spätestens seit der Antike galt langes Haar als ein Symbol von Kraft, Macht und Integrität. Die jüdischen Propheten trugen langes Haar, weshalb auch Johannes der Täufer und Jesus zumeist so dargestellt werden und noch heute tragen die Zauberer in den Trivialmythen bei „Harry Potter" und in „Herr der Ringe" schulterlanges Haar. Die Sklaven andererseits waren gezwungen, kurze Haare zu tragen. Tacitus berichtet, dass die Germanen ihre Frauen kurz schoren, wenn sie beim Ehebruch ertappt wurden. Karl der Große führte das

Haarabschneiden als Strafe ein und noch am Ende des II. Weltkrieges jagten die Franzosen Frauen, die sich mit den Nazis eingelassen hatten, kurzgeschoren durch die Straßen. Kurzes Haar war eine Schande. Die Sprache – konservativ wie sie ist – hat den Zusammenhang aufbewahrt: „Ich habe ihm kein Haar gekrümmt."

Dass sich eine jahrtausende alte, tief verwurzelte Symbolik innerhalb weniger Jahrzehnte in ihr Gegenteil verkehren konnte, ist ein Phänomen, über das man sich nicht genug wundern kann und das vielleicht meine Behauptung rechtfertigt, hier handle es sich um einen kulturellen Bruch erster Güte.

Andererseits scheint uns die kulturelle Ausgestaltung der Vertikalen nicht sonderlich zu interessieren, jedenfalls gibt es in der Deutschen Bibliothek in Frankfurt, in der alle Publikationen seit dem II. Weltkrieg gesammelt werden, keine einzige Monographie zu diesem Thema. Angesichts dessen würde man vielleicht denken, dass diejenigen, die die Vertikale in ihrer höchsten Ausprägung verwalten, die Theologen, dafür eine besondere Sensibilität haben müssten. Aber es ist oft nicht so. Dies führt mich zur Architektur zurück:

Im Jahr 2001 fand in Frankfurt der 29. Evangelische Kirchentag statt. Die Verantwortlichen hatten die verschrobene Idee, auf den Hochhäusern der Stadt 12 Apostel in Überlebensgrösse und mit kreuzförmig ausgebreiteten Armen anzubringen. Diese Hochhäuser, zumeist Banken, sollten für einige Zeit sakral überhöht werden. Gott statt Geld, das war die Idee. Das Ganze sollte den segnenden Christus auf dem Corcovadoberg in Rio de Janeiro überbieten, daher der Name „Super Rio Gipfelkreuze".

Der Unterschied ist allerdings, dass der Corcovado, wie jedes natürliche Gebilde, die Vertikale von sich aus betont, so dass der segnende Christus wie ein natürlicher Abschluss wirkt.

Die Hochhäuser Frankfurts hingegen, jedenfalls die, die hier apostolisch bestückt werden sollten, entsprachen jener Klotzarchitektur, deren Pointe gerade ist, die Vertikale außer Kraft zu setzen. Solche Gebäude vertragen keine segnenden Apostel als Überhöhung.

Die ästhetische Wirkung war dementsprechend desolat. Anstatt nach sakralem Abschluss, wirkten die 12 Apostel wie 12 überlebensgroße Selbstmörder, jeden Augenblick bereit, sich in die Tiefe zu stürzen. Dieser Effekt wurde noch dadurch verstärkt, dass die Apostel aus Gummi waren und dass die Gebläse offenbar nicht ausreichten, sie stabil in der Vertikalen zu halten. Hinzu kamen starke Winde, die sie zusätzlich in Schwankung versetzten. Auf diese Art brachten die sakralen Gummipuppen symbolisch die Unentschlossenheit und existenzielle Angst des Selbstmörders vor dem finalen Sturz zum Ausdruck. Es sah wirklich nicht sehr nach Erlösung aus. Die Symbolik lief vielmehr wider Willen auf eine harsche Kritik an der Kirche hinaus: teuer, hohl, aufgeblasen und wankelmütig.

Ich möchte speziell dieses Phänomen wieder in das Rahmenthema meiner Untersuchung rückübersetzen. Ich vertrete also die Meinung, dass Ausdruckphänomene nicht beziehungslos neben dem Rest der Kultur und deshalb auch nicht neben Philosophie und Wissenschaft stehen. Wenn das Ästhetische fundamentale Bedeutung hat und nicht nur ein beliebiges Ornament ist, dann muss es direkte Übergänge zwischen Ausdrucksphänomenen und Philosophie geben. In Bezug auf die sakralen Gummipuppen von Frankfurt ist dies durchaus der Fall:

Die traditionelle Position der Theologie war, Theologie in Teleologie zu fundieren. Die absolute Vertikale sollte sich in der relativen Naturordnung spiegeln. Dies war zumindest die Auffassung aller katholischen und auch einiger protestantischen Theologen. Vertritt man allerdings eine radikalprotestantische Position, wonach Gott der *ganz Andere* ist, dann scheint man keinen Platzhalter des göttlichen Geheimnisses in dieser Welt zu benötigen. Dann können Wissenschaft und Philosophie forschen was sie wollen, Gott passt immer dazu, weil er nämlich nie dazu passt oder passen muss, ist er doch der *ganz Andere*. Eine solche Position vertrat Karl Barth und heute z. B. Ulrich Körtner. Ich halte sie für desolat, weil sie nämlich argumentresistent ist: Die Welt kann aussehen, wie sie will, der Theologe hat immer recht. Ich meine hingegen, dass Theologie auch falsch werden können muss, wenn sie wahr sein soll. Beides ist nur im Doppelpack zu haben und wenn die vertikale Dimension des Universums eine notwendige Bedingung dafür ist, dass ihr Geheimnis als ein göttliches Geheimnis interpretierbar bleibt, dann hängt seine Existenz von der Existenz einer vertikalen Dimension im Allgemeinen ab und kann insofern auch widerlegt werden. Das ist die völlig einsichtige Argumentation der Naturalisten. Sie bestreiten die vertikale Dimension *und damit Gott.*

Doch wenn die Radikalprotestanten recht haben (nicht jeder Protestant ist zugleich ein Radikalprotestant!), dann braucht sich der Theologe um den Naturalismus nicht zu kümmern. Sein Gott ist erhaben über menschliches Denken, so erhaben wie der Theologe über den Rest der Wissenschaften.

In diesem Sinn gibt es seit einiger Zeit das Konzept des „naturalistic faith", ausgehend von manchen angelsächsischen protestantischen Theologen. Der erste der dies wohl im großen Stil vertrat, war der Biochemiker und Theologe Arthur Peacocke. Sein Schüler, der Theologe Philip Clayton, hat diesen „naturalistic faith" im Rahmen einer Emergenzlehre weiter ausgeführt, ebenso Niels Gregersen und einige andere.

Clayton ist vielleicht am interessantesten, weil am radikalsten. Er stellt sich ganz in die Tradition materialistischer Emergenzlehren. Die Welt bestehe aus nichts als Materie und Energie und alle scheinbar ‚höheren' Phänomene seien nur

Systemeigenschaften dieser materiellen Basis. Dies gelte auch für den menschlichen Geist. Man müsse selbst ihn naturalisieren. Was man früher ‚Entelechie' genannt habe, die vertikale, geistige Dimension der Natur, könne jetzt im Rahmen einer rein materialistischen Kausalität abgeleitet werden, indem man bottom-up- und top-down-Kausalität unterscheide. Top-down-Kausalität sei die Wirkung des Ganzen auf die Teile, bottom-up-Kausalität die Wirkung der Teile auf das Ganze und im Rahmen dieser Unterscheidung könne man auch Freiheitsgeschehen hinreichend begriffen werden. Motivkausalität sei nichts anderes als ein Sonderfall dieser allgemein vorkommenden top-down-Kausalität. Entgegen der Metaphorik haben aber die Begriffe ‚top-down' und ‚bottom-up' hier keine axiologische oder normative Bedeutung mehr. Sie konstituieren keine Vertikale und dementsprechend lehnt Clayton alle Philosophen von Aristoteles über Schelling bis Whitehead ab, die ein Telos in die Natur hineinlegen. Dies sei überholtes, dualistisches Denken. Natur enthalte nichts Geistiges, sondern bestehe ausschließlich aus Materie und Energie.

Wer solche Bücher liest, wird erst einmal verblüfft sein. Der Theologe eliminiert alles Geistige aus der Natur, ja sogar aus dem Menschen und bekennt sich ohne Wenn und Aber zum szientifischen Materialismus!

Man fragt sich, was in einer solchen Weltauffassung wohl der liebe Gott noch zu suchen habe und weshalb auf einer solchen Basis der Materialismus nicht die eindeutige Konsequenz sein müsste. Aber der Radikalprotestant hat immer noch seinen Gott als den *ganz Anderen*. Dieser wird einfach *behauptet* und so interpretiert z. B. Peacocke den Informationsbegriff als das göttliche Wissen und die top-down-Kausalität als den Ort, wo Gott in die Welt eingreift. Der Leser versteht aber einfach nicht, warum er dem folgen sollte? Dass etwas, was durch weniger Prinzipien erklärt werden kann, auch durch mehr Prinzipien erklärbar ist, das wissen wir natürlich, aber dieses Mehr fällt aus guten Gründen dem Occamschen Rasiermesser zum Opfer.

Auch Clayton setzt den ganz anderen Gott nur einfach additiv auf seine materialistische Emergenzlehre. Er wirkt dort so fremd wie die sakralen Frankfurter Gummipuppen auf den Hochhäusern der Geldinstitute. Wie dort, so ist auch hier diese sakrale Überhöhung völlig unmotiviert. Clayton, der immer wieder einschärft, den Dualismus zu vermeiden, der noch nicht einmal den Aspektedualismus zulässt, muss am Ende den schärfsten Dualismus zulassen, um überhaupt noch Theologe bleiben zu können: Gott, der *ganz Andere*. Wenn das aber so ist, dann kann man sich nicht mehr vorstellen, dass dieser Gott irgendwo irgendetwas in dieser Welt verändert, denn es ergibt sich dasselbe Problem, das den Substanzendualismus bezüglich menschlicher Freiheit belastet: Wenn das Geistige etwas kategorial und ontologisch völlig Verschiedenes ist vom Materiellen, wie sollte dann der menschliche Geist auf die Materie einwirken können? Im Fall Claytons: Wenn Gott als der absolute, transzendente Geist nichts, aber auch gar nichts mit dieser durch und durch materiellen Welt zu tun hat, wie sollte er dann in ihr wirksam sein? Was aber nicht wirkt, ist auch nicht wirklich. Ein solcher Gott hat keine Bedeutung mehr.

Es wäre ganz verkehrt, alle Theologen über einen Kamm zu scheren und zu behaupten, sie würden wieder einmal vor den Problemen der Moderne zurückweichen, um sich in charakterloser Anpassung an den Zeitgeist zu üben. Es gibt gar nicht so wenige, die sich der Problematik sehr wohl bewusst sind. Jan Barbour und John Polkinghorne sind z.B. zwei doppelt qualifizierte Theologen und Naturwissenschaftler, die methodisch saubere Unterschiede zwischen empirischer Wissenschaft, theologischen Aussagen und einer beide vermittelnden Metaphysik der Natur machen. Innerhalb der Metaphysik der Natur spielt dann die Frage nach Finalität und intrinsischer Werthaftigkeit eine entscheidende Rolle. Solche Theologen sind sich der enormen Begründungslast, die sie sich eingehandelt haben, durchaus bewusst. Polkinghorne versucht dem im Rahmen einer natürlichen Theologie gerecht zu werden. Im Übrigen sind beide Protestanten, d. h. die Demarkationslinie zwischen Fideismus und natürlicher Theologie läuft nicht mehr entlang der Konfessionsgrenzen. Ich erwähne diese Verirrung des „naturalistic faith" nur um zu zeigen, dass die sakralen Gummipuppen auf Frankfurts Hochhäuser kein Fall von verfehlter Kulturpolitik sind, sondern ein Symptom, das seine Entsprechungen in allen Bereichen hat.

Die Ausdrucksphänomene, wie ich sie im vorliegenden Kapitel erwähnt habe, sind also nicht so harmlos, wie man glauben könnte. Dies gilt noch nicht einmal für so ‚triviale' Phänomene wie die Hut-, die Kleidermode oder die Frisuren, geschweige denn für die Architektur. All dies ist Ausdruck unserer Grundbefindlichkeit und wenn die Kirchen instinktlos genug sind, die Symbolik der Vertikalen zu ignorieren, dann wird man sich nicht wundern, dass dies auch für manche Theologen gilt.

Im nächsten Kapitel werde ich zeigen, dass die Vertikale im Mittelalter in einer Weise gestaltet wurde, die heute noch bedenkenswert wäre, wenngleich wir die Geltungsansprüche mittelalterlicher Theologie und Philosophie so nicht mehr einfach übernehmen dürfen. Aber wir sollten vielleicht Maß an einem Denken nehmen, dem das Mysterium noch nicht abhanden gekommen war.

Anmerkungen

1 So z. B. Panofski 1989
2 Einstein nach Fölsing 1995, 694
3 So z. B. Antoni-Komar 2006

Die Vertikale in der Tradition: Thomas von Aquin

Die Generalthese dieser Arbeit lautet: wir leben in einer Zeit der Dominanz des Kalküldenkens, was per se nichts Schlechtes ist. Es wird nur dann problematisch, wenn wir dem Kalkül die metaphysische Last aufbürden, dass innere Wesen der Dinge zu enthüllen. Dafür ist er einfach nicht gemacht und wenn wir trotzdem darauf bestehen, dann verfehlen wir genau das, was wir gewollt haben und blockieren echtes, substanzielles Fragen. Zu diesen Fragen gehört auch die Frage nach Gott. Ich werde sie sehr diskret behandeln. Im letzten Kapitel werde ich die These vertreten, dass metaphysisches Denken an die Grenze des Geheimnisses führt, sich aber hüten sollte, sie zu überschreiten. Wo Erkennen vom Glauben abhängig wird, hat Vernunft ausgedient, entweder so, dass man diesen Dienst schätzt oder so, dass man diese Abhängigkeit für ihren Ruin hält. Wozu man sich entscheidet, lässt sich nicht wieder argumentativ einholen. Das Problem der Kalkülvernunft ist, dass sie erst gar nicht zu dieser Entscheidung führt. Sie hat unsere Freiheit dazu schon lange vorher blockiert.

In diesem Kapitel werde ich aufgrund der Thomas von Aquinschen Gottesbeweise zeigen, wie vertikales Denken aussehen könnte das solche Blockagen vermeidet. Zu diesem Zweck muss ich zweierlei leisten: Das genuine Verständnis mittelalterlich-vertikalen Denkens ist nämlich von zwei Seiten her bedroht: einmal vom Unverständnis der Modernisten und dann vom Unverständnis der Konservativen. Die Modernisten projizieren das horizontale Denken in die alten Texte hinein und missverstehen sie von dorther gründlich, während die Konservativen das alte Seinsdenken oberflächlich auf das moderne Kausalitätsverständnis hin abbilden, um inkohärente, unglaubwürdige Mischungen zustande zu bringen. Dagegen möchte ich den ursprünglichen Sinn der Texte freilegen wie ein altes Gemälde, das mehrfach übermalt wurde, allerdings nur so, dass dieses klassische Seinsdenken als eine bloße *Möglichkeit* erscheint, die Sinndimension mit der Kosmologie zu versöhnen. Ob diese Versöhnung mehr ist, als ein schöner Gedanke, will ich zunächst offen lassen. Die systematische Frage, die dahinter steckt, werde ich im darauf folgenden Kapitel eigens behandeln. Gemäß meiner metaphysischen Überzeugung, wonach existenzielle Grundentscheidungen nicht noch einmal intellektuell eindeutig gemacht werden können, werde ich auch dort eine schwache Position in Bezug auf die Gottesfrage vertreten. Gott ist Horizont, nicht Gegenstand der Philosophie.

Thomas von Aquin galt seit der zweiten Hälfte des 19. Jahrhunderts als der Hüter der katholischen Orthodoxie. Diese unbestrittene Rolle ging nach dem II. Vatikanischen Konzil in den 1960er Jahren verloren, weil man die Grenzen des Thomismus, bzw. Neothomismus auch in der katholischen Kirche einsehen musste. Heute wird der Thomismus nur noch von sehr konservativen kirchlichen Kreisen, wie dem opus Dei, als Lösung aller Probleme angepriesen.

Diese wenig appetitliche Situation hat dazu geführt, Thomas insofern er Philosoph ist, zu verachten, was er wirklich nicht verdient hat. Man sollte sich daran erinnern, dass er zu Lebzeiten alles andere als ein Konservativer gewesen ist. Damals waren die Theologen meist Platoniker und betrachteten Aristoteles als einen gefährlichen heidnischen Ketzer. Thomas hatte das Verdienst, Aristoteles für das abendländische Denken fruchtbar zu machen in einer großartigen Synthese, die aber zu seiner Zeit sehr umstritten war. Nach seinem Tod hätte man ihn beinahe als Häretiker verurteilt. Der heutige Blick auf Thomas ist durch seine Rezeptionsgeschichte seit dem 19. Jahrhundert völlig verzerrt.

Hinzu kommt, dass er von modernen Geistern oft ganz falsch gelesen wird. Sie nehmen Thomas oft so radikal auseinander, dass fast nichts mehr übrig bleibt. Ich möchte dagegen in Bezug auf seine Gottesbeweise zeigen, dass viele moderne Interpretationen auf der unangemessenen Strategie beruhen, die Texte im Licht moderner Wissenschaft zu interpretieren. In Wahrheit sind sie eine Form des dezidiert vertikalen Denkens, das uns heute weitgehend abhanden kam. Man muss ihren ursprünglichen Sinn erst mühsam rückgewinnen. Dann aber enthalten sie eine wichtige Lehre, nicht in dem Sinn, als könnte man den lieben Gott streng beweisen, sondern in dem Sinn, dass sie auf etwas Göttliches, als auf den Grenzfall der vertikalen Dimension hinweisen. *Hin*weis also, statt *Be*weis.

Wie gesagt, glaube ich, dass die Gottesfrage eine Grenze der Philosophie markiert und dass man an diesem Punkt leicht in die Beliebigkeit der Esoterik abgleiten könnte. Andererseits scheint mir der dogmatische Atheismus der Empiristen unangemessen. Es wäre an der Zeit, erneut über Gott zu philosophieren, wenn auch im Bewusstsein der Vorläufigkeit und des Risikos, etwas Unsagbares zu zerreden oder im esoterischen Geschwalle zu enden.

Unsere Zeit schmeichelt sich mit ihrer Tabulosigkeit, aber davon kann im Ernst keine Rede sein. Die Tabus haben sich einfach nur verschoben. Während wir viel über Sex reden, reden wir nicht mehr über den Tod, während wir beständig damit beschäftigt sind, Hindernisse des Lustgewinns zu diskutieren, seien es psychologische oder soziale, wissen wir nicht mehr, was Glück und Erfüllung bedeuten. Wir haben Sigmund Freuds Frage nach dem Triebverzicht als einer Quelle von Kultur auf Eis gelegt und dasselbe gilt auch für die Gottesfrage. Sie zu stellen, gilt in gewissen Kreisen geradezu als unschicklich. Aber warum eigentlich?

Mit einer solchen Einschätzung würden die meisten Theologen vermutlich übereinstimmen, aber sie würden bestreiten, dass die Frage nach Gott substanziell mit der Frage nach der Vertikalen in der Natur zusammenhängt. Sie würden sich auf den Menschen und dessen Befindlichkeit konzentrieren und den Kosmos sich selbst überlassen. Aber dann sollte man sie daran erinnern, dass die ersten und die letzten Seiten der Bibel vom Kosmos handeln. Auch unter Theologen ist oft ein Cartesischer Dualismus Mode, den man zwar für die Anthropologie ablehnt, für die kosmologische Entwicklung aber unterschreibt. Dann erscheint der Mensch als ein Fremdling in der Natur und Gott als eine private Institution, sozusagen ein universal-individueller Seelsorger, dem der Kosmos insgesamt leider etwas zu groß geworden ist. In der Tat gibt es viele Theologen, die das Wirken Gottes auf die Menschenwelt beschränken, um die kosmologische Entwicklung ewigen Gesetzen zu überlassen, die zeit- und ortsenthoben wie Platonische Ideen wirken und von Gott selbst dann nicht verändert werden könnten, wenn er das wollte.

Es hat natürlich jeder das Recht, sich sein Gottesbild zu machen, aber ein solches Verständnis ist schwerlich mit dem in Einklang zu bringen, was alle abrahamitischen Religionen seit 2000 Jahren gelehrt haben und es würde auch sonst leicht in Gefahr geraten, in Gott einen etwas zu spät gekommenen Alten zu sehen, der froh ist, wenn er wenigstens in der kleinen Menschenwelt noch etwas zu sagen hat, eine Tendenz, die noch verstärkt wird durch die gegenwärtige Mode gewisser Theologen, das Theodizeeproblem durch Rücknahme der traditionellen Allmachtsvorstellungen zu entschärfen. Dann erscheint Gott vollends wie ein gebrechlicher Alter, der zwar lieb ist, aber weder intelligent genug, das Ganze zu verstehen, noch mächtig genug, das Böse zu verhindern. Er ist dann mehr wie ein freundlicher Opa im Rollstuhl, der selbst bald nicht mehr sein wird. Dagegen möchte ich auf der kosmologischen Dimension von Religion bestehen. Wenn gewisse Theologen ihre eigene Lehre derart unter Preis verkaufen, dass sie ihre kosmologische Dimension ignorieren, dann wäre es an der Zeit, auch dieses Tabu zu brechen und von dem zu reden, von dem immer die Rede war und auch sein sollte: Können wir Gott als Schöpfer des Weltalls denken und was würde das heißen?

Um diese Frage zu klären, möchte ich gerne in einem ersten Schritt die vertikale Weltauffassung des Thomas von Aquin skizzieren, wie sie in seinen Gottesbeweisen zum Ausdruck kommt. Es wird sich zwar zeigen, dass diese Gottesbeweise auf kosmologischen Vorstellungen beruhen, die wir heute nicht mehr teilen können, gleichwohl enthalten sie Denkmuster, die für das Verhältnis von Kosmologie und Theologie fundamental sind, aber es wird sich zeigen, dass wir diese Texte in der Regel ganz falsch verstehen, sodass ihre Bedeutung für diese Fragestellung nicht mehr deutlich wird.

Gottesbeweise kommen generell in zwei Versionen vor, als apriorische und als aposteriorische. Apriorische schließen aus Begriffen, aposteriorische aus der Erfahrung. Unter den aposteriorischen sind wohl die „fünf Wege" des Thomas von Aquin die berühmtesten. Sie werden heute allgemein für nicht schlüssig gehalten, vielleicht mit Ausnahme des dritten aus der Kontingenz, den manche überzeugend finden. Ich möchte im Folgenden diese Beweise von vornherein nicht als Beweise lesen, sondern als eine Art, Gott in der Welt zu *denken*. Dann scheint mir Thomas von Aquins Strategie nach wie vor berücksichtigenswert. Ich glaube nämlich, dass die „fünf Wege" einen Grundgedanken enthalten, der auch heute noch unhintergehbar ist, wenn man sich für die Frage nach Gott überhaupt interessiert, aber nur, wie gesagt, unter der Voraussetzung, dass man die Texte gegen den Strich bürstet. Ich möchte weiter zeigen, dass sich dieser Grundgedanke nur erschließt, wenn man bereit ist, den Wechsel vom horizontalen zum vertikalen Denken zu vollziehen und dass dieser Wechsel eine notwendige Bedingung dafür ist, dass die Kosmologie auf den Gottesgedanken überhaupt beziehbar bleibt.

Die Generalthese meines Buch lautet: wir haben in unserer Epoche oft Tendenz, das horizontale Denken auch dort anzuwenden, wo es versagen muss, d. h. in Fällen wo die vertikale Komponente dominiert. Auf diese Art verschließen wir uns von vornherein den Zugang zur Transzendenz und das zeigt sich auch in Bezug auf die neuere Literatur zu den „fünf Wegen" des Thomas von Aquin.

Der Jesuit Friedo Ricken gab 1991 ein Buch heraus mit dem Titel „Klassische Gottesbeweise in der Sicht der gegenwärtigen Logik und Wissenschaftstheorie", das Untersuchungen zu allen, apriorischen und aposteriorischen Gottesbeweisen enthält, sowohl vom Standpunkt der formalen als auch der natürlichen Sprache. Ich beziehe mich im Folgenden ausschließlich auf die formalsprachlichen Interpretationen der aposteriorischen Gottesbeweise des Thomas von Aquin. Hier zeigt sich, dass alle Interpreten große Probleme haben, Thomas' Prinzip vom Ausschluss des regressus in infinitum einen nachvollziehbaren Sinn zu verleihen. Tatsächlich hängen alle Gottesbeweise an diesem Prinzip. Das wird besonders deutlich in Bezug auf den ersten Beweis aus der Bewegung. Thomas geht von der Erfahrungstatsache aus, dass es in dieser Welt Bewegung gibt. Nun muss aber jede Bewegung irgendwie angestoßen worden sein und wenn diese Kette der Bewegungen ins Unendliche liefe, wäre die jetzt erfahrbare Bewegung ohne hinreichenden Grund. Wir müssen also ein erstes unbewegt-Bewegendes ansetzen „und das nennen alle Gott" (so enden die Gottesbeweise mit einer stereotypen Formel).

Der moderne Leser, der ganz selbstverständlich in Termen horizontaler Kausalität denkt, sieht nicht ein, weshalb diese Kette der Bewegungsursachen zwangsläufig irgendwo abbrechen muss. Unsere ganze moderne Weltauffassung beruht im Gegenteil auf dem *Einschluss* des regressus in infinitum. Wir halten eine Sache dann für erklärt, wenn wir imstande sind, zu jeder Wirkung eine Ursache anzugeben und dieses Verfahren müssen wir beliebig weit vorantreiben können. Es ist nicht einzusehen, wo es jemals enden sollte. Wir müssen dabei auch kein aktual-Unendliches voraussetzen. Ob diese Kette ewig so weitergeht oder nicht, kann uns gleichgültig sein. Es genügt, dass die Frage nach der Ursache in jedem Fall beliebig oft gestellt werden kann und damit sind wir in einer unendlichen Reihe drin, wie es auch die natürlichen Zahlen sind. Zu jeder natürlichen Zahl gibt es einen Nachfolger und es ist nicht einzusehen, weshalb diese Reihe der natürlichen Zahlen jemals an ein Ende kommen sollte und wenn wir die Null und die negativen Zahlen mit hinzurechnen, dann hat die Reihe weder Anfang noch Ende.

Der Ausschluss des regressus in infinitum war für die Antike und das Mittelalter eine Evidenz, über die nicht verhandelt wurde, während die moderne Weltauffassung auf der Idee steter Entgrenzung beruht. Das Unendliche ist ganz selbstverständlich Teil der Mathematik geworden, man denke an die Infinitesimalrechnung, an die Theorie der transfiniten Kardinalzahlen und vieles andere mehr. Giordano Bruno war der erste, der ein unendliches Weltall annahm und Leibniz dachte sich die Materie ins Unendliche feindifferenziert. Das sind Vorstellungen, die es zuvor nicht gegeben haben könnte.

Von diesem modernen Standpunkt aus gesehen scheint Thomas' Ausschluss des regressus in infinitum ganz unverständlich. Entsprechend reagieren die Logizisten in dem Band von Ricken. Sie wenden einfach irgendwelche mathematische Kalküle auf den Sachverhalt an, die Grenzen von Reihen erzeugen, so z. B. wohlgeordnete Relationen, die ein erstes Element enthalten, sie arbeiten mit dem Zornschen Lemma, halbgeordneten Mengen usw. Mit einer gewissen Hilflosigkeit suchen sie nach Kalkülen, die den Regress irgend stoppen könnten. Dabei geben sie keine Gründe an, weshalb sie gerade dieses oder ein anderes Mittel wählen. Aber wer Kalküle anwendet, ist rechtfertigungsverpflichtet. Popper macht gerne darauf aufmerksam, dass noch nicht einmal die Anwendung der natürlichen Zahlen unproblematisch ist. Während wir sicher sind, dass 3 und 4 immer = 7 ausmacht, ist es nicht sicher dass aus einer Flasche 7 Tropfen herauskommen, wenn wir zuvor 3 und dann noch 4 Tropfen eingeschüttet haben. Aber so ist die Kalkülvernunft: sie vertraut blind auf die Macht der Formalisierung, ohne ihre Anwendbarkeit zu überprüfen. Wie sich zeigen wird, ist nämlich gerade die Anwendung solcher mathematischer Verfahren auf den Sachverhalt des regressus in infinitum unangemessen, weil sie ihn falsch modelliert, denn alle Glieder mathematischer Reihen, oder die geordneten Elemente von Mengen sind durchweg von derselben Art. Man kann sich dies mit Hilfe der natürlichen Zahlen klar machen: 1, 2, 3, 4 …: In dieser Reihe ist die 1 nicht edler, ursprünglicher, irgendwie bedeutungsträchtiger als alle anderen. Denkt man Gott als gleichgeordnetes Glied einer solchen kohärenten Reihe, dann wird er zu einem Stück Welt unter anderen. Einer der formalsprachlichen Autoren in Rickens Band wirft denn auch Thomas genau diese Verwechslung vor. Gott sei kein Stück Welt, sondern er verhalte sich zur Welt eher wie ein Schriftsteller zu den Figuren in seinem Roman, d. h. er sei kategorial etwas ganz Verschiedenes. Ich glaube, dass Thomas es genau so gesehen hat und dass der Schein, es könnte sich anders verhalten, daher rührt, dass die formalsprachlichen Philosophen ein horizontales Denkmuster anwenden, das den Texten unangemessen bleibt. Den Widerspruch, den sie bei Thomas diagnostizieren, haben sie zuvor selbst hineingelegt. Der Grund liegt in einem vorschnellen Formalisieren, einem Überspringen der Hermeneutik der Texte aufgrund des blinden Glaubens an die welterschließende Macht der Kalküle.

Das ist anders bei Anthony Kenny, der speziell eine Monographie über Thomas von Aquins Gottesbeweise geschrieben hat. Kenny hatte zuerst an der Gregoriana in Rom Thomas studiert, wandte sich aber später der Analytischen Philosophie zu und machte deren Denkfiguren für die alten Text fruchtbar (,furchtbar' müsste man eher sagen, denn er ließ an den meisten Texten kein gutes Haar). In diesem Zusammenhang steht sein Buch über die „fünf Wege". Ich möchte nun zeigen, dass selbst ein solcher Autor, der mit den Texten sehr wohl vertraut ist und nicht einfach nur drauflos formalisiert, ihre eigentliche Pointe verfehlt, weil auch er ganz eingenommen ist vom horizontalen Denken, das vielen Zeitgenossen alternativlos scheint.

Zunächst einmal hat Kenny die geniale Idee, die „fünf Wege" auf die vier Aristotelischen Ursachen abzubilden, also auf die causa efficiens, causa materialis, causa formalis und causa finalis, indem er die beiden ersten Beweise aus der Bewegung und den Wirkursachen zusammennimmt, was einsichtig ist. Aber damit sind wir deutlich in eine vertikale Denkform hineingeraten, was man vielleicht am leichtesten im vierten Beweis sieht, der auf die Formalursachen zurückgreift. Verschiedene Formen liegen nach Thomas nicht auf derselben Ebene, sondern sie konstituieren verschiedene Stufen der Seinsvollkommenheit. Dies ist die Idee einer ‚scala naturae', also einer umgreifenden Sinnordnung des Kosmos, die auf einer Wertehierarchie beruht, die wir heute nur noch im Rahmen von Handlungskontexten anerkennen. Aber für Thomas ist, vom Seinsbestand her gesehen, eine Pflanze *mehr* als die bloßen Elemente, ein Tier *mehr* als die Pflanze und ein Mensch *mehr* als ein Tier. Sein kommt in Graden. Akzeptiert man solche Vollkommenheitsstufen, dann ist es naheliegend, nach dem Grund der Vollkommenheiten zu suchen, d. h. nach einer höchsten, absoluten Vollkommenheit. Existiert das absolut Vollkommene, dann ist es kein gleichgeordnetes Glied in der Reihe der Vollkommenheiten, sondern es unterscheidet sich *prinzipiell* von allem bloß endlich-Vollkommenen. Ein solches vertikales Denken hat also eine prinzipiell andere Struktur als das horizontale, bei dem es keine solchen Wertstufen gibt, wodurch sich die Frage nach einem ‚summum bonum' erst gar nicht stellt.

Im Gegensatz zu den Schnellformalisierern, die ohne hermeneutischen Sachverstand logische Widersprüche in Texte hineinlegen, die sie zuvor durch ihre Fehldeutungen erzeugt haben, hält Kenny die „fünf Wege" für logisch konsistent. Er gibt ein und dieselbe logische Formel für alle fünf Wege an. Sie läuft darauf hinaus, dass alle Beweise auf einer Ordnungsrelation R beruhen, die irreflexiv und transitiv ist. Aber jetzt kommt der entscheidende Punkt: wie schließt Kenny den regressus in infinitum aus? Indem er unterstellt, dass die Relation R auf einer *endlichen* Menge definiert sei. Dann folgt automatisch, dass sie ein erstes Glied haben muss (auch ein letztes). Damit ist aber ebenfalls die Vertikale verfehlt, denn auch in dieser Sichtweise ist natürlich das erste und letzte Glied der Ordnungsrelation von genau derselben Art wie alle anderen auch. Man kommt auf diese Art niemals aus dem endlichen Bereich heraus und macht auf diese Art Gott zu einem Stück Welt, was Thomas gerade vermeiden wollte.

Es ist sehr bezeichnend, dass selbst ein Kenner der alten Texte, der imstande ist, die immanente Logik dieser Texte wirklich auf den Punkt zu bringen, genau dort an der Sache vorbeigeht, wo das vertikale Denken ins Spiel kommen müsste. Dies sieht man insbesondere bei Kennys Interpretation des ersten Beweises aus der Bewegung. Der Kommentator und Herausgeber dieser Beweise, Horst Seidl, macht zu Recht darauf aufmerksam, dass Thomas einen ganz anderen Bewegungsbegriff hat als wir heute. Bewegung ist für Thomas = Veränderung in einem ganz allgemeinen Sinn, also nicht nur Ortsveränderung, sondern fast so etwas wie Werden im Allgemeinen. Zudem ist Bewegung immer Übergang von der Potenz in den Akt, das heißt ein finales Geschehen, was wir im modernen Begriff der ‚Bewegung' nicht mehr mitdenken. Kenny versäumt es, Thomas' Vergleich mit dem Stab ganz ernst zu nehmen, der von der Hand bewegt wird. Mit diesem Vergleich will Thomas verdeutlichen, wie wir uns den kosmologischen Ursprung der Bewegung vorstellen sollten. Um die Pointe deutlicher zu machen, könnten wir Thomas' Vergleich so erweitern, dass wir davon ausgehen, jemand hätte die Absicht, einen Stein zu bewegen. Er müsste dann zunächst einmal seinen Arm bewegen, der Arm bewegt den Stock und der Stock bewegt den Stein und damit kommt die Bewegung an ihr Ende. Wir hätten also eine Bewegungskette mit Anfang und Ende. Sie würde ipso facto den regressus in infinitum ausschließen, aber nur, weil sie ein Telos enthält und weil sie sich in der Vertikalen bewegt. Man vergleiche damit eine moderne Interpretation aufgrund des wissenschaftlich-horizontalen Denkens und würde damit den Sachverhalt ganz anders beschreiben: Wenn ich beabsichtige, einen Stein mittels Stock zu bewegen, würde meine Absicht in diesem Fall als Gehirnzustand interpretiert, der über geschlossene Kausalketten meine Muskulatur verändert, die den physikalischen Impuls an einen Stock und an einen Stein weitergibt. Die Bewegung des Steines wäre in dieser Sichtweise keinesfalls etwas Letztes, noch wäre der genannte Gehirnzustand etwas Erstes. Wir könnten nämlich immer nach der Ursache für den Gehirnzustand fragen oder nach der Wirkung des zur Ruhe kommenden Steines. Dann würden wir eine leichte Erwärmung des Bodens als Wirkung angeben oder als Ursache des Gehirnzustandes einen anderen Gehirnzustand usw. Das heißt, wir würden die Kette der Ursachen und Wirkungen beliebig nach hinten und vorne verlängern, je nach Fragestellung, die uns interessiert. So funktioniert horizontales Denken. Es kennt kein von sich her Erstes oder Letztes und fühlt sich wohl im Regress, während das vertikale Denken von sich aus den regressus in infinitum ausschließt.

Ein solches vertikales Denken ist heute entweder ausgestorben oder es hat sich auf die Interpretation intentionaler Akte zurückgezogen. In Handlungstheorien findet man manchmal Entscheidungsbäume abgebildet, die die Struktur des Thomas von Aquinschen Denkens getreulich reproduzieren. In solchen Handlungstheorien wird gewöhnlich darauf aufmerksam gemacht, dass sich unser zweckrationales Handeln in einem System von untergeordneten Zwecken und Mitteln bewegt. Die vertikale Dimension kommt dadurch ins Spiel, dass die Mittel um der Zwecke willen gewählt werden und nicht umgekehrt und dass sie jederzeit als weniger wertvoll erachtet werden als die Zwecke selbst. Mittel und Zwecke verschachteln sich weiter so, dass jeweils ein hierarchisch unter dem Zweck stehendes Mittel wieder in sich Zweck für noch weiter unten liegende Mittel sein kann. Das ist nicht weiter geheimnisvoll. Wenn ich z. B. den Zweck, ein Buch zu schreiben, durch das Mittel eines Füllfederhalters realisiere, dann ist der Füllfederhalter in sich wieder ein Zweck, denn er wurde ja zweckmäßig gestaltet derart, dass seine Teile Mittel zum Zweck des Schreibens sind. Das Schreiben ist wiederum in sich ein Zweck, wenn man es relativ zu den Bewegungen sieht, die ich mit dem Füllfederhalter ausführe.

Dann aber ist aber wirklich Schluss: Die materiellen Bewegungen des Füllfederhalters sind in sich keine Zwecke mehr, sondern nur noch Mittel. Am anderen Ende der Hierarchie stehen die Zwecke, die keine Mittel mehr sind zu noch höheren Zwecken. Dazu rechnet man gewöhnlich die moralischen Werte, die nicht mehr Mittel zu etwas noch Höherem sind. Die Frage „Wozu ist es gut, moralisch gut zu sein?", hat keinen Sinn. Man ist gut, um gut zu sein, punktum. Solche teleologischen Schemata haben also die Eigenschaft, von sich aus den regressus in infinitum auszuschliessen und da Thomas, wie schon vor ihm Aristoteles, durchweg teleologisch denkt, kommt er gar nicht auf die Idee, hierin ein Problem zu sehen wie alle modernen Leser, die von ganz anderen Voraussetzungen ausgehen. Auch die Lektüre von Aristoteles ist aus diesem (und sehr vielen anderen Gründen) befremdlich für den heutigen Leser, weil auch er gewohnheitsmäßig den regressus in infinitum ausschließt, ohne jemals einen Grund dafür anzugeben. Er denkt eben teleologisch und dann waren die Griechen ganz allgemein davon überzeugt, dass das Apeiron, das Unendliche, Unbestimmte etwas Nichtreales, Unerkennbares sei. Erkennbar waren begrenzte Gestalten, Zweckeinheiten, die einen Sinn repräsentierten.

Man könnte den Handlungsbaum folgendermassen aufzeichnen (wobei nach rechts immer weitere Mittel = Unterzwecke eingezeichnet werden müssten):

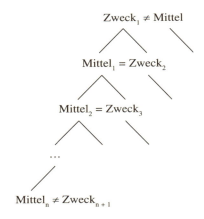

Man vergleiche diesen Handlungsbaum mit dem Baum des Wissens, den ich im Kapitel über die Kalkülvernunft aufgezeichnet habe. Für den mittelalterlichen Denker war beides eng verknüpft, aber während das Selbstzweckliche im Handlungsbaum natürlicherweise die Hierarchiespitze ausmacht, ist es ganz und gar nicht einsichtig, weshalb im Baum des Wissens der gehaltloseste Begriff, nämlich der des ‚Seins' an der Spitze stehen sollte. Das war eine Schiefheit des klassischen Seinsdenkens, die sich dann im modernen Szientismus verfestigt, indem dieser auch noch die Werte aus der Hierarchie herauszieht.

Ich füge sofort hinzu, dass Zweck-Mittel-Hierarchien nur ein Sonderfall des vertikalen Denkens sind und dass sie dieses nicht ausschöpfen. Sie gehören zur Zweckrationalität und nicht zur Grundsatzrationalität. Z. B. machen auch moralische Werte eine Hierarchie aus, stehen aber gewöhnlich nicht im Verhältnis von Mittel und Zwecken. Z. B. würde niemand glauben, dass Mut ein Mittel zum Zweck der Liebe ist. Ich habe den Handlungsbaum zur Illustration gewählt, weil die logischen Verhältnisse dort besonders gut deutlich werden. Sie betreffen aber das vertikale Denken insgesamt.

Der moderne Leser wird nun mit Thomas' Kosmologie das Problem haben, dass er höchstens bezüglich menschlicher Handlungen die Vertikale zugestehen wird, nicht aber bezüglich der Natur. Dass Thomas die Natur ernstlich nach Maßgabe von Handlungskontexten strukturierte, kommt uns derart weit hergeholt vor, dass selbst Fachleute wie Kenny erst gar nicht auf diese Idee verfallen und wenn wir es so zusammenreimen, dann haben wir uns scheinbar erst recht ins Abseits manövriert, denn wer wird wohl die Natur nach Maßgabe eines Handlungssubjekts deuten? Ich bin aber der Meinung, dass genau an dieser Möglichkeit die Verbindung von Gottesgedanke und Kosmologie hängt. Hält man diese – zugegebenermaßen hochmetaphysische Vorstellung nicht –, dann wird der Kosmos zur religionsfreien Zone und der Glaube degeneriert zur privaten Sinnstiftung oder zum ganz Anderen.

In dem von Louis Greenspan und Stefan Andersson herausgegebenen Textband zu Äußerungen Bertrand Russells über die Religion argumentiert Russell gegen Thomas' dritten Beweis aus der Kontingenz: Man könne nicht Gott als Grund der Welt ansetzen, weil man sonst nach der Ursache von Gott fragen müsse. Dieses ‚Argument', das wohl auf David Hume zurückgeht, überträgt ganz naiv das horizontale Denken auf einen Bereich, wo es nichts zu suchen hat. Man muss sich nur einmal klar machen, was denn der Fall wäre, wenn ein Materialist die Materie als Grund aller Dinge angeben würde. Nach derselben Logik könnten wir auch den Materialisten nach der Ursache der Materie fragen. Diese Ursache müsste aber etwas Geistiges sein, denn wäre die Ursache der Materie selbst etwas Materielles, dann könnten wir die Frage wiederholen. Weil aber der Materialist durch das Zugeständnis, das Geistige sei Grund des Materiellen seine Weltanschauung in Frage stellen würde, wird er die Frage nach der Ursache der Materie nicht als eine sinnvolle Frage zulassen. Er wird behaupten, dass hier Schluss sei, d. h. er wird den regressus in infinitum an dieser Stelle zum Stillstand bringen und seinerseits auf eine vertikale Denkweise umschalten. Aber warum sollte das dem Theisten nicht auch erlaubt sein?

Die Frage nach einer möglichen Letztbegründung wird von den meisten Philosophen und von allen empirischen Wissenschaftlern negativ beantwortet. Dass die empirischen Wissenschaftler so reagieren, ist leicht nachvollziehbar. Ihre Theorien haben rein hypothetischen Charakter, d. h. sie bestehen durchweg aus bloßen wenn-dann-Behauptungen, die von der Logik her eine Letztbegründung ausschließen. Dass sich auch die Philosophen auf die Unmöglichkeit einer Letztbegründung geeinigt haben, ist schon viel schwerer nachvollziehbar, denn die Philosophie handelt *von nichts als* von letzten Gründen oder sie trägt ihren Namen zu Unrecht. Ich will vom Problem einer Letztgültigkeit hier absehen. Eine Letztbegründung muss nicht notwendigerweise diesen Anspruch erheben. Wenn ich z. B. gegen die Ereignisontologen darauf bestehe, dass das Ding-Eigenschafts-Schema für unser lebensweltliches Erkennen unhintergehbar ist, dann muss ich nicht sofort auch den Anspruch stellen, dass dieses Schema *absolut* unhintergehbar ist. Nach allem, was wir wissen, scheint es fundamental zu sein und damit ein Anfang oder Ursprung unseres Denkens, der sich nicht weiter zurückführen lässt (irgendwo muss man ja schließlich anfangen). Weil Letztbegründung und Letztgültigkeit zwei verschiedene Dinge sind, gibt es große Metaphysiker wie Peirce und Whitehead, die eine Letztbegründung akzeptieren, aber Letztgültigkeit ablehnen. Das geht ohne Weiteres. Daher sind Letztbegründungen nichts Anrüchiges, sondern unvermeidbar (für den Fall, dass man sich nicht darauf verständigt hat, das Denken zu vermeiden). Hans Albert hat allerdings Letztbegründungen mit dem Argument zurückgewiesen, dass man in einem solchen Fall in das sogenannte „Münchhausen-Trilemma" geriete: 1) Infiniter Regress, 2) logischer Zirkel, 3) willkürlicher Abbruch des Verfahrens.[1]

Akzeptiert man die transzendentale Denkfigur der Möglichkeitsbedingungen, dann entgeht man diesem Trilemma. Wenn ich z. B. mit Peter Strawson argumentiere, dass unsere Alltagssprache als nichthintergehbares Medium rationaler Verständigung auf das Ding-Eigenschafts-Schema angewiesen ist, dann liegt hierin weder ein infiniter regress, noch ein logischer Zirkel noch ein dogmatischer Abbruch des Verfahrens. Der Fehler liegt darin, dass auch Albert nur in der Horizontale denkt. Verbleibt man in dieser Denkweise, dann ist sein Trilemma unausweichlich. Ich konnte dagegen zeigen, dass auch ein Empirist und Materialist allein damit nicht auskommt. Deshalb gibt es keinen Grund, Alberts Münchhausen-Trilemma zu behandeln als wären es die Gesetzestafeln des Moses, halten sich doch die Empiristen selbst nicht an die eigenen Vorschriften. Bernulf Kanitscheider, vielleicht der radikalste Physikalist und Materialist im deutschen Sprachraum, hat sich jederzeit sehr kritisch gegen Letztbegründungen in der Philosophie und Theologie ausgesprochen. Gott sei schon allein deshalb ein sinnloses Konzept, weil er für einen nichtbegründbaren Ursprung gehalten wird. Abzüglich der Tatsache, dass dies dann auch für seinen Materiebegriff gelten würde, ist es für Kanitscheider unmöglich, dem Letztgültigen in Praxiszusammenhängen auszuweichen. Er vertritt eine extrem individualistische Ethik des persönlichen Lustgewinns und besteht in diesem Zusammenhang darauf, dass Begründungen von Handlungen mit Berufung auf das Lustprinzip „Letztbegründungen" seien.[2] Es geht eben nicht anders. Gleichgültig, welches moralische Prinzip wir als höchstes setzen (die individuelle Lustmaximierung ist mit Abstand das schlechteste), unser moralisches Prinzip wäre nicht das höchste, wenn es Mittel zu einem noch höheren Zweck sein könnte. Das heisst eben: nicht nur in der Ontologie, auch in der Moral kommen wir um ein letztes Prinzip nicht herum und auch in dieser Hinsicht kann selbst der Radikalempirist das vertikale Denken nicht vermeiden. Eine rein horizontale Weltanschauung ist unmöglich.

Nun ist für die Vertikale traditionell die Religion zuständig, aber ich hatte im letzten Kapitel über die Ausdrucksphänomene gezeigt, dass die Hüter der Religion ihr eigenes Anliegen oft selbst nicht mehr verstehen. So kommt es, dass sie auf ein Hochhaus, das für die Neutralisierung der Vertikalen steht, Sakralfiguren aufsetzen, die dort so fremd wirken wie eine Nonne in der Disco oder wie Sacropop in der gotischen Kathedrale (was aber beides vorkommt).

Dazu gibt es ein direktes Pendant bezüglich der Gottesbeweise, nämlich den Versuch, Gott im Urknall dingfest zu machen. Die Urknalltheorie wurde im Prinzip erstmalig von dem katholischen Priester und Physiker Georges Lemaître formuliert. Er stellte dann sofort theologische Spekulationen über die Ursache des Urknalls an, womit er Papst Pius XII. überzeugte. Dieser Papst begrüßte die Urknalltheorie öffentlich als einen neuen Weg zu Gott. (Schließlich musste ja jemand geknallt haben.)

Aber das war ein gravierender Fehlschluss. Der sogenannte ‚Urknall' ist eine Singularität, nichts, was es real gibt, sondern lediglich eine Schlußfolgerung aus für wahr gehaltenen physikalischen Prinzipien und empirischen Daten. Ändern sich diese, dann auch unser Begriff vom ‚Urknall'. Er wird entweder abgeschafft in der Vorstellung einer zyklisch in sich zurücklaufenden Zeit oder man blickt hinter ihn zurück auf ein pulsierendes Universum, was auch immer. Jedenfalls ist die Physik, wie alle Naturwissenschaften, auf das horizontale Denken hin festgelegt. Doch in diesem gibt es kein von sich aus Erstes. Das heisst: selbst der Papst von Rom dachte nicht mehr in der Vertikalen. Diese Frommen verstehen ihre eigene Tradition nicht mehr.

Der konservative Katholizismus, der sich mit Vorliebe auf Thomas von Aquin beruft, geriet im Lauf der Neuzeit immer mehr ins Abseits. Einstmals angetreten mit dem Anspruch, die intelligible Weltordnung ein für allemal auf den Punkt gebracht zu haben, wurde er nach und nach entthrohnt durch die Naturwissenschaften, die seine vertikale Hierarchie verdrängten mit ihrer Vorstellung neutraler Gesetze, die auf die Vorstellung rein horizontaler Kausalketten hinausliefen, ohne von Sinnperspektiven, Zielen, Werten und Zwecken, geschweige denn Normen, Gebrauch zu machen. Die Thomisten konnten in einer solchen Situation ihren Anspruch, die wahre Weltordnung erkannt zu haben, nur plausibel machen, wenn sie zeigten, wie die neue Ordnung in Wahrheit Teil der alten war. Sie halfen sich meist so, dass sie behaupteten, moderne Naturwissenschaft bezöge sich auf die Akzidenzien, sie selbst aber auf die Substanz der Dinge. So hat es z. B. der seinerzeit sehr einflussreiche katholische Philosoph Jaques Maritain dargestellt. Er bedauerte, den Gedanken nicht näher ausführen zu können, aber andere haben das getan, mit desolaten Konsequenzen, die die ganze Schiefheit solcher Vorstellungen deutlich machen. Hier nur ein Beispiel für viele: Der Benediktinermönch Zeno Bucher schrieb zu jener Zeit ein Buch mit dem sprechenden Titel „Die Innenwelt der Atome". Bucher wollte zeigen, dass wir die Dynamik des atomaren Geschehens nur richtig verstehen, wenn wir eine Entelechie unterstellen, die als geistige Kraft bereits auf der atomaren Ebene wirksam ist. Das Ganze wirkte völlig phantastisch und ohne Bewusstsein des Autors arrogant: Wenn Bucher recht hätte, dann würden die größten Physiker auf der Welt ihre Wissenschaft falsch verstehen, weil sie nämlich nicht imstande wären, die Logik ihrer eigenen Entdeckungen zu Ende zu denken und die Substanzontologie als Implikation ihrer Forschung anzuerkennen. An sich hätten die Neothomisten jener Zeit gewarnt sein können durch Leibniz' Monadologie. Leibniz, einer der Heroen des damals neuen horizontalen Denkens war nicht so oberflächlich, die Vertikale einfach in den Mülleimer der Geschichte zu werfen. Aber er sah zugleich, dass er sie mit den metaphysischen Substanzen der Tradition nicht direkt synthetisieren konnte. Daher sein Aspektedualismus, der uns heute meist sehr unbefriedigend vorkommt, der aber von Problembewusstsein zeugt. Im Übrigen dürfte es kein Zufall sein, dass der Aspektedualismus in der heutigen Leib-Seele-Debatte erneut diskutiert wird.

Der neothomistische Versuch, Horizontale und Vertikale über die traditionelle Beziehung zwischen Akzidentien und Substanzen zu vermitteln, war dagegen kurzsichtig, obwohl damals sehr viele Bücher erschienen, um das Verhältnis so auszubuchstabieren. Wer es nötig hat, das Vorurteil zu bestätigen, dass es in der Philosophie keine Absurdität gibt, die nicht einmal ernstlich vertreten wurde, werfe einen Blick in die sehr umfangreichen Bücher von Hans Meyer, einem Neuscholastiker der, wie alle anderen auch, heute vergessen ist. Aber wenn das so ist, warum erwähne ich dann dieses philosophische Rückzugsgefecht, das allenfalls für die Kirchengeschichte von Bedeutung sein könnte?

Aus mehreren Gründen: Zum Einen ist die Neuscholastik der letzte Versuch, das klassisch-vertikale Denken der abendländischen Tradition gegen das neue horizontale Denken in Stellung zu bringen in einem Krieg, der nur verloren gehen konnte. Dabei bestätigte das neue Denken seine Vorurteile gegen die herkömmliche Metaphysik und übersah, dass diese Metaphysik unabgegoltene Einsichten enthält. Wie oft in der Geschichte schlug das Pendel ganz in die entgegengesetze Richtung aus.

Zum Anderen lohnt ein Blick auf die alten Grabenkämpfe, weil die Art des direkten Bezugs von Vertikale und Horizontale in all ihrer Aporetik auch heute noch präsent ist. Wer Fritjof Capras Bestseller „Das Tao der Physik" gelesen hat und diese verquere neothomistische Tradition kennt, wird verblüfft gewesen sein, wie hier die ultrakonservativen Synthesen unter dem Deckmantel des Progressiven wiederauferstehen. Es macht von der Sache her keinen Unterschied, ob der Gott Shiva in den Atomen tanzt oder ob der Heilige Geist ihre Ordnung zurechtbläst, ob der quantenphysikalische Holismus die Unaussprechlichkeit des Tao zum Ausdruck bringt oder die Energieniveaus der Elektronenbahnen nur durch eine Entelechie stabilisiert werden müssen. Geschichte sollte uns auch von ihren negativen Seiten her interessieren, wenn wir vermeiden wollen, dass sich ihre Absurditäten wiederholen.

Im Katholizismus bedient man sich inzwischen nicht mehr der traditionellen Kategorien von ‚Substanz' und ‚Akzidenz', sondern man sucht die alte Seinsordnung direkt in den Ergebnissen der Naturwissenschaft. So z. B. bei Jean Guitton, Michal Heller oder in Deutschland bei Dieter Hattrup. Solche Autoren mischen einfach horizontale und vertikale Perspektiven durcheinander und das geschieht auch bei Autoren, die sich am anderen Ende des ideologischen Spektrums wähnen, also bei gewissen protestantischen Theologen wie Arthur Peacocke, Philip Clayton, Niels Gregersen und einigen anderen, die ich im Kapitel über die Ausdrucksphänomene bereits erwähnt habe. Die fideistische Position, die Gott als den ganz Anderen begreift, muss sich ja irgendwie plausibel machen und das führt dann dazu, dass so harmlose empirische Begriffe wie ‚Information', ‚top-down-Kausalität' oder ‚Selbstorganisation' plötzlich in die Vertikale umkippen, um sich parasitär mit religiöser Energie aufzuladen.

Weder diese modernistischen Umdeutungen naturwissenschaftlicher Inhalte, noch der direkte Rekurs auf Thomas von Aquin sind gangbare Wege, wie das eine Minderheit von Unbelehrbaren in der katholischen Kirche immer noch glaubt. Kenny hat in dieser Hinsicht durchaus recht. Er hält die „fünf Wege" für logisch wasserdicht, aber bestreitet ihre kosmologischen Voraussetzungen. Man sieht das Problem vielleicht am deutlichsten in Bezug auf den fünften Weg aus den Endursachen. Thomas argumentiert folgendermassen: Wir finden, dass es in der Natur Regularitäten gibt. Diese Regularitäten sind entweder zufällig oder zweckmäßig. Zufällig können sie nicht sein, sonst wären sie nicht meistens zu beobachten. Also beruhen sie auf Zweckmäßigkeit. Andererseits finden wir diese Zweckmäßigkeit auch außerhalb der Menschenwelt, wo sie nicht durch bewusste Akte gesetzt wurde. Ergo muss es ein zweckesetzendes Bewusstsein geben, das diese finalen Abläufe der Natur garantiert, hinter denen offenbar kein Mensch als Agent steckt.

Was den modernen Leser an diesem ‚argument from design' so sehr irritiert ist die Behauptung, Zweck und Zufall seien eine sich ausschließende Alternative. Wenn wir heute in der Welt Regularitäten feststellen, würden auch wir den Zufall ausschließen, aber wir hätten immer noch die Möglichkeit, solche Regularitäten auf blinde Naturgesetze zurückzuführen, wenn wir keine zweckesetzende Instanz wahrnehmen, wie in der Menschenwelt, wo wir die soziale Ordnung entsprechend erklären. Der Punkt ist nur: Thomas kannte keine Naturgesetze, wie sie seit Galilei und Newton beständig neu erforscht werden. Für ihn war der Schluss auf eine Sinn- und Zweckordnung und damit auf einen Garanten dieser Ordnung zwingend. Heute würde auch er so nicht mehr argumentieren können.

Im Grund hängen alle seine Gottesbeweise an inzwischen überholten kosmologischen Vorstellungen. So z. B. gleich der erste Gottesbeweis aus der Bewegung. Er beruht auf dem Axiom „quidquid movetur ab alio movetur". Eine Bewegung, die nicht mehr angestoßen wird, endet. Thomas konnte eben noch nichts von einer Trägheitsbewegung wissen. Seit Newton wird Bewegung nicht mehr als ein zu erklärendes Phänomen angesehen, sondern nur die Änderung einer Bewegung durch eine einwirkende Kraft. Ich hatte oben darauf bestanden, dass der Aristotelische Bewegungsbegriff viel weiter ist als der moderne, aber er war jedenfalls so gedacht, dass er *auch* für die Ortsbewegung gelten würde. Aber das ist offenkundig falsch – hier versagt Thomas' Konzept.

Weil die „fünf Wege" auf überholten kosmologischen Vorstellungen beruhen, werden sie nur noch von Außenseitern gehalten.

Gottesbeweise werden ohnehin nur noch selten geführt. Protestantische Theologen haben gewöhnlich kein Interesse daran oder glauben sogar, sie seien schädlich, weil sie den Glauben verhindern sollen. Katholische Theologen, die eigentlich von Amts wegen dazu verpflichtet wären, sind sehr zurückhaltend geworden. Aber wenn sie sich dennoch vorwagen, dann wählen sie als Ausgangspunkt ihrer Beweise den Menschen und nicht mehr die Natur. So etwa der neueste Gottesbeweis von Robert Spaemann oder ein etwas älterer von Klaus Müller. Ich brauche mich damit hier nicht weiter zu beschäftigen, denn meine Fragestellung betrifft die Kosmologie, nicht die Anthropologie. Der Kosmos aber ist durch und durch ambivalent. Einmal blind und grausam, dann wieder berückend schön. Seine Größe macht uns erschrecken, dann wieder fasziniert uns die Komplexität des Lebendigen und hält uns schadlos für die Ödnis der interstellaren Räume. Man wird nicht schlau draus und wenn wir glauben, dass dahinter wohl ein Gott steckt, dann könnten wir genauso gut glauben, es sei der Teufel oder das Nichts, das ebenso nihilistisch wie buddhistisch interpretiert werden kann. Andere wiederum beruhigen sich bei dem Gedanken an einen werdenden Gott wie bei Whitehead, weil sich damit das Theodizeeproblem entschärfen lässt: Gott will ja, aber kann halt nicht besser. Wem das hilft, dem sollte man seinen Trost nicht nehmen. Es ist gesünder als Alkohol oder Drogen.

Ich will wegen solcher Untiefen nicht weiter über Gottesbeweise und Gottesbilder spekulieren, weil das endlos wäre. Der Sinn dieses Kapitels war lediglich, am Beispiel Thomas von Aquins zu zeigen, wie die vertikale Dimension mit dem Gottesgedanken zusammenhängt. Wenn wir diese vertikale Dimension nicht eröffnen, dann wird er von vornherein sinnlos. Wenn es diese Dimension aber gibt, dann macht sie für den spirituell gestimmten Menschen Anzeige auf Gott, für jeden anderen aber bleibt sie eine offene Frage. Ausgeschlossen wird damit nur der dogmatische Atheismus, der sich heute so gerne auf die Naturwissenschaft beruft. Wer so etwas vertritt, ist nicht bereit, die offene Frage, die die Welt für uns bedeutet, auszuhalten. Er wählt lieber den Weg der Phantasielosigkeit, um sich das Geheimnis zu ersparen. Er verschließt die Bodenlosigkeit der Erfahrung mit dem Deckel seiner vorgefertigten Überzeugungen und betrachtet die Welt wie eine totgelaufene Ehe, indem er den Anderen für bereits verstanden erklärt. Die Kunst wäre, das Überraschende im Gewohnten zu sehen, die verborgene vertikale Dimension in dem, was wir schon erklärt haben. Was man bereits erklärt hat, kann man immer noch verstehen.

Anmerkungen

1 Albert 1991, 13
2 Kanitscheider/Dessau 2000, 25

Die Vertikale in der Natur: Ethik, Technik und das Gut der Lebewesen

Der Sinn des letzten Kapitels war es zu zeigen, wie wir eine typisch vertikale Seinsauffassung heute zumeist missverstehen und wie es nur in einer solchen Seinsauffassung möglich wäre, die Frage nach Gott offenzuhalten. Ich folge also Thomas nicht mit der stärkeren These, wir könnten Gott streng beweisen, sondern Gott ist für mich lediglich ein philosophischer Grenzbegriff, der Ort des Unverfügbaren in einer durchrationalisierten Welt, die Tendenz hat, sich über nichts mehr zu wundern und alles für bereits erklärt zu halten.

Die Natur als Ausgangspunkt eines Gottesbeweises wäre allerdings ziemlich untauglich. Einerseits ist die Natur zu ambivalent, als dass sie Hinweise auf einen durch und durch guten Schöpfer enthalten würde, andererseits ist sie auf weite Strecken hin rein kausal verständlich, nämlich überall dort, wo es keine Lebewesen gibt. Das Problem des Lebendigen ist, metaphysisch gesehen, ganz eigenständig gegenüber der Physik. Ich werde argumentieren, dass eine rein horizontale Weltauffassung am Lebendigen ihre Begrenzung erfährt und nicht nur am Menschen – darüber habe ich schon mehrfach gesprochen. Das Lebendige *insgesamt* scheint sich weder von unseren moralisch-praktischen Intuitionen, noch von unseren technisch-praktischen absondern zu lassen. Auf diese Art reproduziert sich die vertikale Dimension der Natur, wenn auch in einem ganz anderen Sinn als bei Thomas. Es ist jetzt nicht mehr ein alles überwölbender, geistphilosophisch aufgeladener Seinsbegriff, der die Einheit von Welt, Seele und Gott garantiert, sondern es ist das praktische Hineinverwobensein des Menschen in die Natur, das es nicht gestattet, die Sinnperspektiven des Menschen säuberlich von ihr abzutrennen.

Diese Trennung wird methodisch von der Naturwissenschaft vollzogen. Darauf beruht ihr Objektivitätsideal, das sich einer eingeschränkten Perspektive verdankt. Diese Einschränkung ist mit einem Gewinn an Präzision und Überprüfbarkeit verbunden, aber mit einem Verlust an ontologischem Gewicht und an existentieller Bedeutung. Um beides rückzugewinnen wähle ich den Weg über unser praktisches Naturverhältnis und zwar in dem zweifachen Sinn als ethische und als technische Praxis (das, was Aristoteles ‚praxis' und ‚poiesis' genannt hat). Ethische Praxis ist jederzeit fundamental. Von unseren normativen Vorgriffen hängt technische Praxis auch dann ab, wenn wir das bestreiten und glauben, technische Praxis sei ein sich selbst genügender, autopoietischer Prozess. Denn selbst dann erheben wir die immanente Tendenz der Technik zur Norm ihrer Entwicklung, der wir genügen sollten. Dem Sollen entgehen wir niemals.

Ich werde argumentieren, dass uns das Lebendige im Licht moralischer Praxis als innerlich wertbestimmt erscheint und zwar im Sinn einer ‚scala naturae', d. h. einer gestuften Werthaftigkeit. Man kann zeigen, dass selbst überzeugte Materialisten und Reduktionisten dieses intrinsische Werthafte empfinden, sobald sie aus dem Labor heraustreten. Dann können auch sie sich der Suggestivkraft der Fortschrittsidee nicht mehr entziehen. Für die Fachwissenschaft sind die verschiedenen Lebewesen immer nur anders, nie besser oder schlechter, qualitätsreicher oder -ärmer.

Wenn man jedoch einen Schritt zurück tritt und die Evolution als Ganze überblickt, kann man sich der Intuition schwerlich entziehen, dass eine Qualle einen höheren Seinsrang verkörpert als ein Bakterium, der Mensch einen höheren als ein Eichhörnchen. Auch hier lässt sich zeigen, dass selbst überzeugte Materialisten und Reduktionisten letztlich um starke Emergenz nicht herumkommen, in dem Sinn, dass die Natur als ein Generator von Neuem, von höherer Qualität und Werthaftigkeit erscheint.

In einem zweiten Schritt möchte ich dann weiter zeigen, dass unsere technische Praxis ein Telos in die Natur hineinlegt, wenn wir technische Artefakte als Modelle für die Natur gebrauchen. Gewöhnlich machen wir in der Physik oder Biologie Modelle von der Natur. Das ist verhältnismäßig harmlos. Wenn wir aber, wie in der Kybernetik, der Spieltheorie, der Bioinformatik und anderer Wissenschaften das Technische als Ausgangspunkt nehmen, um von hier aus Natur zu deuten, dann haben wir sie teleologisch und metaphysisch stark aufgeladen. Freilich geht Natur niemals in rein technischen Funktionen auf, sondern diese müssen bezogen werden auf das Gut des Lebewesens und sein Interesse an der Selbsterhaltung. In diesem Sinn laufen beide Gesichtspunkte auf ein und dasselbe hinaus. Auf eine kompetentere Weise als es mir möglich ist, hat der Biologe und Philosoph Christoph Rehmann-Sutter diese Dialektik in seinem Buch „Leben beschreiben" dargestellt.

Nun zum ersten Punkt: Was haben eigentlich Natur und Ethik miteinander zu tun? Für die Stoiker war Physik = Ethik und manche, wie der Naturphilosoph Klaus-Michael Meyer-Abich versuchen, dieses Konzept erneut zum Leben zu erwecken. Aber Natur ist eine sehr zweifelhafte Instanz, wenn es um Ethikbegründung geht, dazu ist sie viel zu ambivalent und der Naturbegriff mit Abstand zu vieldeutig. (Autoren wie Dieter Birnbacher haben dies sehr deutlich gemacht.) Der Bezug Natur – Ethik ist ein ganz anderer: Es fragt sich nämlich, ob Natur nicht auch ethische Relevanz hat um ihrer selbst willen? In diesem Fall wäre sie nicht Quelle von Norm, wie bei Meyer-Abich, sondern nur terminus ad quem etwas, was wir in unseren ethischen Überlegungen berücksichtigen sollten.

Die meisten traditionellen Ethiken enthielten dazu nichts. Tiere, geschweige denn Pflanzen, kamen in der Ethik von Aristoteles bis Kant nicht vor. Selbst das Christentum hatte Tendenz, den Schöpfungsgarten zu vergessen. Michelangelos

‚Jüngstes Gericht' in der Sixtinischen Kapelle in Rom enthält nur nackte Menschenleiber. Berge von Leibern, aber keine Natur. Sie spielt im Vollendungszustand, wie er hier gesehen wird, keine Rolle mehr. Ausnahmen von dieser Regel waren im Christentum der heilige Franz, in der Philosophie Schopenhauer und die Utilitaristen. Für Letztere war das Leiden der Kreatur eine moralische Herausforderung, wobei man sich fragt, warum dies nicht immer schon so gesehen wurde?

Jedenfalls wurden solche Fragen im 20. Jahrhundert vermehrt gestellt, angestoßen durch Artenschwund und Umweltzerstörung. Allerdings blieb fraglich, ob dies wirklich eine moralische und nicht vielmehr eine technische Frage sei, denn man könnte ja auch argumentieren, dass wir gegenüber der Natur nur eine indirekte Verantwortung haben, indem wir verpflichtet sind, uns und unsere Nachkommen nicht selbst aus dem Verkehr zu ziehen oder nachhaltig zu schädigen. Von einem solchen anthropozentrischen Standpunkt aus kann man sogar ziemlich strenge Umweltbestimmungen begründen, wenn man etwa den ästhetischen Nutzen mit einbezieht, den uns die Natur gewährt. Dann würden wir z. B. wilde Landschaften, wie Teile des bayrischen Waldes, ihrer eigenen Dynamik überlassen, damit die Menschen auch noch so etwas wie wilde Natur genießen können. Wir würden aber nicht die Natur um ihrer selbst willen schützen, sondern nur um des Menschen und seines Nutzens willen.

Kant vertritt eine solche anthropozentrische Position. Er verbietet z. B. Tierquälerei nicht um des Tieres selbst, sondern bloß um des Menschen willen, weil er davon ausgeht, dass ein Tierquäler auch grausam zu den Mitmenschen sein wird. Diese Position ist extrem kontraintuitiv. Man könnte sich z. B. vorstellen (und wir sind nicht sehr weit davon entfernt), dass an der Massentierhaltung keine Menschen mehr beteiligt wären, sondern nur noch Roboter. Dann würde niemand die Qual der Tiere sehen und es käme nicht mehr zu diesem Verrohungseffekt. Dennoch würden wir das Gefühl haben, dass da etwas nicht stimmt und dass wir moralische Verpflichtungen gegenüber empfindsamen, leidensfähigen Lebewesen haben, auch wenn ein moralischer Schaden für uns selbst ausgeschlossen werden könnte.

Diese Position wird ‚Pathozentrismus' genannt. Eine Position, die alle Lebewesen einbezieht nennt man ‚Biozentrismus' und eine Position, nach der sich die moralische Verantwortung auf die ganze Natur bezieht ‚Physiozentrismus' oder ‚Holismus'. Ich neige sehr zum Pathozentrismus, weil es mir unstreitig scheint, dass das Leiden der Kreatur ein moralisches Problem darstellt, aber die folgenden Überlegungen sind unabhängig davon. Sie unterstellen lediglich, dass der Anthropozentrismus falsch ist und dass wir den Kreis der moralrelevanten Wesen über den Menschen hinaus erweitern sollten.

Kant hat Moralität mit dem Begriff der ‚Selbstzwecklichkeit' in Zusammenhang gebracht. ‚Selbstzwecklichkeit' ist die Negation von technischer Finalität, wo der Zweck einer Sache außerhalb ihrer selbst liegt, nämlich im Ingenieur oder später im Verwender. Technische Geräte unterstützten keine ethischen Imperative. Ich werde meinen Computer ungerührt verschrotten lassen, wenn er überholt ist, ich werde aber meinen alten Hund nicht einfach umbringen, nur weil er müde oder mürrisch geworden ist. Bei Kant sind, wie gesagt, nur Menschen moralrelevante Wesen. Nur sie sind selbstzwecklich, so dass wir sie nicht ausschließlich als Mittel zu ihnen fremden Zwecken gebrauchen dürfen. Diesen Gedankengang wenden viele ökologischen Ethiker auch auf das außermenschliche Leben an. Auch dort gibt es Selbstzwecklichkeit, wenngleich wir damit nicht verpflichtet sind, Tiere und Menschen gleichzusetzen oder vielleicht sogar keinen Unterschied zwischen Menschen und Bakterien zu machen.

All das klingt sehr vernünftig, hat aber eine entscheidende Konsequenz, die dazu führt, dass selbst bedeutende Philosophen Anthropozentriker bleiben, wie z. B. Dieter Birnbacher. Birnbacher ist sich der kontraintuitiven Konsequenzen seiner Position wohl bewusst, gibt aber zu bedenken, dass eine nichtanthropozentrische ökologische Ethik von ontologischen Voraussetzungen Gebrauch machen muss, die in einer wissenschaftsgeprägten Kultur kaum einzulösen sind.

In der Tat ist es so, dass Naturwissenschaft nicht nur Zwecke im Allgemeinen, sondern Selbstzwecklichkeit im Besonderen ausschließt. Man muss also, wenn man den Anthropozentrismus aufgibt, eine Metaphysik der intrinsischen Werthaftigkeit in der Natur akzeptieren und das spricht gegen alles, was wir seit über 300 Jahren in der Naturwissenschaft für richtig halten.

Birnbachers Einwände sind also sehr gewichtig und es scheint vor allem, dass sie in der ökologischen Ethik nicht ernst genug genommen werden. Z. B. schrieb Paul Taylor in den 1980ern ein sehr einflussreiches Buch „Respect for Nature" in dem er einen radikal anti-anthropozentrischen Standpunkt vertrat. Er gab in diesem Buch vor, ontologisch von nichts Gebrauch zu machen, als von der ganz gewöhnlichen Biologie, die ohnehin jeder akzeptiere. Aber ein näherer Blick zeigt, dass er sich das einfach nur eingeredet hatte. Er wollte es weder mit der Naturwissenschaft noch mit seinen Empfindungen verderben. Aber eine solche Position ist inkonsequent. Wenn wir den Anthropozentrismus hinter uns lassen, dann sind wir knöcheltief in der Metaphysik hineingeraten und müssen eine Begründung nachliefern.

Anstatt einer Begründung von außen schlage ich eine interne Begründung vor: warum nehmen wir die moralischen Intuitionen, die wir nun einmal haben und die der kritischen Prüfung durch die Vernunft standhalten, warum nehmen wir unsere praktischen Intuitionen nicht als etwas Reales ganz ernst und betrachten sie als Grund für eine erweiterte Ontologie? Wo steht denn geschrieben, dass Ontologie nur als Wurmfortsatz von Theorie annehmbar sein sollte? Ich hatte oben John McDowell erwähnt, der gegen den mainstream der Analytischen Philosophen auf der objektiven Realität moralischer Werte besteht. Warum bedurfte es seiner komplizierten Überlegungen, um uns von dem zu überzeugen, was uns doch vor Augen liegt? Wenn ich sehe, dass ein Erwachsener ein Kind quält, dann sehe ich, dass es falsch ist, was er macht und der Satz „Diese Handlung ist falsch" hat eindeutig den Wahrheitswert ‚wahr'. Sätze mit Wahrheitswerten beziehen sich aber auf Fakten. Es gibt also moralische Fakten, die natürlich von anderer Art sind als physikalische Fakten, aber Fakten sind es allemal und weil dieser Satz auch wahr wäre, wenn er sich auf Tierquälerei bezöge, ist auch der intrinische Wert von empfindsamen Lebewesen ein Faktum und gehört mit zur Ontologie. Wir müssen also nicht notwendigerweise zu hochabstrakten Überlegungen greifen, um die intrinsische Werthaftigkeit der Natur einzusehen. Sie ist fest mit unserer ganz gewöhnlichen, praxisnahen Erfahrung des Lebendigen verknüpft.

Manchen ökologischen Ethikern ist aufgefallen, dass die Einteilung in Anthropozentrismus, Pathozentrismus, Biozentrismus und Physiozentrismus im Großen und Ganzen der alten scala naturae des Aristoteles entspricht, obwohl es sicher keinen direkten Einfluss gibt. Das scheint daher zu rühren, dass unser praktisches Naturverhältnis nicht denselben Schwankungen ausgesetzt, wie unser theoretisches. Wenn man z. B. Aristoteles' Buch de caelo liest, also seine Kosmologie, dann hat man Mühe zu verstehen, von was er überhaupt redet. Liest man hingegen seine Nikomachische Ethik, dann versteht man jedes Wort und so ist es auch bei Plato, wenn man seinen Staat mit dem Timaios vergleicht. Praktische Überzeugungen haben eine deutlich höhere Halbwertszeit und die in sie eingelassene Ontologie ist weitaus verlässlicher als alles, was Naturwissenschaft an regionalen Ontologien zutage fördert. Obwohl das gewöhnlich genau umgekehrt gesehen wird, bestätigt sich diese Sichtweise auf Schritt und Tritt. So gibt es bis heute keine allgemein akzeptierte Ontologie der Physik. Wenn das Prinzip gilt, dass Formalsysteme logisch äquivalent ganz verschieden formuliert werden können, dann wird das allein aus diesem Grunde niemals anders sein können, denn dann sind wir frei, ein und dieselbe Physik als Partikelphysik und als Feldphysik zu formulieren, basierend auf ganz verschiedenen ontologischen Vorstellungen.

Die Aristotelische Intuition einer scala naturae ist also stabil und jedes Kind begreift sie. Konrad Lorenz hat sie einmal so ins Praktische übersetzt: „Wer da als Naturforscher um jeden Preis ‚objektiv' bleiben und sich dem Zwange des ‚nur' Subjektiven um jeden Preis entziehen will, der versuche einmal – natürlich nur im Experiment des Denkens und der Vorstellung – hintereinander eine Salatpflanze, eine Fliege, einen Frosch, ein Meerschweinchen, ein Katze, einen Hund und schließlich einen Schimpansen vom Leben zum Tode zu befördern." Das ist sichtlich die Intuition, die hinter Aristoteles' scala naturae steht. Lorenz teilt sie und er teilt auch den Werterealismus, der damit verbunden ist und den ich oben stark gemacht habe. Man müsse „dem epidemischen Irrglauben entgegentreten ..., dass nur dem Zähl- und Messbaren Wirklichkeit zukomme. Es muss überzeugend klargemacht werden, dass unsere subjektiven Erlebnisvorgänge den gleichen Grad von Realität besitzen wie alles, was in der Terminologie der exakten Naturwissenschaften ausgedrückt werden kann." Wir sollen also unsere Gefühle, unser Wertempfinden, ganz ernst nehmen und nicht glauben, nur das Messbare sei real. Lorenz geht so weit, den von Teilhard de Chardin postulierten Wertzuwachs in der Evolution als etwas ganz Reales aufzufassen.[1]

Man fragt sich, wie Lorenz dann noch Szientist sein kann, überzeugt, dass wir alles Wesentliche rein naturwissenschaftlich ableiten können, wenn er eine solche Aristotelische Position einnimmt, wonach die Natur ein gestuftes Reich der Werte ist. Das Rätsel löst sich, wenn man berücksichtigt, dass Lorenz alles Wertempfinden für irrational hält. Er rettet also seinen Szientismus, indem er das Subjektive ins Irrationale verschiebt, eine Strategie, die uns schon bei Russell und Carnap begegnet ist. Auf diese Art bleibt die Illusion einer rein horizontalen Welterklärung erhalten und man ist dennoch nicht genötigt, die sich aufdrängenden Intuitionen vom intrinsischen Wert des Lebendigen, die von seiner vertikalen Bestimmtheit, abzustreiten.

Eine solche Position ist philosophisch extrem schwach und wird deshalb praktisch von allen Ethikern abgelehnt. Sie kann nämlich auch nicht ein Minimum an gemeinsamer Verständigung garantieren. Was sollen wir tun, wenn z. B. die irrationale Intuition von Person A und Person B in eine ganz andere Richtung gehen? So hat etwa Meyer-Abich die Intuition, dass wir gar keine scala naturae brauchen, weil alles in der Natur denselben intrinsischen Wert habe. Meyer-Abich ist Holist und leitet dies aus einer mystischen Naturerfahrung ab, wonach in der Natur alles gleich unmittelbar zu Gott sei. Das ist eben sein Gefühl. Die Konsequenzen einer solchen Position sind aber desolat: Man hat ausgerechnet, dass auf der Erde maximal 5 Millionen Menschen leben dürften, wenn menschliches Leben nicht auf Kosten anderer Lebensformen gehen sollte. Wir müssten also eine harsche Ökodiktatur einführen, um die Geburtenrate drastisch zu senken. Allein dieses Beispiel zeigt, wie wenig wir es uns leisten können, moralische Intuitionen ins Irrationale zu verschieben.

Dass gerade Konrad Lorenz Werterealist ist, kommt andererseits nicht von ungefähr. Die Verhaltensforschung hat mit empfindsamen Lebewesen zu tun, die uns sehr ähnlich sind. Hier um jeden Preis die Kausalanalyse für hinreichend zu halten, ist ziemlich weit hergeholt.

Dagegen scheinen die Mikrobiologie, die Systembiologie, die Ökosystemforschung sich eher aufs kausale Idiom beschränken zu können. Liest man Schriften bekennender Materialisten, so scheinen sie zunächst einmal in sich kohärent zu sein und nichts zu enthalten außer Kausalanalysen. Dann aber wird man bemerken, dass dieselben Autoren plötzlich und unvermittelt in einen moralischen Diskurs umschwenken und eine intrinsische Werthaftigkeit des Lebendigen anerkennen. Richard Dawkins isst z. B. sehr gerne Hummer, regt sich aber auf, wenn Köche den Hummer bei lebendigem Leibe ins siedende Wasser werfen. Sie wären also moralisch verpflichtet, den Hummer vorher möglichst schmerzlos zu töten. Dawkins fügt aber sofort hinzu, dass dies nur für sein „nicht-berufliches Leben" gelte.[2] Das heißt, wir haben auch hier wieder diese sattsam bekannte Dichotomie zwischen Theorie und Praxis, die disjunkt auseinanderfallen. Dieses Phänomen ist auch sehr auffällig in der Ökosystemforschung. Dort geht es eigentlich nur um input-output-Verhältnisse, also z. B. darum, wieviel Schadstoffe in einen See eingeleitet werden können, bevor er umkippt und alles Leben tot ist. So weit würden wir uns rein in der Horizontalen bewegen und vom Anspruch her will die Ökosystemforschung auch nichts anderes sein als reine Kausalanalyse, die den Politikern das nötige Sachwissen an die Hand gibt, um Entscheidungen zu treffen, die dann natürlich wertbehaftet sind. Wir haben also eine klare Trennung zwischen Theorie und Praxis.

Man wird aber, wenn man die entsprechende Literatur überprüft, dieselbe Leseerfahrung machen wie bei Dawkins, dass nämlich die Forscher oft nicht imstande sind, ihre wissenschaftliche Neutralität durchzuhalten, wenn es um *konkrete* Biotope geht, deren Artenvielfalt dem Forscher vor Augen steht. In solchen Fällen geht es den Forschern wie Dawkins, wenn er das Leiden unmittelbar wahrnimmt: der neutrale Blick kippt um in den engagierten. In diesem Sinn findet man dann in der Ökosystemforschung oft Apelle an die Politiker, doch dieses oder jenes wertvolle Ökosystem zu schonen und es nicht kurzfristigen ökonomischen Interessen zu opfern.

Den krassesten Fall einer solchen Theorie-Praxisspaltung verkörpert wohl der Begründer der Soziobiologie, Edward Wilson. Er hält alles organismische Verhalten (unter Einschluss des Menschen) für rein evolutionär erklärbar. Soweit die Theorie. Die Praxis sieht ganz anders aus. In der Praxis ist Wilson einer der engagiertesten Naturschützer, der um den ganzen Globus fliegt, um die Menschen wachzurütteln und endlich die Naturzerstörung zur Kenntnis zu nehmen. In diesem Zusammenhang ist seine Rede durch und durch wertgeladen. So aufgeladen wie seine Theorie wertfrei ist. Wir haben also ein komplettes Schisma zwischen Theorie und Praxis.

Wir haben also das Resultat, dass eine gestufte intrinische Werthaftigkeit, d. h. die Vorstellung einer ‚scala naturae' keinesfalls das überholte Lehrstück einer mittelalterlichen oder antiken Philosophie ist, die uns heute nichts mehr angeht. Damit erneuert sich die Frage, die Thomas von Aquin in seinem vierten Beweis stellte, wo er über die Vollkommenheitsstufen in der Natur handelt. Ich spreche von ‚Frage', nicht von ‚Antwort' weil, wie gesagt, seine Antworten heute durch den Fortschritt der Wissenschaft obsolet geworden sind. Nichts desto weniger lässt diese Frage die Möglichkeit eines spirituellen Hintergrunds der Natur erahnen, sozusagen die Möglichkeit eines „intelligiblen Substrats", jenseits der Erscheinungen.

Damit stimmt überein, dass auch die Biologen seit Darwin sich letztlich nicht wohl fühlen bei dem Gedanken, die Evolution sei im Grunde nur ein stetes Anderswerden, bei dem es keinen Fortschritt gebe. Es ist außerordentlich kontraintuitiv anzunehmen, dass der Mensch nur ein Anpassungsprodukt ist wie andere Würmer auch oder dass ein Wurm auf derselben Organisations- oder Werthöhe steht wie ein Virus.

Weil sich diese Ansicht von einer intrinsischen Werthaftigkeit oder einem Fortschritt in der Evolution sich gebieterisch aufdrängt, müssen sich ihr auch die überzeugtesten Reduktionisten stellen. In dem Buch „Philosophy of Biology" stellen sich Alex Rosenberg und Daniel McShea dieser Frage nach dem Fortschritt. Zunächst einmal erteilen sie jeder Form von Teleologie eine Absage. Teleologische Erklärungen seien versteckt kausale. Weiter lehnen sie alle intrinsische Werthaftigkeit ab. Man fragt sich, welchen Sinn man dann noch dem Wort ‚Fortschritt' zubilligen könne? Die Autoren helfen sich so: Intrinsische Werte seien zwar wissenschaftlich nicht nachvollziehbar, nichts hindere aber, extrinsische, rein instrumentelle Werte zu unterstellen. Das besser angepasste Lebewesen sei eben fortschrittlicher. Diese Erklärung ist einerseits nicht mit den Fakten in Übereinstimmung zu bringen, andererseits behauptet sie zu viel und macht ihrerseits von einer Metaphysik Gebrauch, die den Rahmen des Naturalismus sprengt, da sie eben doch ein Telos in die Entwicklung hineinlegen muss.

Die Erklärung ist einerseits empirisch falsch, weil Anpassung auch bedeuten kann, dass die Lebewesen weniger komplex werden, je nach Umweltbedingungen. Ohne Zweifel sind wir nicht im Besitz eines Masterplans für die Evolution und ohne Zweifel gibt es in der Entwicklung des Lebendigen zahlreiche Beispiele, die wir spontan als ‚Rückschritt' deuten würden. Das Leben ist offenbar opportunistisch. Wenn die Umweltbedingungen entsprechend sind, macht es ungerührt die größten ‚Errungenschaften' wieder rückgängig.

Grottenolme sind Lurche, die durch ihr Leben in den unterirdischen Höhlen die Sehfähigkeit verloren haben. Sollen wir diese Blindheit als ‚Fortschritt' verbuchen gegenüber den Lurchen mit funktionierenden Augen? Oder was ist mit den lungenatmenden Seetieren wie etwa den Delphinen? Wie mühsam war es nicht für das Leben, an Land zu gehen, die ans Wasser angepassten Kiemen gegen Lungen auszutauschen und da krochen doch ernstlich einige von ihnen wieder zurück ins Wasser, und bedienten sich weiter der Lungenatmung, wo sie doch früher schon einmal Kiemen hatten, die perfekt angepasst waren an das Leben im Wasser und dies sollen wir als Fortschritt ansehen?

Man sieht, wie hilflos das rein kausale Denken ist, wenn es um Werte, d. h. wenn es um die vertikale Dimension geht. Aber der Empirist muss eben irgendwie mit dem Gefühl umgehen, dass wir, trotz aller ‚Rückschläge' im Einzelnen, dennoch das Gefühl haben, dass es aufs Ganze gesehen eine Komplexitätszunahme und eine Zunahme von Qualität in der Evolution gegeben hat, d. h. einen echten Wertezuwachs.

Andererseits setzen auch extrinsische, rein instrumentelle, Werte des Überlebens ein Telos in der Evolution voraus, denn wenn das besser Angepasstsein ein Wert ist, dann ist es auch ein Ziel im Widerspruch zum genuinen Darwinismus. Man kann also sagen, dass dieses Problem ungelöst bleibt und es lässt sich auch im Rahmen eines traditionell verstandenen Darwinismus nicht lösen. Wir laborieren immer noch am selben Problem herum, wie Darwin selbst, denn er mahnt sich immer wieder selbst, die Begriffe ‚höher', ‚tiefer' zu vermeiden, hält diese Sprechweise aber oft nicht durch. Das Lebendige hat einfach Eigenschaften, die sich einer rein horizontalen Interpretation entziehen.

Das kann auch in einer ganz anderen Hinsicht gezeigt werden, die von solchen Argumenten unabhängig ist, womit ich zum zweiten Punkt komme. Es sind nicht nur unsere moralischen und allgemein werthaften Intuitionen, die uns zweifeln lassen sollten, dass das Problem des Lebendigen durch Kausalanalyse hinreichend gelöst werden kann, eine weitere, sehr wichtige Instanz kommt hinzu, die gar nichts mit unseren Gefühlen zu tun hat und die deshalb von vornherein nicht unschädlich gemacht werden kann mit dem Hinweis auf ihren irrationalen Charakter. Ich denke an die immer gewichtiger werdende Tendenz, Natur nicht nur im Licht nomologischer Zusammenhänge zu sehen, sondern darüber hinaus im Licht technisch-praktischer Kategorien. Das Technische ist etwas Realteleologisches und wer Natur im Licht des Technischen sieht, legt Werte, Ziele und Zwecke in die Natur, ob er sich dessen bewusst ist oder nicht.

Zumeist ist man sich dessen nicht bewusst, ganz im Gegenteil, die Interpretation von Naturphänomenen auf der Grundlage von technischen Systemen wird gewöhnlich als starkes Argument für den Naturalismus angesehen. So diente z. B. die Kybernetik seit ihrem Entstehen in den 1940er Jahren dem Naturalismus als Berufungsinstanz, um Teleologie physikalistisch zu neutralisieren. Bis in die 1980er Jahre wurde diese These gehalten, so z. B. von Wolfgang Stegmüller, auf den ich bereits mehrfach verwiesen habe.

Ich glaube, dass in seinen Überlegungen ein ganz entscheidender Fehler steckt und zwar wird oft nicht unterschieden zwischen physikalischen und technischen Systemen. Die meisten Analytischen Philosophen und Wissenschaftstheoretiker setzen einfach materielles = physikalisches = technisches System. An dieser Gleichung stimmt Zweierlei nicht. Zum einen ist noch nicht einmal Materie ein physikalischer Begriff – er kommt in keiner physikalischen Theorie vor – vor allem aber gibt es eine kategoriale Differenz zwischen technischen und physikalischen Systemen. Kant macht in seiner Kritik der Urteilskraft eine Differenz zwischen „Mechanismus der Natur" und „Technik der Natur", um den kategorialen Unterschied zwischen Wirk- und Finalursachen zu kennzeichnen.

Im angelsächsischen Sprachraum geht man eher auf Hume zurück und die Kantischen Unterscheidungen sind dort oft nicht gegenwärtig. Hume rechnet, wie im Kapitel über Kausalität erwähnt, alles zum einheitlichen „Zement des Universums", Final- und Wirkursachen gleichermaßen. Die beiden werden also kategorial nicht unterschieden. In der Folge eliminierte man die Finalursachen, weil man glaubte, sie seien einfach etwas anders verpackte Wirkursachen und so enthält der Zement des Universums bei John Mackie überhaupt nur noch Wirkursachen.

Kybernetik war nun seit ihrem Entstehen ein Mittel, mit dem man konkret versuchte, die Äquivalenz von Wirk- und Zielursachen nachzuweisen. Das Argument lief darauf hinaus, dass sowohl in kybernetischen Regelkreisen dieselben physikalischen Gesetze am Werk seien wie in sonstigen physikalischen Systemen auch. Das ist natürlich richtig, aber hier nicht der entscheidende Punkt. Wenn z. B. in einem Dampfkraftregler alle Gesetze der klassischen Mechanik erfüllt sind, dann erklären diese Gesetze doch nicht die spezifische Form des Reglers und enthalten damit nicht seinen Zweck, der diese Form allein erklärbar macht. Das ist bei allen technischen Artefakten so, die auf Einsicht in die Naturgesetze beruhen. Der Zweck verbirgt sich dort in den kontingenten Anfangs- und Randbedingungen, die wir so setzen, dass die Kraftflüsse den von uns gewünschten Effekte hervorrufen. Man muss aber darauf bestehen, dass alle technischen Artefakte realteleologische Gebilde sind und dass sie anders nicht hinreichend verstanden werden können.

Wenn man nun die Gegebenheiten der Natur vom Technikparadigma her interpretiert, was seit Norbert Wieners Gründungsdokument der Kybernetik aus dem Jahr 1948 geschah, dann legt man ein Telos in die Natur, denn man unterstellt, dass Naturphänomene imstande sind, sich selbst zu steuern. ‚Kybernetik' heißt zu deutsch ‚Steuerungskunst' und wer steuert, muss ein Ziel haben. Infolgedessen sprechen die Kybernetiker z. B. von ‚Sollwerten', in die das System bei Störung zurückschwingt. Ich habe oben, im Kapitel über die Leib-Seele-Debatte gezeigt, dass der Begriff der ‚Störung' kein naturwissenschaftlicher, sondern ein teleologischer Begriff ist. Er ist aber eingeschrieben in die Fundamente der Kybernetik.

Auch an vielen anderen, ganz entscheidenden, Stellen tauchen Wert- und finale Begriffe in der Kybernetik auf. Das fängt schon bei der Objektkonstitution an. Kybernetische Systeme kommen in der Natur als ontologische Größen nicht vor, sondern sie werden *von uns* zum Zwecke der Steuerung ausgegrenzt. Doch ein solcher Zweck setzt gewisse Wertestandards voraus, die das Objekt erst definieren. d.h. der Zweck ist auf einer Metaebene konstitutiv. Er ist aber auch konstitutiv auf der Objektebene: Es gibt Elektromotoren, die lassen sich zugleich als Dynamomaschine betreiben. Die physikalische Beschreibung des Systems ist in beiden Fällen identisch. Betrachte ich aber dieses System vom kybernetischen Standpunkt aus, so ist einmal die hineingesteckte elektrische Energie der Input und die herauskommende mechanische Energie der Output, im anderen Fall aber umgekehrt. Von einem praktischen Handlungszusammenhang her gesehen sind ein Elektromotor und eine Dynamomaschine ganz und gar nicht dasselbe. Aufgrund verschiedener anzustrebender Werte und Ziele haben sie eine völlig verschiedene Bedeutung unbeschadet der Identität ihres physikalischen Substrats. Man sieht gerade an diesem Beispiel, wie sinnlos es ist, Final- auf Wirkursachen mit Hilfe der Kybernetik rückführen zu wollen und man sieht vor allem, dass Final- und Wirkursachen nicht in einem Konkurrenzverhältnis stehen. Die Frage ‚Wie?' und die Frage ‚Warum?' liegen auf ganz verschiedenen Ebenen und fordern daher eine kategorial verschiedene Antwort.

In dem erwähnten Gründungsdokument der Kybernetik von Norbert Wiener steht ein Satz, der seither immer wieder zitiert wurde, den man aber vielleicht nicht ganz richtig verstanden hat. Es heißt dort: „Information ist Information, weder Materie noch Energie. Kein Materialismus, der dieses nicht berücksichtigt, kann den heutigen Tag überleben."[3] Dieser Satz wird gewöhnlich so verstanden und ist wohl von Wiener auch so gemeint, dass der Materialismus eine dritte Entität ‚Information' zu den bereits bekannten ‚Materie' und ‚Energie' hinzufügen müsse, um komplett zu sein. Man könnte aber auch argumentieren, dass die Anerkennung von Information als fundamentaler ontologischer Größe dem Materialismus den Garaus machen wird. Ich habe im Leib-Seele-Kapitel Searles Kritik am Computerfunktionalismus gegen den Strich gebürstet: Searle behauptet, dass das Gehirn kein Computer sei, weil ein Computer die Semantik der Sprache nicht versteht und weil ein Computer ohne Nutzer nur ein nutzloser Metallhaufen ist. Man könnte auch dieses gegensätzlich wenden: *weil* wir den Sinn von Sprache verstehen und *weil* wir die Nutzer unseres eigenen Gehirns sind (so wie wir unsere Verdauung oder unseren Lymphkreislauf nutzen), deshalb verweist der Computer auf etwas Geistiges als auf seine Möglichkeitsbedingung. Wiener muss in seiner materialistischen Lesart behaupten, dass Information eine rein physikalische Größe sei, ohne jeden Inhalt. Nur dann wäre sein Materialismus haltbar. Nun gibt es den Begriff der ‚Information' in der Thermodynamik sehr wohl und er ist dort auch kein Bedeutungsträger und lässt sich deshalb auf andere, völlig harmlose, Begriffe zurückführen, wie den der ‚Entropie'. Dann aber verlöre das Diktum Wieners seinen Sinn, denn in diesem Fall bräuchten wir die Ontologie gar nicht um eine neue Entität zu bereichern. Wir müssen das nur, wenn der Begriff der ‚Information' etwas von der Physik Verschiedenes ist und so gebraucht ihn Wiener und muss ihn gebrauchen, denn innerhalb der Steuerungskunst hat Information *Bedeutung*, die sich von den praktischen Zwecken herleitet, denen das System genügen muss. Wir fallen hier aus dem Materialismus heraus und das ist immer der Fall, wenn wir technische Artefakte als Modelle zum Verständnis von Natur heranziehen. Dies geschieht inzwischen im wachsenden Maße, so z. B. in der Bioinformatik, der Bionik, der Artificial-Life-Technologie, der Spieltheorie in ihrer Anwendung auf die Soziobiologie und in vielen anderen Disziplinen. Ich habe diese Disziplinen und die in ihnen implizierten philosophischen Probleme in meiner Naturphilosophie näher dargestellt und beschränke mich hier mit einem Verweis auf die Kybernetik. Daraus sollte aber deutlich geworden sein, was die leitende Fragestellung ist.

Aber selbst wenn all diese Überlegungen richtig wären, würde man vielleicht doch einwenden, dass Technik nichts austrägt für die Frage nach den intrinsischen Werten in der

Natur. Habe ich nicht selbst darauf hingewiesen, dass nur Selbstzwecklichkeit dafür in Frage kommt? Manche PhilosophInnen wie Karen Gloy lehnen deshalb alle Technikvergleiche für die Natur ab. Sie *riechen* ihnen zu materialistisch. Aber ich glaube, dass das zu weit geht. Der Einwand mit der Selbstzwecklichkeit ist allerdings berechtigt, denn es fehlt noch ein wichtiges argumentatives Scharnier.

An sich habe ich Gloys Einwand teilweise schon oben beantwortet im Zusammenhang mit Searles Kritik an den Computertheorien des Geistes. Ich habe diese Kritik gegen sich selbst gerichtet, indem ich darauf hinwies, dass Searles Einwände zusammenbrechen, wenn man ein Subjekt des Informationsgeschehens unterstellt. Das tun Searles Gegner gerade nicht und insofern ist seine Kritik berechtigt, sie hat aber den gravierenden Nachteil, zu viel zu beweisen, denn aus ihr folgt ja, dass das Gehirn noch nicht einmal partiell als Computer interpretiert werden kann, was empirisch falsch ist. Aus der Tatsache, dass man ein Gehirn als Computer ansieht, folgt nicht, dass Menschen Roboter sind. So folgt auch nicht aus der Tatsache, dass wir den Blutkreislauf gemäss den Bernoulligleichungen durchrechnen können, dass der Mensch eine hydraulische Maschine ist. Doch sobald man solche Funktionen auf das Subjekt bezieht, das sie *hat,* verschwindet Searles Paradoxie und man kann das Recht naturwissenschaftlicher Untersuchungen anerkennen, ohne die es schließlich auch keine Medizin geben würde. Gerade die Auffassung vom Gehirn als einem Computer hat jetzt schon dazu geführt, dass wir Gehirnprothesen für Geschädigte herstellen können. Das hat nichts damit zu tun, dass wir den Menschen mit einem Roboter verwechseln. So hält auch niemand das Auto für eine Fortsetzung des Motors mit anderen Mitteln, obwohl es ohne Motor nicht fahren würde.

Doch was entspricht der Subjektivität in der außermenschlichen Natur? Auf was können wir die technische beschreibbaren Teilfunktionen als ihr Substrat beziehen? Der Philosoph

Peter McLaughlin macht dazu einen bemerkenswerten Vorschlag: in seinem Buch über organismische Funktionen zeigt er zunächst, dass die übliche Identifizierung von Funktionen mit Adaptationen unhaltbar ist. Es gibt Funktionen, die keinen adaptiven Mehrwehrt erwirtschaften und es gibt Adaptationen, die nicht funktional sind. Die beiden Begriffe sind also nicht logisch äquivalent. Weil sich nun aber Funktionen über Zweck-Mittel-Relationen definieren und weil sie in etwas für sich Stehendem gegründet werden müssen, da sonst die Gefahr eines regressus in infinitum droht, der bei Endursachen keinen Sinn macht, findet McLaughlin den Fixpunkt der Zweck-Mittel-Reihen in der Selbsterhaltung des Organismus. Man könnte sagen, dass sich das Individuum metabolisch selbst so reproduziert, wie die Art als Ganze. Wir machen also Funktionalität in der individuellen Reproduktion fest, nicht mehr in der kollektiven.

Selbsterhaltung heißt: das Naturseiende existiert für sich selbst, es hat den Charakter der Selbstzwecklichkeit und wenn man es so fasst, dann wird der Gloysche Einwand gegenstandslos, denn dasjenige, was für sich selbst existiert, ist eben deshalb kein technisches Artefakt, auch wenn es technische Züge trägt. Übrigens reproduziert sich in diesem Gedanken die alte Aristotelische Lehre von einer Entsprechung zwischen Technik und Natur. Nach Aristoteles sind sie strukturparallel von ihrer Zweckausrichtung her, unterscheiden sich aber durch den „Anfang der Bewegung", denn das technische Artefakt wurde vom Ingenieur hergestellt, während das Naturseiende sich selbst produziert. Es ist entelechial begabt, wenn man den Begriff der ‚Entelechie' mit dem der ‚Selbstzwecklichkeit' in Beziehung setzen darf. Das läuft natürlich darauf hinaus, dass Lebewesen ein Gut haben und stimmt vollständig mit dem überein, was ich in Bezug auf die ökologische Ethik gesagt habe, dass nämlich alle nichtanthropozentrischen Positionen ein Gut in der Natur annehmen müssen. Wir können also auch von diesen Überlegungen her, die ihren Ausgangspunkt im Technikparadigma nehmen, die Auffassung stärken, dass es intrinsische Werte in der Natur gibt.

Die Überlegungen McLaughlins sind vielleicht nicht allgemein akzeptiert, aber ohne sie verkürzt sich unser Verständnis des Lebendigen auf bloße Technik herab. Richard Dawkins macht in seinen Büchern keine kategoriale Differenz zwischen Maschinen und Organismen. Er spricht von „Überlebensmaschinen". Das würde bedeutend, dass alle Lebewesen im Grunde dieselbe Maschine sind. Führen wir uns nun die Fülle der Lebewesen vor Augen, wovon man heute eigentlich nur noch im Zoo einen Eindruck erhält oder vielleicht in den großen naturhistorischen Museen (wie etwa Wien oder Berlin), in denen es darüber hinaus auch ausgestorbene Tiere und Fossilien zu sehen gibt, dann erscheint Dawkins These eher weit hergeholt. Ich glaube nicht, dass es ein Museum für Bohrmaschinen gibt, aber wenn es eines gäbe, würde es nicht unter Besucherandrang leiden, weil es sicher eines der langweiligsten Museen auf Erden wäre. Wer wollte schon zweitausend Bohrmaschinen an einem Tag sehen? Der Einwand, dass Lebewesen zwar ein und demselben Zweck dienen, dass aber ihre Eigenschaften ganz verschiedene Mittel zu diesem Zweck seien, ändert nicht viel. Wir würden uns auch in einem Museum für Schweizermesser von Herzen langweilen und solche Schweizermesser sind immerhin ebenfalls Überlebensinstrumente, nämlich für den Offizier im Falle eines Krieges. Der einheitliche Zweck müsste eine große Einheitlichkeit der organismischen Lösungen zur Folge haben. Man müsste also imstande sein, sich in der Natur zu langweilen, was aber niemand fertig bringt.

In der Philosophie gilt es als unschicklich, Witze zu erzählen, denn Philosophie ist ein ernstes Geschäft. Im 18. Jahrhundert wäre ein Philosoph ohne esprit durchgefallen. Heute ist es umgekehrt. Wieso eigentlich? Ich kenne keinen einzigen guten Witz ohne philosophische Pointe. Nur Kalauer bedeuten nichts. Dass sich der philosophische Betrieb als eine humorfreie Zone etabliert hat, spricht gegen ihn.

Adorno pflegte folgenden Witz zu erzählen, der womöglich keine Erfindung ist: Fährt ein Bauer aus der Wetterau (nördlich von Frankfurt) in die Großstadt, um den Zoo zu besuchen. Wieder daheim fragt ihn die Frau: „Wie war's?". Er darauf: „Frau, glaub mir, im Zoo gibt's Tiere, die gibt's gar nicht!" Seit Jahrhunderten macht man sich über die Bauern lustig, weil sie so einfältig sind. Aber das scheint hier nicht die Pointe, denn wir alle sagen oft „Das gibt's gar nicht", wo es doch eben das wirklich gibt, was wir gerade vor Augen haben. Der Witz ist tiefgründiger, denn das ‚es gibt' hat hier offenkundig eine doppelte Bedeutung. Das erste mal geht es um raum-zeitlich identifizierbare Gegenstände, das zweite mal um eine Erwartungshaltung für Gegenständlichkeit überhaupt. Der Bauer kennt Tiere aus dem täglichen Umgang im Stall und aus der Natur. Verglichen damit übertrifft der Zoo alles, was er sich vorstellen konnte. Die Tiere, die im Zoo vorkommen, sprengen jede Erwartungshaltung und das geht selbst einem akademisch gebildeten Biologen so. Auch er hört nicht auf zu staunen.

Naturformen erinnern uns eher an die Fülle der Kunstformen. Wer ein Kunstmuseum besucht (wiederum Wien und Berlin besonders empfehlenswert), kommt aus dem Staunen nicht heraus insbesondere, wenn wir Kunstwerke aus ganz verschiedenen Epochen betrachten und das ist ja auch in den Naturkundemuseen der Fall, wo die ausgestellten Exemplare für verschiedene Epochen der Erdgeschichte stehen vor allem, wenn Fossilien hinzukommen. Man wende nicht ein, dass große Technikmuseen, wie z. B. das Deutsche Museum in München, nicht hinter der Buntheit und Fülle der großen naturhistorischen Museen zurückstehen.

Das ist wohl wahr, aber diese technischen Artefakte dienen jeweils ganz verschiedenen Zwecken und die These war doch, dass Lebewesen nur einen einzigen Zweck erfüllen. Dafür spricht nicht sehr viel, vor allem, weil sie noch nicht einmal diesen einen Zweck erfüllen, sondern überhaupt keinen. Das ist der Grund, weshalb sie so vielfältig sind. Auch Kunst hat keinen Zweck außerhalb ihrer selbst und gerade das macht ihren Reiz und Reichtum aus. Konrad Lorenz berichtet, dass Vögel dann am schönsten singen, wenn sie es nicht um eines Zweckes willen tun, d. h. um ihr Revier zu verteidigen oder um Weibchen anzulocken.

Natur ist also zugleich eine Ausdrucksgestalt, die Teil hat an der Selbstzwecklichkeit des Ästhetischen. Dies wird im nächsten, abschließenden Kapitel eine große Rolle spielen. Ansonsten war es der Sinn des vorliegenden Kapitels, zu zeigen, dass die vertikale Dimension der Natur etwas Reales ist, das wir als Solches erkennen, wenn wir unsere eigene Praxis, nämlich die ethische und die technische Praxis ganz ernst nehmen. Wir sind als praktisch handelnde Menschen so in den Naturzusammenhang hinein verwoben, dass sich die Sinnperspektiven in denen wir leben, nicht von denen der Natur abtrennen lassen. Sinn und Zweck gibt es entweder überall oder nirgends und wenn wir Gründe haben, uns selbst als realeleologische Agenten aufzufassen, dann muss es Vorformen davon auch in der außermenschlichen Natur geben, wenn es nämlich wahr ist, dass wir in einem kontinuierlichen, evolutiven Prozess aus der Natur hervorgegangen sind.

Damit erhebt sich die Frage nach einer Metaphysik der Natur. Alles, was in diesem Buch bisher gesagt wurde, deutet darauf hin, dass es sie geben sollte, aber auch alles darauf hin, dass sie eine ganz andere Form als die traditionelle Metaphysik annehmen wird.

Anmerkungen

1 Lorenz 1963, 342; 1983, 12/3, 17
2 Dawkins 1987, 14
3 Wiener 1963, 192

An der Grenze

Dieses Buch entfaltet eine kulturkritische Globalthese, aber solche Globalthesen sind innerhalb des akademischen Betriebes aus der Mode gekommen. Sie haben sich in die Populärwissenschaft oder in die Esoterik geflüchtet und gelten deshalb als anrüchig. Vor 50 Jahren war das noch ganz anders. Damals gab es, zumindest in Deutschland, den Typus des genialen Selbstdenkers mit einer Art von ‚Ein-Mann-Weltanschauung' als Frucht seines singulären Charismas und seines privilegierten Zugangs zum Weltgeist. Dementsprechend traten Philosophen wie Adorno, Bloch, Heidegger oder Jaspers mit prophetischem Gestus auf, der heute etwas lächerlich wirkt, wenn man die alten Aufnahmen ansieht, die in den Fernsehanstalten aufbewahrt werden. Ich laufe also Gefahr, mir diese durchaus lächerliche Pose des expressionistischen Selbstdenkers zu eigen zu machen, eine Pose und Einstellung, die ich gerne vermeiden würde, denn Philosophie ist niemals das einsame Werk von Originalgenies, sondern immer eine Gemeinschaftsleistung. In der Kunst ist das offenbar anders und wir stehen staunend vor einzelnen Giganten wie Michelangelo, Bach oder Picasso. Philosophie muss nicht originell, sie sollte wahr sein und Wahrheit ist nichts Privates oder Privilegiertes, das sich dem einsamen Denker als dem besonders Erwählten charismatisch zueignet.

Wenn man mit einer kritischen Globalthese zur Kultur dennoch den Anschein erweckt, ein arroganter Feldherr des Geistes sein zu wollen, der vom Hügel seiner Inspiration herab Heerscharen dirigiert, so liegt das daran, dass eine allzu akademisch gewordene Philosophie ihr Maß an den empirischen Wissenschaften nimmt und es ihrer Präzision gleichtun will, was automatisch dazu führt, den Überblick über das Ganze zu verlieren, um stattdessen mit ameisenartigem Fleiß Detailfragen zu ventilieren, die niemanden betreffen. Daher diese 300 Seiten starken Bücher, die nicht aufhören, Sätze zu analysieren wie „Der gegenwärtige König von Frankreich ist kahlköpfig" oder „The cat is on the mat."

Ich habe in diesem Buch viele Beispiele angeführt, die zeigen, wie sehr die Philosophie in die Irre geht, wenn sie versucht, die Präzisionsstandards der empirischen Wissenschaften nachzuahmen. Dieser Präzisionswahn fördert keine neuen Einsichten zutage, sondern er blockiert substanzielles Fragen und zwar umso mehr, je umfassender sie werden, denn umso weniger lassen sich die Präzisionsstandards einhalten, die wir von der empirischen Wissenschaft her gewohnt sind. Andererseits hat sich gezeigt, dass Präzision eine Frage des Grades ist und dann müsste es doch auch möglich sein, solche umfassenden Fragestellungen, wie gerade die nach der Kalkülvernunft, durchaus rational zu behandeln, ohne in die Beliebigkeit des Meinens zu verfallen oder in jenes postmoderne, geschmäcklerische Idiom, das Autoren wie Baudrillard oder Derrida für die Zukunft der Philosophie halten, indem sie die Schranke zwischen Philosophie und Dichtung einreißen.

Wenn es sich auf der anderen Seite wirklich so verhält, dass die Globalthese von der Kalkülvernunft, die sich anstelle der traditionellen Metaphysik setzt, kein Stein der Weisen ist, den nur der glückliche Einzelne findet, dann müsste diese These doch auch schon anderen Philosophen in den Sinn gekommen sein, wenn sie wirklich unsere Epoche so nachhaltig prägt, wie ich behaupte.

Dies ist nun durchaus der Fall. Es gibt eine verbreitete Rede vom ‚Modellplatonismus', die etwas Ähnliches meint. Unter ‚Modellplatonismus' versteht man eine Verwechslung von abstraktem Modell und konkreter Wirklichkeit derart, dass das Modell als die eigentliche Realität genommen wird. Das war auch der Kritikpunkt in Whiteheads Rede von der „fallacy of misplaced concreteness." Auch sie kritisiert, dass wir Tendenz haben, das Abstrakte an Stelle des Konkreten zu setzen.

Expressis verbis habe ich allerdings meine Kritik an der herrschenden Kalkülvernunft nur bei John Dewey gefunden. Er vermutet, dass schon Plato den Begriff der ‚Idee' von Demokrits Atomen geborgt habe. Wenn das wahr ist, hätte es schon in der Antike eine verräterische Wahlverwandtschaft zwischen Materialismus und Platonismus gegeben. Aber vielleicht ist das überinterpretiert. Jedenfalls sieht Dewey den eigentlichen Beginn dieser Verbindung erst bei Bertrand Russell, was die Sache genau trifft.[1] Dewey verfolgt diesen Gedanken jedoch nicht weiter. Mir hingegen scheint, dass er seine Fruchtbarkeit bei der Interpretation der Leib-Seele-Debatte, der Probleme des Empirismus oder auch bei Ausdrucksphänomenen unter Beweis stellen kann. Dass gerade der Pragmatist eine solche kritische These gegen die Kalkülvernunft formuliert, ist natürlich kein Zufall, denn auch ich habe die Pragmatik stark in den Vordergrund gerückt, allerdings werde ich Dewey nicht in jeder Hinsicht folgen.

Es scheint nämlich, dass die Stärke des Pragmatismus zugleich seine Schwäche ist, nämlich seine ausschließliche Konzentration auf Praxiskonstitution. Das hat bei Dewey zur Folge, dass er die Naturwissenschaft nicht *auch* als Theorie, sondern nur als Praxis wahrnimmt. Er macht also das Gegenteil von dem, was die formalsprachlichen Wissenschaftstheoretiker seit dem Wiener Kreis gemacht haben. Auf diese Art gelingt es Dewey, die Verflechtung formaler Verfahren in der geschichtlichen Praxis zu verankern und mit dem Rest der Kultur zu verbinden, während man bei formalsprachlichen Wissenschaftstheoretikern immer den Eindruck hat, als würde die Wissenschaft von der Natur produziert wie Äpfel auf den Bäumen.

Allerdings verkürzt Dewey Wissenschaft auf bloße Praxis, entzieht ihr also die ontologische Basis. Damit verschwindet eine Spannung, die die metaphysische Reflexion herausfordert. Dewey bezeichnet sich selbst als ‚Naturalist' in einem ganz anderen Sinn als die szientifischen Naturalisten heute. Für ihn ist die Handlungskompetenz des Menschen ein *natürliches* Phänomen, das den Ausgangspunkt seiner Überlegungen bildet. Aber wenn man annimmt, dass z. B. die Biologie eine eingebaute Ontologie enthält, die gerade diese Handlungskompetenz in Frage stellt, dann sieht man auch, wie drängend das Metaphysikproblem wäre, dem sich der Pragmatismus so gerne entzieht mit dem Hinweis auf seinen vorgeblich harmlosen Naturalismus. Man kann also nicht sagen, dass das Theorie-Praxis-Problem im Pragmatismus gelöst wäre.

Das ist anders im Pragmatizismus von Charles Sanders Peirce und in der Prozessphilosophie von Alfred North Whitehead. Beide verschaffen dem theoretischen Zugriff auf Natur genügend ontologischen Raum. Ich werde im Folgenden einige kritische Bemerkungen zur Metaphysik dieser beiden Philosophen machen, deren überragende Bedeutung gleichwohl außer Frage steht. Ich denke aber, dass ihre Metaphysik sich noch zu sehr in den Bahnen der Tradition bewegt. Sie lösen zwar beide die Metaphysik vom Anspruch einer apriori-Wahrheit ab, behalten aber das Konzept bei, wonach Metaphysik wesentlich Reflexion auf die allgemeinsten Bedingungen des Seins ist. Das Allgemeine bleibt immer noch das zentrale Thema. Dabei ergibt sich ein Problem, das nur der Sonderfall einer Paradoxie ist, die ich im Kapitel über die Kalkülvernunft erwähnt habe: Dort hat sich gezeigt, dass der scholastische Seinsbegriff eine widersprüchliche, doppelte Funktion hat. Einmal steht er für das Allgemeinste, Inhaltsärmste, dann wieder für das Spezielle, Höchste, Inhaltsreichste. Meine Schlussfolgerung aus diesem Dilemma lautet: Metaphysik sollte *nicht nur* die allgemeinsten Seinsbestimmungen enthalten, sondern auch das Besondere, qualitativ Hochstehende. Beide Aspekte sind gegenläufig. Wenn man nun mit Peirce und Whitehead ein metaphysisches Konzept entwickelt, das auf das Sein im Allgemeinen zutreffen soll, aber gleichzeitig ein so qualitätsreiches Wesen wie den Menschen als Sonderfall enthalten sollte, dann bleibt nichts anderes übrig, als das allgemeine Konzept inhaltlich so stark anzureichern, dass der Mensch Teil dieser Rahmenbedingungen sein kann. Die Folge eines solchen Vorgehens ist aber verheerend: man wird die anorganische Sphäre metaphysisch überfrachten. Bei Peirce und Whitehead macht sich das z. B. so bemerkbar, dass sie die Gesetze der Physik zugleich als teleologische Gesetze, d. h. als Sinnzusammenhänge lesen, was sie nicht sind. Der Philosoph und Biologe Michael Hampe, der stark mit Whitehead sympathisiert, verweigert ihm hier mit guten Gründen die Gefolgschaft. Die Entwicklung von James zu Whitehead sei mit „gewissen Härten" verbunden: „Die Wirklichkeit erscheint jetzt überhaupt als mit einem subjektiven Aspekt ausgestattet." Whitehead sei dazu gezwungen, den Steinen Empfindungen zuzuschreiben. Er und Peirce seien in Gefahr des Anthropomorphismus und Panpsychismus.[2] Ich glaube, dass diese Gefahr sich nur vermeiden lässt, wenn man die allgemeinsten philosophischen Prinzipien abschwächt und die verloren gegangenen Inhalte anderswo unterbringt, jedenfalls nicht auf der höchsten Hierarchiestufe. Aber das hieße, dass man mit der metaphysischen Tradition bricht, wonach das Wahre das Allgemeine ist. Im Folgenden wird sich darüber hinaus zeigen, dass eine moderne Metaphysik auch der Tatsache Rechnung tragen sollte, dass die Grenzen der Vernunft deutlicher werden als in diesen eher traditionellen Konzepten.

Ich möchte in diesem Kapitel folgendermaßen vorgehen: Ich setze voraus, dass die Grundthese dieses Buches einsichtig geworden sein könnte, wonach die Kalkülvernunft die metaphysischen Lasten, die man ihr aufbürdet, nicht tragen kann und dass sie uns in eins damit den Blick auf die echten metaphysischen Probleme verstellt. Ich setze weiter voraus, dass die These, die die ältere Metaphysik mit der Kalkülvernunft verbindet, dass nämlich *nach oben* alles immer logischer und klarer wird, falsch ist.

Wenn man sich nun fragt, wie eine Metaphysik nach dem Zusammenbruch solcher traditionellen Gewissheiten aussehen könnte, ist es nützlich, sich in der Geschichte umzutun, denn wir sind nicht die ersten, die sich über solche Zusammenhänge Gedanken machen. Sinnvoll scheint es – in gebotener Kürze – in die Zeit des Deutschen Idealismus zurückzublenden, in die Zeit als Kant eine unnütz restriktive und Hegel eine überbordene Strategie bevorzugten, während man beim frühen und ganz späten Schelling und dann auch bei Schopenhauer eine alternative Metaphysik findet, die das Geheimnis, das nicht mehr Verstehbare, in die Philosophiedefinition mit hineinnehmen. Ich verfolge – wiederum in aller gebotenen Kürze – diesen Gedanken bei so verschiedenen Denkern wie Bergson, Klages, Scheler, Jaspers, aber auch bei Horkheimer und Adorno. Bei all diesen Autoren sehe ich Ansätze für eine noch zu schreibende zukünftige Metaphysik, die aber nicht als Wissenschaft wird auftreten können. Ich versuche den Gedanken stärker zu machen mit Verweis auf Theologen wie Karl Rahner oder Hans Urs von Balthasar, die sozusagen *von der anderen Seite her* Ähnliches angedacht haben.

Abschließend versuche ich – in aller Vorläufigkeit – zu skizzieren, was eine zukünftige Metaphysik, die ein äußerst riskantes Unternehmen sein würde, enthalten müsste: Sie müsste der vertikalen Dimension einen Ort geben, sie müsste echte Höherentwicklung in der Evolution denken können und sie müsste vor allem den Ausdrucksphänomenen Raum geben und damit den Übergang zur Kunst und zur Spiritualität ermöglichen, wobei Spiritualität im philosophischen Zusammenhang ein Grenzbegriff bleiben muss, der von hier aus nicht näher bestimmt werden kann. Dies ist der Grundgedanke des vorliegenden Kapitels.

Wir stellen also immer noch die Frage nach einer Alternative? Wenn es wahr ist, dass Metaphysik in einem starken Sinne niemals verschwinden wird, dann wäre interessant zu wissen, wie Metaphysik heute aussehen könnte, die nicht einfach auf die Tradition zurückgreift und die mehr ist als Sprachanalyse und Kategorienlehre.

Unter ‚starker Metaphysik' verstehe ich mehr als das, was wir heute in der Analytischen Philosophie als Metaphysik vorfinden. Diese Art von Metaphysik ist entweder szientifisch, dann ist sie von vornherein zu eng. Oder sie nimmt ihren Ausgangspunkt in der natürlichen Sprache, dann ist sie zwar weiter, beschränkt sich aber auch dann auf rein kategoriale Analysen. Um mich deutlich zu machen: Solche Analysen sind unabdingbar und sie sind spätestens seit Aristoteles fester Bestandteil der Metaphysik. Aber die traditionelle Metaphysik ging darüber hinaus. Was bei den Neueren fehlt, sind z. B. die Transzendentalen, d. h. dasjenige, was den kategorialen Bereich übersteigt, was insbesondere bei ihnen fehlt, ist die Frage nach der Werthaftigkeit des Seins oder des Seins der Werte. Über das Problem einer intrinsischen Werthaftigkeit der Natur habe ich im letzten Kapitel bereits gehandelt. Jetzt geht es eher um die Frage nach den Grenzen der Vernunft und nach der Stellung des Allgemeinen in der Wahrheitsfrage.

Um einen Begriff davon zu bekommen, wie eine moderne Metaphysik aussehen könnte, die das Scheitern traditioneller Ansätze ernst nimmt, zugleich aber an der traditionellen Fragestellung festhält, ist also ein Blick auf die letzten 200 Jahre nützlich.

Die allzu einfache Antwort des Wiener Kreises lautete: „Metaphysik abschaffen!" Von einem konträren Standpunkt aus hatte Marx 50 Jahre zuvor eine ähnliche Antwort gegeben. Beide, von einem radikal theoretischen und einem radikal praktischen Standpunkt lehnten sowohl Metaphysik, als auch die Religion ab. Diese tabula-rasa-Politik ließ sich jedoch nicht durchhalten. Die metaphysischen und religiösen Bedürfnisse lassen sich nicht durch Dekret aus der Welt schaffen und sie verschwinden auch nicht in die Subkultur, wie z. B. Astrologie, Alchemie oder allgemein die Magie. Metaphysik gehört, wie Sexualität, zum Menschen. Sie ist eine Grundbestimmung unserer Existenz. Inzwischen hat das sogar Jürgen Habermas eingesehen, der vorher zwei Generationen von Intellektuellen davon überzeugte, dass Metaphysik von Gestern sei.³

Vielleicht ist es nützlich, in unserem Zusammenhang in die Zeit des Deutschen Idealismus zurückzublenden, denn die Probleme waren schon damals auf dem Tisch. Zwischen Kant, Fichte, Schelling und Schopenhauer wurde eine neue Form von Metaphysik verhandelt und die Brisanz des Problems zeigt sich vielleicht am deutlichsten im Missverhältnis zwischen Hegel und Schopenhauer. Hier der Panlogist, der alles in die Vernunft hinein aufheben will, dort der dunkle Irrationalist, der die grausamen, unbegreiflichen Seiten des Weltprozesses mitleidlos zur Geltung bringt.

Kant ging es zunächst um Abgrenzung. Er ist vom Scheitern der klassischen Metaphysik überzeugt und bemüht sich, den Punkt anzugeben, wo Rationalität in Phantastik umschlägt. Zeitgenossen Kants verglichen seine Philosophie gerne mit einem hell erleuchteten Zimmer. Das war positiv gemeint. Aufklärung führt zu Vernunfthelle. Man könnte es aber auch anders deuten: Kant befindet sich wie in einem geschlossenen Raum. Der Zugang zum „Ding-an-sich", zur eigentlichen Realität, ist ihm verbaut. d. h. Kant muss einen sehr hohen Preis für seine Abgrenzungsstrategie bezahlen. Der Preis besteht darin, dass Erkennen in der Subjektivität hängen bleibt und dass Kant das Handeln völlig vom Erkennen absondern muss, denn Handeln, insbesondere als moralisches Handeln, braucht eine Verankerung im „Ding-an-sich", das uns hier in Gestalt von kategorischen Sollensansprüchen zugänglich wird. Was man bei Kant nicht finden wird, sind Übergänge zwischen Apriori und Aposteriori, synthetischen und analytischen Urteilen, Verstand und Sinnlichkeit, Leidenschaft und Moral oder allgemein zwischen Theorie und Praxis.

Gibt es bei Kant keine Übergänge, so ist Hegels Philosophie *nichts als* ein einziger Übergang. Die Pointe bei ihm ist gerade die, die Kantischen Entgegensetzungen, die er „abstrakt" nennt, zu überwinden. Gegenüber Grenzziehungen wendet er ein, dass niemand eine Grenze bestimmen könne, ohne in gewissem Sinn über sie hinausgelangt zu sein. So ist es in der Tat. Ich kann nicht von einer ‚Grenze zwischen Deutschland und Frankreich' reden, wenn ich nicht gewisse Kenntnisse über Frankreich habe. Wäre Frankreich so unbekannt, wie das „Ding-an-sich" bei Kant, dann käme uns niemals der Begriff der ‚Grenze zu Frankreich' in den Sinn.

Solche Gedankengänge führen bei Hegel zu einer wahren Inflation der Metaphysik. Er gibt vor, schlichtweg alle Grenzen zu überwinden, um die menschliche Vernunft mit der göttlichen koextensiv zu machen. Selbst die Natur, Inbegriff des Anderen, nicht von uns Gemachten, wird für ihn nur Anlass für den Geist, zu sich selbst zu kommen. Im Prinzip ist dies eine in die Rationalität herabgezogene Mystik und das erklärt auch wenigstens zum Teil die extremen Schwierigkeiten, die jeder bei der Hegellektüre empfindet: Hegel will die Einheitserfahrung der Mystik auf den Begriff bringen, aber so, dass die untergeordneten Stufen des Erkennens in den höheren „aufgehoben" sind. Die Einheit soll zugleich Vielheit sein, während doch begriffliches Denken gerade so strukturiert ist, dass es den Gewinn an Übersicht mit einem Verlust an Detailkenntnis bezahlen muss. Diesen Preis möchte Hegel nicht entrichten. Er überschreibt beständig das Besondere mit dem Allgemeinen und macht es dadurch opak, was wesentlich zu den Schwierigkeiten der Hegellektüre beiträgt. In seiner Ausdrucksweise: „Die Identität der Identität und der Nichtidentität." Hegel wollte alles. Was er deshalb nicht zulässt, ist das Schweigen, das Unsagbare, die Metapher, das Bild. Beim Philosophieren soll uns, wie er sagt „Hören und Sehen vergehen". Ich glaube, dass ihm das gelungen ist, aber man könnte es auch kritisch lesen.

Die Mystiker aller Zeiten haben sich jedenfalls so nicht gedeutet. Die Einheitserfahrung der Mystik liegt jenseits des rationalen Zugriffs. Je mehr sich der Mystiker über das Gewöhnliche erhebt, desto unbedeutender wird ihm die dürre Umrisszeichnung, die der Verstand von den Dingen liefert.

Wir haben also den bezeichnenden Sachverhalt, dass Kant und Hegel das Kontinuum Verstand – Intuition, Rationalität – Spiritualität auf gegensätzliche Art verfehlen. Kant ist ängstlich darauf bedacht, sich das Verscheben der Rationalität im Anderen ihrer selbst zu ersparen. Deshalb beschränkt sich seine Philosophie auf die Vernunfthelle subjektiver Räume. Draußen in der Natur würde er die Dämmerung des Abends oder Morgens als eine fundamentale Erfahrung zur Kenntnis nehmen müssen, wie sie dann von Hamann, Herder oder von den Romantikern beschrieben wurde.

Gegen die Romantiker wendet sich Hegel, wenn auch aus einem anderen Grund. Auch bei Hegel gibt es keine verschwebende Dämmerung. Aber Hegel bleibt nicht im Zimmer. Er traut es der Vernunft zu, ihr Licht über die gesamte nächtliche Landschaft des Geistes zu verbreiten. Aber das führt nur dazu, dass auch der hellste Strahler zur trüben Laterne wird. Hegel überfordert permanent die menschliche Vernunft. Sie soll alle Geheimnisse der Natur und der Geschichte ins Licht des endgültigen Verstehens tauchen, aber bei aller Genialität Hegels (an der man nicht zweifeln sollte): auch der durchdringendste Verstand ist angesichts der Totalität des Existierenden nichts als eine trübe Funzel. Merkwürdigerweise sieht das Hegel oft selber. Er spricht z. B. davon, dass seine Philosophie ihr „Grau in Grau" malt, er charakterisiert sein eigenes Wesen als „austernhaft" usw. Irgendwie hat er das Wahnwitzige des eigenen Unternehmens wohl empfunden. Das heißt: Wir können das Problem der Metaphysik so nicht lösen. Sie ist weder auf die subjektiven Möglichkeitsbedingungen einzugrenzen noch gelingt ihr die Flucht in die absolute Totalität voraussetzend, nur das Ganze sei das Wahre.

Die interessantesten Ansätze für eine zukünftige Metaphysik findet man meines Erachtens bei Schelling.[4] Schelling stand jederzeit im Schatten von Kant und Hegel. Der Grund war, dass er alle zwei Jahre eine andere Philosophie vertrat. Man hielt ihn für oberflächlich, was vielleicht auch der Fall war, aber in diesem Zusammenhang nicht entscheidend ist. Meiner Meinung nach hat sich Schelling, wie kein anderer, dem Riskanten, Ungesicherten des metaphysischen Denkens ausgesetzt. Daher seine allererste Philosophie in der er – gegen Fichte – das Irrationale der intellektuellen Anschauung herausstreicht. Nach einer kurzen, sozusagen romantischen, Phase des ästhetischen Idealismus geht er über zur Identitätsphilosophie. Diese entspricht der Philosophie Hegels mit ihrem Konzept einer allesüberwölbenden Vernunft. Aber spätestens mit der Freiheitsschrift, vor allem aber mit den ‚Weltaltern' wird ihm der eigene Vernunftoptimismus verdächtig und das ist dann vor allem der Fall in seiner Spätphilosophie, die er gegen Hegel die „positive Philosophie" nennt. In dieser Spätphilosophie sah Walter Schulz den eigentlichen Kulminationspunkt des Deutschen Idealismus. Ich weiß nicht, ob das richtig ist, aber es verweist jedenfalls auf den veränderten Blick der Philosophie auf den Deutschen Idealismus, nach dem Zusammenbruch des Neokantianismus, Neohegelianismus usw.

Bei Schelling ist die sehr frühe Philosophie mindestens ebenso interessant wie seine ganz späte. Er geht zwar zunächst mit Fichte über Kant hinaus und seine frühen Werke scheinen wie Schülerarbeiten zu Fichte, in Wahrheit hatte er von Anfang an eine ganz andere Zielvorstellung. Fichte ist vielleicht der Philosoph, der die Idee, das höchste Geistige sei zugleich das logisch Klarste, am kompromisslosesten und mit einer gewissen Gewaltsamkeit zur Geltung gebracht hat. Um über Kant hinauszugehen und wieder affirmativ Metaphysik zu betreiben, musste Fichte, nachdem er die transzendentale Wende Kants nachvollzogen hatte, der Subjektivität eine neue Erkenntnisquelle eröffnen, die den Zugang zum Wesenhaften ermöglichen würde: Die „intellektuelle Anschauung". Das klingt mystisch – und ist es auch – in gewissem Sinn. Doch im Gegensatz zur herkömmlichen Mystik soll die intellektuelle Anschauung bei Fichte der Vernunft vollständig zugänglich sein. Fichte ist Philosoph, kein Mystiker, jedenfalls in seinem Selbstverständnis.

An dieser Stelle gibt es eine bezeichnende Differenz zu Schelling. Schelling sieht wohl, dass das Eine als das die Vielheit ausschließende Grundprinzip, der Vernunft unzugänglich bleiben muss. Die Vernunft arbeitet immer synthetisch mit einer Vielheit von Vorstellungen, die sie ins Verhältnis setzt. Wo es nur das ununterscheidbar Eine gibt, hat die Vernunft nichts zu tun, sie kollabiert. Tatsächlich äußert Schelling den erstaunlichen Satz: „Wir erwachen aus der intellektualen Anschauung wie aus dem Zustande des Todes. Wir erwachen durch *Reflexion,* d. h. durch abgenötigte Rückkehr zu uns selbst."[5] Der Grund aller Vernunft ist also das absolut Unbewusste. Mit anderen Worten: die Vernunft ist grundlos. In ihrem höchsten Vermögen entgleitet sie sich ständig selbst. Damit bricht Schelling mit einer 2000-jährigen Tradition. Nach dieser Tradition sollte ‚nach oben' alles immer klarer und logisch durchschaubarer werden. Beim frühen Schelling ist offenbar das Gegenteil der Fall. Der Deutsche Idealismus geht also das Metaphysikproblem ganz anders an mit der umstürzend neuen Idee, die Vernunft könnte bodenlos sein.

Dies hat insbesondere Schopenhauer bis ins Extrem hinein weiter ausgeführt. Schopenhauer war ein Bewunderer Kants und ein Gegner aller nachkantischen Idealisten, über die er nichts als Spott ergoss. Diese Eigenpropaganda hat die Tatsache verdeckt, dass er insbesondere Schelling sehr viel verdankte, denn sein Irrationalismus setzt beim frühen Schelling an. Er hat auch große Teile der Naturphilosophie Schellings nahezu abgeschrieben. Man sollte sich also nicht von seinem Originalitätsgehabe beeindrucken lassen. Alle Philosophen stehen immer auf den Schultern ihrer Vorgänger und auch

Schopenhauer macht davon keine Ausnahme. Jedenfalls paßt er sehr gut in das Umfeld des Deutschen Idealismus.

In seinem Hauptwerk „Die Welt als Wille und Vorstellung" besteht Schopenhauer darauf, dass das Wesen der Dinge nicht kristallin gegeben sei und dass die scala naturae nicht in einem selbstgewissen „Denken des Denkens" gipfelt, sondern im Gegenteil ins Dunkel, letztlich ins Unsagbare hineinführe. Er setzte dem Hegelschen Vernunftoptimismus die ganze Grausamkeit und Blindheit von Natur und Geschichte entgegen und fundierte seine Metaphysik in einer weltverneinenden Mystik nach dem Vorbild des Buddhismus. Schopenhauer verlegte das Maximum der Logik *an den Fuß* der Seinspyramide: Die Materie ist das am besten Durchschaubare. Logische Durchschaubarkeit nimmt dann kontinuierlich ab, je komplexer die Phänomene werden, die wir beschreiben und die geistigen Fähigkeiten des Menschen gehen nach und nach ins nicht mehr Sagbare über. Ein blinder „Weltwille" übernimmt nun das Regime. Das ist ein neuer Typus von Metaphysik, der konsequenterweise auch nichts mehr mit apriorischen Geltungsansprüchen zu tun hat. Schopenhauer war sich wohl bewusst, dass er einer 2000-jährigen Tradition widersprach, wenn er die je größere Logik am Fuß der Seinspyramide wiederfand. Ich glaube, dass er damit eine fundamentale neue Sicht begründet hat.

Wenn Schopenhauer auf der Basis einer solchen Metaphysik Naturphilosophie treiben wollte, dann konnte er eigentlich immer nur dasselbe sagen: „Der Weltwille drückt sich in den Erscheinungen aus." Der fallende Stein: Das ist der Weltwille. Das schreiende Kind: ebenfalls der Weltwille. Der röhrende Hirsch: Weltwille. Eine solche Philosophie wäre ziemlich langweilig, weil durchweg tautologisch.

Um dieser Langeweile zu entgehen, integrierte Schopenhauer Platonische Ideen in seinen ansonsten blinden Weltwillen. Sie sollten Struktur und Inhalt in die Philosophie hineinbringen. Dafür wurde er von Nietzsche getadelt. Für Nietzsche war dies ein Rückfall hinter das schon einmal erreichte Niveau. Aber wenn Schopenhauer am Projekt der Aufklärung und der Vernunft festhalten wollte, dann *musste* der Weltprozess ein gewisses Maß an Vernünftigkeit enthalten, sonst hätte sich der Philosoph selbst aus dem Verkehr gezogen. Eduard von Hartmann hat Ende des Jahrhunderts eine später viel belächelte Synthese aus Schopenhauer und Schelling entwickelt und besonders auf die Bedeutung des Spätphilosophie Schellings hingewiesen. Ich denke, dass er den entscheidenden Punkt gesehen hat.

Es ist daher mit Schopenhauer auf einem Vernunftmoment im Weltprozess zu bestehen, das durch keine Gegeninstanz außer Kraft gesetzt werden kann. Charles Sanders Peirce bezeichnete das Postulat von der prinzipiellen Verstehbarkeit der Welt als eine „verzweifelte Hoffnung"[6]. Wer auch noch diese Hoffnung aufgibt, hat das Menschsein aufgegeben, darauf verweist die dunkle Entsprechung Nietzsche – Hitler.

Henri Bergson lebte fast 100 Jahre später als Schopenhauer, aber die Philosophien der beiden entsprechen sich in Vielem. Nach Bergson hat die Realität, wie bei Leibniz, eine Innen- und eine Außenseite, aber während er mit Leibniz darin übereinstimmt, dass die Außenseite mechanischer Gesetzlichkeit unterworfen ist, soll die Innenseite der Ratio unzugänglich und nur intuitiv erkennbar sein. Der Intellekt geht auf das Mechanische, Äußere, das Materielle, den Raum. Die Intuition geht auf das Schöpferische, Innere, das Geistige, das sich in der Zeit entfaltet, aber nicht in der verräumlichten Zeit der Physik, sondern in der Zeit des Lebendigen, der „durée".

Ein metaphysischer, undurchschaubarer „élan vital" durchströmt das evolutive Geschehen und treibt es zu immer höheren Formen. Das hört sich erst einmal an wie Schopenhauer, ist aber insofern anders gemeint, als dass für Bergson der élan vital eine positive Kraft des Neuen darstellt nichts, was in einem meditativen Akt überwunden werden müsste. Religion ist dann für Bergson die höchste Aufgipfelung des élan vital im menschlichen Geist. Sie kommt ebenfalls in zwei Versionen vor: in einer veräußerlichten, juridisch und dogmatisch gewordenen Gewohnheitsreligiosität und in einer schöpferischen, innovativen Form.

Auch in dieser Hinsicht bewegt sich Bergsons Philosophie zunächst einmal in starren, unvermittelten Gegensätzen. Günter Pflug zeigt in seiner Monographie über Bergson, wie sich diese Gegensätze im Lauf seiner Entwicklung immer mehr ausgleichen. Das ist auch nicht weiter erstaunlich. Es ist im Prinzip dasselbe Problem wie bei Schopenhauer. Philosophie lässt sich nicht auf ein irrationales Fundament stellen, ohne sich selbst ad absurdum zu führen. Intuition ist, wie früher die intellektuelle Anschauung nichts, was sich allgemein verständlich machen ließe.

Für Bergson ist der élan vital, der die Evolution vorantreibt etwas Ähnliches wie die Inspiration, die den Künstler antreibt, seine Werke zu schaffen. Weil sich dieser élan vital der Ratio entzieht, wählt Bergson die Poesie, um ihn zum Ausdruck zu bringen. Tatsächlich sind Bergsons Werke von hohem dichterischem Schwung getragen und es ist kein Zufall, dass er den Nobelpreis ausgerechnet für *Literatur* erhielt. Aber das ist zugleich seine Grenze, denn er dichtet oft, wo er denken sollte und bietet uns Metaphern anstelle von Argumenten an. Obwohl ich die Verbindung zwischen Ästhetik und Metaphysik für zwingend halte, scheint eben doch, dass der Philosoph – wie vermittelt auch immer – auf Seiten der Ratio stehen sollte. In dieser Hinsicht würde ich die Sprachkunst Schopenhauers vorziehen. Auch er ist ein glänzender Stilist, aber man hat niemals den Eindruck, dass ihm die Sprache einfach nur davonläuft. Der Philosoph sollte nach Schopenhauer ein heißes Herz und einen kalten Verstand haben. (Die heutigen Philosophen verfügen oft nur noch über diesen kalten Verstand.)

Man hat bei Bergson, wie auch sonst in der damaligen Lebensphilosophie den Eindruck, dass das metaphysische Denken neue Wege sucht, sich aber noch nicht stabilisieren kann. Bergson versteht seine Metaphysik als „induktive Metaphysik" und insofern den empirischen Wissenschaften verwandt. Aber es ist bei ihm nie ganz klar, wie er sich das Verhältnis von Philosophie und Wissenschaft genau vorstellt. In der späten Periode seiner Religionsschrift hat er offenbar die Metaphysik der Spiritualität geopfert.

Wir haben also den Sachverhalt, dass im Deutschen Idealismus erstmalig der Verdacht sich einstellt, sowohl der Weltprozess, als auch die Vernunft könnten letztlich bodenlos sein. Dieser Gedanke verselbständigt sich dann im 20. Jahrhundert und führt im Gefolge Schopenhauers zu Philosophien, die das Irrationale als Solches feiern, im Gegensatz zu 2000 Jahren abendländischer Metaphysik.

Diese Bewegung schreibt sich ein in eine gesamtgesellschaftliche Tendenz der Überwindung von Rationalität überhaupt. Zur selben Zeit, als sich die Kalkülvernunft geschichtsmächtig durchsetzt, machen Lebensphilosophen und Irrationalisten die Gegenrechnung auf. Es ist dies auch die Zeit des Surrealismus in der Kunst. Der Surrealismus betrachtet die Vernunft als ein mechanisches Instrument der technischen Weltbewältigung, der man das Unbewusste, Triebhafte, Eigentliche entgegensetzen sollte. Daher die Technik der ‚écriture automatique', die von den surrealistischen Dichtern gepflegt wurde. Durch Drogen, Alkohol und eine Art heterodoxer Mystik versuchte der Surrealist das Unbewusste zu aktivieren, das als ein Quell von Innovation angesehen wurde, sozusagen der privatisierte élan vital Bergsons. Dieser Geist lebt z. B. auch in Carl Gustav Jungs Tiefenpsychologie, die sich dem Rationalismus Sigmund Freuds entgegensetzt.

Sprechender Ausdruck dieser Geisteshaltung ist Ludwig Klages' berühmtes Buch „Der Geist als Widersacher der Seele".

Schon allein mit diesem Buchtitel wird ein Gegensatz aufgerissen, den die klassischen Metaphysiker von Plato bis Hegel für irrsinnig gehalten hätten. Für die traditionelle Metaphysik war der Geist die Aufgipfelung der Seele, so etwas wie ihre Blüte. Jetzt aber wird der Geist zum Gegner der Seele. Geist ist nun die trockene, beamtenhafte und phanatsielose Ratio, während die Seele Zugang zu den wahren Quellgründen des Seins hat. Von diesem Irrationalismus gibt es zahlreiche Querverbindungen zum Nationalsozialismus, obwohl Klages selbst von den Nazis nicht anerkannt wurde und zwar wegen seiner Kritik an der Technik. Jung andererseits begrüßte den aufkommenden Faschismus.

Ich möchte nicht die Nazis mit Friedrich Nietzsche, Stefan George, Carl Gustav Jung oder Ludwig Klages auf eine Stufe stellen, aber eine Weltanschauung, die die Vernunft *prinzipiell* außer Kraft setzt, wird keine hinreichenden Gründe haben, sich gegen die Barbarei zu wehren.

Klages ist der Begründer der Graphologie als einer, wie er es nennt, „Ausdruckswissenschaft". Er hat auch über Ausdruckspsychologie gearbeitet. Ganz unabhängig von ihm könnte man den Protest der Seele gegen den mechanisch gewordenen Geist als Protest des Ausdrucksverhaltens gegen das horizontal-kausale Denken ansehen. Wer in Termen von naturwissenschaftlich definierten Ursachen und Wirkungen denkt, für den ist alles nur eine Wirkung oder Funktion von etwas anderem. Nichts steht für sich selbst. Das Wesen, das sich in der Erscheinung ausdrückt, kann so nicht erfasst werden. Von daher könnte man den surrealistischen Protest auch als Einklagen einer verdrängten Dimension des Menschseins deuten. Ich glaube, dass man solche Protestbewegungen, wie schon früher die Romantik und später die Studentenrevolte, sehr ernst nehmen sollte, wobei alle diese romantischen Bewegungen eher Ausdruck eines nicht bewältigten Mangels sind, als eine Lösung des zugrundeliegenden Problems.

Jedenfalls hat man bei der Lektüre surrealistischer Romane oder irrationalistischer Lebensphilosophien den Eindruck einer herumtollenden Horde junger Hunde, die ihre Freiheit genießt, ohne zu wissen, wozu sie eigentlich existiert. Das Wegbrechen der Ratio als einer alles umschließenden Klammer wurde als Befreiung empfunden und viele Formen heutiger Kunst sind nur so verständlich. Hierin steckt zwar ein Wahrheitsmoment, dass nämlich die *reine Vernunft* als Gipfel aller menschlichen Vermögen abgedankt hat, aber in all dem steckt zugleich der Irrglaube, wir könnten vernunftfrei besser leben. Auf die Balance kommt es an, nicht auf das Entweder-Oder.

Um auf die Metaphysik zurückzukommen: In der ersten Hälfte des 20. Jahrhunderts treten einige weitere Philosophen hervor, die das Problem der Metaphysik wiederum ganz anders angehen als Schopenhauer oder Bergson. Max Scheler, von Bergson beeinflusst, entwickelt eine materiale Wertethik, ein gestuftes Reich von Naturformen und eine Mikro-Makrokosmos-Entsprechung, stark religiös aufgeladen mit einem Rückgriff auf den Spinozismus der Goethezeit. Auch Karl Jaspers ist, wie Max Scheler, von der Lebensphilosophie beeinflusst. Auch er kennt, wie Bergson, einen Gegensatz zwischen der aufs Dingliche ausgerichteten wissenschaftlichen Vernunft der das Eigentliche und Ganze erfassenden „Existenzerhellung", wie er es nennt. Diese Existenzerhellung siedelt sich auf einer ganz anderen Ebene an als die Vernunft und drückt sich nicht etwa in Begriffen, sondern in bloßen Chiffren aus, die „in der Schwebe" bleiben, wie er immer wieder sagt. Auch hier ergibt sich das Problem, wie denn die Philosophie überhaupt noch etwas Substantielles ausdrücken kann, wenn alles nur noch im gleichen Sinn „Chiffre der Transzendenz" ist. Tatsächlich schrumpft für Jaspers der gesamte Inhalt der traditionellen Metaphysik in dieses eine Wort zusammen. Das bringt die Gefahr, dass sich die metaphysischen Inhalte im Nebel existenzieller Befindlichkeiten verschwebend so weit auflösen, dass sie jeden Inhalt verlieren.

Ich möchte hier nur einen sehr verkürzten Überblick über die Metaphysik seit der Zeit des Deutschen Idealismus, vor allem aber über die Metaphysik im 20. Jahrhundert geben. So verwirrend das Bild auch ist, zeigt es doch eine gewisse Tendenz: Metaphysik ist nun nicht mehr die apriorische Wissenschaft der höchsten „principia per se nota", d. h. der umfassenden, das Allgemeinste enthaltenden Evidenzen. Vernunft, die sich auf sich selbst zurückwendet, stößt an ihre Grenze, wird ihrer Bodenlosigkeit inne und sieht sich dem Phänomen des Verschwebens ausgesetzt.

Das ist es, was Vernunft seit 2000 Jahren *gerade nicht* wollte. Von Platos Hochschätzung der Mathematik über Raimundus Lullus' „ars magna" bis hin zu Spinozas Ethik „more geometrico" oder Leibniz' „mathesis universalis" sollte Vernunft in ihrem höchsten Vermögen zugleich ein Maximum an logischer Durchschaubarkeit garantieren. Aber seit Schopenhauer verstärkt sich der Verdacht, dass das Gegenteil der Fall sein könnte und dann stellt sich eben die Frage, wie man mit einer solchen Einsicht umgehen sollte? Soll man die Vernunft ganz aus der Metaphysik verbannen? Die klügeren Philosophen sind *nicht* dieser Meinung. Es muss irgendeine Vermittlung zwischen Rationalität und ihrem nichtrationalen Grund geben.

Meine Skizze wäre unvollständig ohne den Verweis auf die Marxisten, bzw. Neomarxisten. Der klassische Marxismus lehnte Religion und Metaphysik ab, aber das offenkundige Scheitern der russischen Revolution, die Gräuel der Moskauer Schauprozesse unter Stalin, brachten klügere Marxisten dazu, den Geschichtsautomatismus als eine notwendige Entwicklung hin zum Reich der Freiheit in Frage zu stellen. Während Ernst Bloch sein revoltierendes Gewissen mit markigen Sprüchen niederknüppelte („Ubi Lenin, ibi Jerusalem"), ließen Th. W. Adorno und Max Horkheimer Metaphysik als Grenzbegriff wieder zu. Sie waren einerseits dezidierte Gegner der traditionellen Metaphysik, weil sie in ihrer hierarchischen Form eine Komplizenschaft zur Repression kapitalistischer Verhältnisse vermuteten, andererseits aber sahen sie in der Metaphysik zugleich den Ort unabgegoltener Hoffnung, ohne die menschliche Existenz den Tod der Trivialität sterben würde. Adorno sprach oft davon, dass wir mit der Metaphysik in der Phase ihres Sturzes „solidarisch" sein sollten. Dieses Metaphysische lud sich ihm sogar mit religiöser Metaphorik auf: Wir sollten das Bestehende „vom Standpunkt der Erlösung" ansehen und kritisieren. Horkheimer sprach am Ende seines Lebens von der „Sehnsucht nach dem ganz Anderen." Wir haben also eine Metaphysik mit religiöser Tönung vor uns.

Das Ganze war aber mitnichten vernunftfeindlich. Adorno und Horkheimer waren scharfe Kritiker des Irrationalismus in der Philosophie. Ebenso scharf kritisierten sie den ‚Positivismus', worunter sie so etwas wie die Kalkülvernunft verstanden. Weil sie aber in Sachen Logik, Mathematik, Physik, ganz allgemein in den Naturwissenschaften, ziemlich unwissend waren, kam ihre Kritik niemals dort an, wo sie hätte ankommen sollen. Adorno und Horkheimer sahen nämlich in Logik, Mathematik und Physik nur die „instrumentelle Vernunft" am Werk, die alles Existierende in ein bloßes Mittel zu ihnen äußerlichen Zwecken verwandelt. Diese „Kritik der instrumentellen Vernunft" verpuffte ins Leere, weil die Vertreter der Kalkülvernunft den Mangel an formaler Bildung bei Horkheimer und Adorno erkannten. Auf diese Art ging ein großer, fruchtbarer Gedanke verloren.

Nicht nur die Gesellschaftskritik, auch die metaphysische Neuorientierung ging deshalb verloren. Bei Adorno liegt diese Neuorientierung in einer philosophischen Verlängerung der Ästhetik. Das avantgardistische Kunstwerk enthält in seiner Lesart die Impulse, den „universalen Verblendungszusammenhang" zu durchbrechen, der durch die Herrschaft der Warenwelt über die wahre Welt hervorgerufen muss. Festzuhalten bleibt, dass für Adorno das Metaphysische in der

Fluchtrichtung des künstlerischen Ausdrucksverhaltens liegt. Er sagt: „Die subjektive Durchbildung der Kunst als einer nichtbegrifflichen Sprache ist im Stande von Rationalität die einzige Figur, in der etwas wie Sprache der Schöpfung widerscheint ...". „Philosophie ist weder Wissenschaft noch Gedankendichtung. Ihr Schwebendes ist aber nichts anderes als der Ausdruck des Unausdrückbaren an ihr selber."[7]

Leider ist dieser Faden abgerissen. Der philosophische Betrieb hat ein kurzes Gedächtnis. Adornos Denkfigur eines Verschwebens der Rationalität im Gegenteil ihrer selbst hat keine Präsenz mehr in der heutigen Philosophie. Heutiges Philosophieren ist dominiert von der ganz traditionellen Überzeugung, wonach eine sprachlich klar formulierte Frage eine ebensolche Antwort erhalten wird. Das führt dazu, dass wir nur noch ganz bestimmte Fragen stellen, nämlich solche, die diesem Kriterium entsprechen. Alles andere wird als philosophieunwürdig ausgesondert. Metaphysik kürzt sich auf kategoriale Analysen herab und das substanzielle Fragen überlässt man der Esoterik, der humanistischen Psychologie oder der Populärwissenschaft. Das philosophische Terrain ist wie leergefegt, eine Art Betonpiste, auf der der logisch hochgerüstete Motor der Analytischen Philosophie seine waghalsigen Runden dreht, allerdings vor leerer Tribüne, denn das Publikum bemerkt wohl, dass seine Sache nicht mehr verhandelt wird. Während sich die Geistlichen Sorgen machen, weshalb die Kirchen immer leerer werden, führen die Philosophen in ihren Seminaren immer kompliziertere Tänze vor ständig schwindendem Publikum vor, indem sie sich ihrer Bedeutung wechselseitig versichern. Verglichen damit waren die Verstiegenheiten der scholastischen Philosophie harmlos, denn die Scholastik hatte einen Ort innerhalb der damaligen Gesellschaft. Hilary Putnam, einer der wenigen, der innerhalb der Analytischen Philosophie sagen darf, was er denkt urteilt, die Analytische Metaphysik habe im Gegensatz zur klassischen „kein Gewicht", da sie nur von einer lächerlichen „Handvoll Philosophen" vertreten wird.[8]

Gewichtig wird die Philosophie erst wieder sein, wenn sie sich den substanziellen Problemen der traditionellen Metaphysik stellt. Sie muss den Faden dort wieder aufnehmen, wo er abgerissen ist, d. h. im Deutschen Idealismus, in der Lebens- und Existenzphilosophie, im Neomarxismus und überall dort, wo fundamentale Fragen gestellt wurden. Ansonsten degeneriert Philosophie zum innerakademischen Orchideenfach wie Sorabistik und Onomastik.

Ich möchte nicht in den Verdacht des Konservativismus geraten, so als ginge es darum, Vereine zur Förderung des Alphornblasens oder des Jodelns zu gründen. Eine Welt ohne Jodeln und Alphornblasen könnte eine hochkultivierte Welt sein (vielleicht gerade dann). Aber eine Welt, aus der die substantiellen metaphysischen Fragen verschwunden sind, wäre nicht mehr sie selbst.

Ich hatte bei Gelegenheit der Thomas von Aquinschen Gottesbeweise darauf verwiesen, dass moderne Interpreten das vertikale Denken überhaupt nicht mehr beherrschen und die Texte grob missverstehen. Ein Denken, das nicht mehr gepflegt wird, degeneriert. Es ist wie mit den älteren Apfel- und Getreidesorten. Wenn wir nur noch bestimmte, genmanipulierte Standardsorten anbauen, wird das Ergebnis jahrtausendelanger Mühe von Generationen von Züchtern verschwinden und was ausgestorben ist, ist für immer dahin. Auf diese Art kann auch philosophisches Denken, das einmal lebendig war, aussterben. Es existiert dann einfach nicht mehr und wenig nützen uns die voluminösen Wälzer der Philosophiegeschichte. Sie enthalten nur noch totes Faktenwissen. In diesem Sinn werden Metaphysiker wie Schelling, Schopenhauer, Bergson, Scheler, Jaspers oder auch die Neomarxisten heute kaum mehr als Gesprächspartner gesehen.

Das Metaphysikproblem mit seiner Emphase gilt als erledigt. So wie die alten Apfel- und Getreidesorten nicht genug ‚bringen', so hat es diese Metaphysik nach allgemeiner Überzeugung ‚nicht gebracht', deshalb ist sie aus dem systematischen Diskurs verschwunden und wird als eine rein historische Größe behandelt. Aber wenn richtig ist, was ich sagte, dass Metaphysik in einem substanziellen Sinn *niemals* verschwinden kann, dann sollte man die Problematik dort wieder aufnehmen, wo sie liegen geblieben ist, nämlich im Deutschen Idealismus oder in der Lebens- und Existenzphilosophie. Man vermutet ja auch, dass die heutige Art, Nutzpflanzen nur auf wenige Hochleistungsarten zu begrenzen, katastrophale Folgen haben könnte, dann nämlich, wenn sich die Umweltbedingungen dramatisch verändern. Dann werden die hochspezialisierten Nutzpflanzen verschwinden und man wäre froh, die robusteren würden noch existieren. So wird die Menschheit ohne starke Metaphysik geistig verhungern, wenn sie ihre Tradition vernachlässigt.

Dies ist ein philosophisches Buch und wenn ich im Folgenden kurz auf gewisse theologische Entwicklungen eingehe, die meine Position zu bestärken scheinen, dann nur als ein Hinweis. Obwohl ich glaube, dass Metaphysik und Spiritualität ineinander übergehen, denke ich dennoch nicht, dass wir damit schon in den Bereich der Theologie hineingeraten müssen. Die Theologie nimmt die Offenbarung als Faktum und fragt systematisch nach ihrer Bedeutung. Die Philosophie nimmt nichts als die jedem zugängliche Erfahrung zum Ausgangspunkt und denkt sie zu Ende. Von hier her gelangt man an die Grenze dessen, was noch sagbar ist, sollte sie aber *als Philosoph* nicht überschreiten. Man verlöre sonst die argumentative Einlösbarkeit.

Ich erinnere nochmals kurz an Thomas von Aquins Konzept, das sich so deutlich von neueren theologischen Ansätzen unterscheidet. Dieses Konzept wurde mit einem gefrorenen See verglichen, eisbedeckt aber so, dass man noch den Grund sehen kann. Der Philosoph und Theologe bewegt sich auf der glatten Fläche der Rationalität, sozusagen reibungsfrei. Die Tiefe symbolisiert das Mystische. Es gibt von dorther keinen

Übergang zur Ratio. Natürlich weiß Thomas, dass Gott letztlich unbegreiflich ist, aber das Begreifliche ist vom Mystischen durch eine stabile Membran getrennt. Wir brechen nirgends ein. Rationalität und Spiritualität verhalten sich wie A und non-A.

Karl Rahner, der vielleicht bedeutendste katholische Theologe des 20. Jahrhunderts, setzt ganz anders an.[9] Seine Ursprünge liegen im sogenannten ‚Maréchal-Thomismus', d. h. in jenem Versuch Joseph Maréchals, Thomas und Kant zu versöhnen. Das ist aber nur die eine Seite. Die andere ist der Einfluss Heideggers, bei dem Rahner ursprünglich studierte. Rahner übernimmt Heideggers Transposition der klassischen Transzendentalphilosophie ins Existenzielle. Damit werden z. B. die Stimmungen des Menschen fundamental, die nach Heidegger unser in-der-Welt-sein tragen und die sich einer aufs Dingliche ausgerichteten Sprache entziehen. Hinzu kommt natürlich, dass Rahner selbst ein begnadeter Mystiker war, dem das Versagen des Begriffs stets vor Augen stand. In dieser Hinsicht unterscheidet sich Rahner radikal von Thomas. Seine Philosophie und Theologie bewegen sich zwar (wie sollte es anders sein) im Rahmen des vernünftigen Denkens, aber der Duktus des Begrifflichen wird immer wieder konterkariert durch Bilder, Metaphern und Analogien, oft von bezwingender Sprachkraft. Das Schweigen bricht in die Rede ein. Bei Rahner ist man niemals sicher vor Gott. Keine schützende Membran trennt uns von der Untiefe, uns zu verlieren. Andere Theologen von Bedeutung, wie z. B. Hans-Urs von Balthasar, bringen das Ästhetische in enge Verbindung mit dem Spirituellen und dem Theologischen. Ich kann auf solche Theologen nur verweisen, was aber deutlich machen sollte, dass die Theologie auf eine ganz entsprechende Weise auf den Verlust traditioneller Metaphysik reagiert hat.

Um die Differenz anschaulicher zu machen könnte man die Philosophie mit der Kartographie vergleichen. Philosophie legt die Koordinaten unseres Selbst- und Weltverständnisses fest. Karten haben die Eigenschaft, umso ungenauer zu sein, je größer die Flächen sind, die sie abbilden. Bewegt man sich in Größenordnungen unter 800 km, dann spielt die Kugelgestalt der Erde praktisch keine Rolle. Alle Karten, die eine grössere Fläche abbilden, sind umso ungenauer, je größer die abzubildende Fläche ist. Man hat also die Wahl zwischen Skylla und Charybdis, zwischen Flächen- und Winkeltreue. In beiden Fällen verzerren die Karten am Rand ziemlich stark. Flächentreue Karten stellen z. B. Südamerika als einen dünnen Schlauch dar, winkeltreue Karten lassen den Südpol wie einen riesigen Kontinent erscheinen, größer als Afrika, Europa und Amerika zusammengerechnet. Das heißt: je umfassender die Sicht, umso ungenauer und im Grenzfall kippt die Zeichnung ins Absurde um.

So verhält es sich auch mit der Metaphysik. Beschränkt sie sich auf überschaubare Kontexte, dann ist sie, was Präzisionsstandards betrifft, mit der Naturwissenschaft irgend vergleichbar. Je umfassender ihr Blick aber wird, desto ungenauer wird sie auch und im Grenzfall stürzt sie in die Absurdität. Die traditionelle Metaphysik nahm an, dass Präzision und Allgemeinheit im selben Sinne zunehmen. Daher das Pathos der Seinsphilosophie. Man kann die Widersprüchlichkeit dieser Philosophie direkt auf die Paradoxien der Kartographie hin abbilden: Es hatte sich gezeigt, dass der Seinsbegriff in der scholastischen Philosophie eine doppelte Rolle spielt. Zum einen bezeichnet er das höchste Allgemeine, das als das Wahre angesehen wird, obwohl nichts nichtssagender und inhaltsleerer ist als ein solcher Seinsbegriff. Zum Anderen taucht der Seinsbegriff am unteren Ende der ‚scala naturae' auf, gemäß der Trias Sein – Leben – Erkennen. Das entspricht der Paradoxie winkeltreuer Karten, die den Südpol zum größten Kontinent überhaupt machen. In diesem Sinn haben die Scholastiker den Seinsbegriff künstlich aufgeblasen zu dem, was sie ‚die Fülle des Seins' nannten.

Kant hat in der „Kritik der reinen Vernunft" solche Paradoxien im Rahmen seiner „transzendentalen Dialektik" behandelt und den Schluss gezogen, wir sollten die Frage nach dem Ganzen auf sich beruhen lassen. Man könnte aber im Gegenteil solche Paradoxien mit in die Metaphysik hineinnehmen, was allerdings zur Folge hätte, dass wir mit einem sehr reduziertem Geltungsanspruch auftreten müssten. Aber wie könnte dann eine Metaphysik nach dem Verlust traditioneller Gewissheiten aussehen?

Vielleicht sollte ich nochmals, bevor ich eine solche Metaphysik skizziere, andeuten, was sie nicht sein kann. Sie wird kein apriorisches, notwendiges Wissen liefern. Sie wird die These aufgeben, ‚nach oben' würde alles immer klarer und logisch-deduktiv besser verzahnt. Sie wird weder das Notwendige, noch das Allgemeine für das allein Wahre halten. Sie wird keine Supertheorie der Naturwissenschaft sein. Sie wird auf das Absolute verweisen, ohne absolute Ansprüche zu stellen. Und was wären dann ihre positiven Gehalte?

Metaphysik wäre der Ort, wo die vertikale Dimension zur Sprache kommt. Sie würde eine ‚scala naturae' enthalten, natürlich in evolutiv transponierter Form. Allein dies zeigt ihren vorläufigen Charakter, denn die Stufen einer solchen ‚scala' würden ein gewisses Maß an Willkür einschließen. Wir müssten nämlich das evolutive Kontinuum an bestimmten Stellen zerschneiden, ohne dass diese Stellen von der Natur selbst vorgezeichnet wären. Wir müssten relativ willkürliche Schnitte im evolutiven Kontinuum vornehmen, um das Nichtlebendige vom Lebendigen, das bloß Lebendige vom Bewussten und dieses vom Menschlichen zu unterscheiden. Diese Unterscheidungen wären idealtypisch, nicht empirisch. Selbst eine ‚Fuzzy Logic' mit ihren unscharfen Begriffen würde uns hier nicht weiterhelfen, denn die Fuzzy Logic lässt unscharfe Begriffe nur um den Preis zu, dass die Unschärfe auf einer Metaebene präzise definiert werden kann. Metaphysische Begriffe sind nicht von dieser Art, sie sind

‚fuzzy' tout court. Vielleicht haben die Alten mit ihrem Grundsatz etwas Ähnliches gemeint „To on pollachos legetai" = „Das Seiende wird im vielfachen Sinn ausgesagt".

Anthony Kenny wirft in seinem Buch über den Seinsbegriff bei Thomas von Aquin diesem vor, er gebrauche diesen seinen Grundbegriff auf 12 verschiedene Arten: Im Sinn eines substanziellen und akzidentellen Seins, der Identität, der Prädikation, des bloß Möglichen usw. Ich weiß nicht, ob das ein Vorwurf sein kann. Vielleicht sind metaphysische Begriffe immer von dieser Art und eine Verschärfung zur Identität würde sie zum Verschwinden bringen. Auf jeden Fall wird die Frage nach der gestuften Werthaftigkeit des Seienden ein zentraler Bestandteil künftiger Metaphysik sein müssen. Dies hieße, dass wir den Begriff des ‚Fortschritts' mit Inhalt füllen müssten. Weil Metaphysik in meinem Verständnis keine apriori-Konstruktion sein kann, würde evolutiver Fortschritt immer nur als post-festum-Interpretation möglich sein, also gerade das nicht, was man im 19. Jahrhundert unter ‚Fortschritt' verstand, denn seinerzeit glaubte man die Richtung der zukünftigen Entwicklung vorhersehen zu können. Etwas von diesem hypertrophen Fortschrittsbegriff schwingt noch in dem der ‚künstlerischen Avantgarde' nach, den diejenigen, die sich dazu rechnen, nach wie vor für sinnvoll halten. Für solche Urteile fehlt uns aber der Maßstab. Wir werden zwar glauben, dass Mehrzeller ‚fortschrittlicher' sind als Einzeller oder bewusstseinsbegabte Lebewesen ‚fortschrittlicher' als unbewusste. Das heißt aber nur, dass wir lange zurückliegende Prozesse vom heutigen Standpunkt aus beurteilen. Es heißt nicht, dass wir einen Masterplan des Universums hätten (wie Teilhard dachte), um vorherzusagen, wie die Entwicklung weitergehen wird. Andererseits hat sich gezeigt, dass sich sogar harte Naturalisten schwertun, auf diesen Begriff des ‚Fortschritts' zu verzichten, dass sie aber nicht imstande sind, ihm einen sinnvollen Ort in ihrer Weltanschauung anzuweisen.

Eine weitere, sehr wichtige Dimension des Metaphysischen wären die Ausdrucksphänomene. Sie hängen mit den Begriffen ‚Wesen' und ‚Erscheinung' zusammen. Das Wesen drückt sich in der Erscheinung aus. Ich habe im entsprechenden Kapitel daran erinnert, dass dieses Begriffspaar seinen Ursprung offenkundig in der Anthropologie hat. Wir betrachten vor allem den Menschen als Ausdrucksgestalt.

Die Begriffe ‚Wesen' und ‚Erscheinung' hatten früher über diese ontologische Bedeutung hinaus eine logische in dem Sinn, dass man sich das Wesen als die Summe der notwendigen Bedingungen dachte, die erfüllt sein müssen, dass etwas das ist, was es ist. Dieses Konzept wird heute in der Analytischen Philosophie unter dem Stichwort ‚Essentialismus' oder ‚natürliche Arten' verhandelt. Obwohl es sich um ein fundamentales Problem handelt, will ich in meinem Zusammenhang darüber nichts sagen, weil es diesen Zusammenhang verunklären könnte. Nur so viel: wenn man den Begriff des ‚Wesens' auf den Begriff der ‚notwendigen Bedingungen' herabkürzt und den des Ausdrucks vernachlässigt, dann liegt hierin eine ebensolche Verarmung, wie wenn man die Ontologie in kategorialen Analysen aufgehen lässt. Heutiges Philosophieren vernachlässigt fundamentale Fragen zugunsten solcher, die der rein formalen Analyse besser zugänglich sind. Sie zeichnet Detailkarten.

Bezüglich des Ausdrucksverhaltens war Darwin einer der ersten, der ein ganzes Buch über tierisches Ausdrucksverhalten geschrieben hat. Sein Interesse war natürlich, den Menschen in die Tierwelt hineinzustellen. Interessant bleibt aber, dass er dieses Phänomen grundsätzlich ernst nahm. In der heutigen Leib-Seele-Debatte kommt Ausdrucksverhalten überhaupt nicht mehr vor, was darauf hinweist, dass in dieser Debatte weder vom Leib, *noch* von der Seele die Rede ist, es geht vielmehr um die Frage des Verhältnisses zwischen dem Mentalen und dem Physikalischen. Diese Frage hat die Frage nach der Seele und dem Ausdrucksverhalten in den Hintergrund gedrängt und man wird aus diesem Grunde in der Analytischen Metaphysik darüber nichts finden.

Andererseits wird man vielleicht Tendenz haben, das Ausdrucksverhalten auf die ‚höheren' Lebewesen zu beschränken, also vor allem auf die Säugetiere. Untersuchungen haben allerdings ergeben, dass auch ‚primitivere' Lebewesen, wie z. B. Tintenfische, ein reiches Repertoire an Ausdrucksverhalten haben. Wenn wir uns nicht gerade im Labor aufhalten, nehmen wir die gesamte Natur als Ausdrucksgestalt wahr, auch Bäume, Flüsse und Steine oder Gestirne, aber man könnte befürchten, dass ein Ernstnehmen solcher Intuitionen in den Panpsychismus hineinführen würde. Für die letzten lebenden Steinzeitmenschen in Papua Neuguinea ist die ganze Natur beseelt. Wenn das heißen soll, dass zwischen einem Menschen und einem Stein kein Unterschied ist, dann ist dies der reine Aberglaube. Wenn es aber heißen soll, dass es nichts gibt ohne Bedeutung, dann ist es eine respektable Position, die sich nicht durch eine starre Subjekt-Objekt-Unterscheidung außer Kraft setzen lässt.

So wird häufig argumentiert: dort draußen ist eine objektive physische Welt, die mit unserer Subjektivität überhaupt nichts zu tun hat und dem ist entgegengesetzt unsere private Innenwelt, die sich auf die Hirnschale beschränkt. Seit Galilei und Locke unterscheidet man ‚primäre' von ‚sekundären Sinnesqualitäten'. Erstere sind objektiv, letztere subjektiv. Auf diese Weise versucht man, der Gefahr des Anthropomorphismus Herr zu werden. Ich glaube auch, dass Anthropomorphismen in die Irre führen können, aber sie lassen sich nicht durch das Konstrukt einer vorgeblich objektiven Welt vermeiden, die von der Subjektivität abgetrennt wäre.

Locke nennt als primäre Sinnesqualitäten Dichte, Ausdehnung, Bewegung, Ruhe und Zahl, als sekundäre Sinnesqualitäten Farben, Töne und Geschmäcke. Man sieht, er unterscheidet beides nach Maßgabe der damaligen Physik. Die

Physik würde heute Bewegung und Ruhe nicht mehr zu den objektiven Qualitäten rechnen, dafür aber Töne und Farben. Was früher objektiv war, wird heute subjektiv und umgekehrt. Der Grund ist einfach der, dass die Physik sich wandelt und dass sich das, was als ‚objektiv' gilt, verschiebt. Ich habe in diesem Buch viele Gründe angeführt, weshalb die Vorstellung einer vom Subjekt getrennten, objektiven ‚Welt an sich', die gleichwohl erkennbar sein soll, unhaltbar ist. Erkennen ist immer Vermittlung von Subjekt und Objekt. Eine rein objektive Welt wäre für uns = nichts. Aber dann ist nicht einzusehen, weshalb gewisse Fähigkeiten des Menschen erkenntnisrelevant sein sollen, andere aber nicht. Es ist nicht so, dass nur der distanzierte Verstand erkennt, auch Gefühl und Emotion eröffnen uns Realität.

Die Virtuosen des Ausdrucksverhaltens sind die Künstler. Sie treiben das auf die Spitze, was Natur in uns angelegt hat. Von daher sollte das Ästhetische philosophisch ganz ernst genommen werden. Auch wenn wir in diesem Feld am allerwenigsten objektivieren können, so ist es doch wenig glaubhaft, dass das Schöne allein im Auge oder im Ohr entsteht. Wir sagen nicht „mir ist schön", sondern wir sagen „es ist schön".

Die vertikale Dimension hat also nicht nur mit dem Guten und Wahren, sondern auch mit dem Schönen zu tun. Das Schöne hat diesen schwebenden Charakter, der unsere Vernunft an die Grenze führt, wo der Horizont mit unseren Ahnungen verschmilzt. Es sind dies die Verzerrungen der Kartenprojektion an ihren Rändern. In vielen Gegenden sehen wir in der Ferne Berge, die so bläulich und blass in den ähnlich gefärbten Horizont übergehen, dass wir im Zweifel sind, ob es sich nicht um besonders geformte dunkle Wolken handelt. Unser Erkenntnisvermögen verliert seine Sicherheit. Oft haben wir dennoch eine Möglichkeit zur Entscheidung, manchmal aber bleibt das Gesehene ein Rätsel. Nichtmetaphorisch: Am Horizont des Erkenntnisvermögens lässt sich der ästhetische Akt nicht mehr vom spirituellen trennen. Ich spreche bewusst ganz allgemein von ‚Spiritualität', um mich nicht auf eine bestimmte Religion, geschweige denn Konfession, festzulegen. Künstler sind gewöhnlich für eine solche allgemeine, wenig dogmatisch und moralisch bestimmte, Spiritualität sensibel. Es gibt eine Wahlverwandtschaft zwischen Kunst und Spiritualität. Es ist deshalb kein Zufall, dass Metaphysik im 20. Jahrhundert oft in der Verlängerung des Ästhetischen gesucht wurde.

Künstler der klassischen Moderne wie Schönberg, Kandinsky oder Marc waren große Metaphysiker, ja geradezu Esoteriker, beeinflusst von ostasiatischen Religionen, Theosophie, Anthroposophie usw. Ihre Spiritualität ist von großer Beliebigkeit und genau dabei möchte ich es hier belassen. Es gibt eben an der Grenze menschlicher Erfahrung ein Geheimnis, das nur der Oberflächliche ignoriert. Andererseits ist der Ort der Philosophie diesseits der Schwelle des Tempels. Sie kann immer nur darauf hinweisen, dass Realität mehr ist als das Gegebene und sie muss akzeptieren, dass sie durch das begrenzt wird, was sie nicht mehr eindeutig sagen kann.

Anmerkungen

1 Dewey 2007, 69/ 70
2 Hampe 2006, 46; 116/7
3 Vgl. den schneidenden Widerspruch zwischen Habermas 1992 und 2001!
4 Vgl. meine Arbeit zu Schelling: Mutschler 1990
5 Schelling Werke Abt.1/I, 325
6 Peirce 1991, 133
7 Adorno 1989, 121; 1982, 115
8 Putnam 1997, 248
9 Vgl. meine Herausgabe seiner Schriften zur Naturwissenschaft und Gesellschaftstheorie.

Literatur

Adorno, Th.W.: Negative Dialektik, Frankfurt ^{3}1982
Adorno, Th.W.: Ästhetische Theorie, Frankfurt ^{9}1989
Albert, Hans: Traktat über kritische Vernunft, Tübingen ^{5}1991
Antoni-Komar, Irene: Kulturelle Strategien am Körper. Frisuren, Kosmetik, Kleider, Oldenburg 2006
Apel, Karl-Otto: Transformation der Philosophie (Band I und II), Frankfurt 1973
Balzer, Wolfgang: Die Wissenschaft und ihre Methoden. Grundsätze der Wissenschaftstheorie, Freiburg 1997
Barbour, Jan G.: Wissenschaft und Glaube. Historische und zeitgenössische Aspekte, Göttingen 2003
Beckermann, Ansgar (Ed.): Emergence or Reduction? Essays on the Prospects of Nonreductive Physicalism, Berlin 1992
Bergson, Henri: Schöpferische Entwicklung, Jena 1930
Bergson, Henri: Die beiden Quellen der Moral und der Religion, Jena 1932
Bieri, Peter (Hrsg.): Analytische Philosophie des Geistes, Hanstein ^{2}1993
Birnbacher, Dieter (Hrsg.), Ökologie und Ethik, Stuttgart 1986
Birnbacher, Dieter: Natürlichkeit, Berlin 2006
Bloch, Ernst: Das Materialismusproblem, seine Geschichte und Substanz, Frankfurt 1985
Bohm, David: Die implizite Ordnung. Grundlagen eines dynamischen Holismus, München 1985
Bucher, Zeno: Die Innenwelt der Atome. Ergebnisse der Atomphysik, naturphilosophisch bearbeitet, Luzern 1946
Bunge, Mario: Scientific Materialism, London 1981
Bunge, Mario: Emergence and Convergence, Toronto 2003
Bunge, Mario: Kausalität, Geschichte und Probleme, Tübingen 1987
Capra, Fritjof: Das Tao der Physik, München, ^{9}1987
Carnap, Rudolf: Der logische Aufbau der Welt, Hamburg 1998 (= ^{1}1928)
Carnap, Rudolf: Einführung in die Philosophie der Naturwissenschaften, Frankfurt 1986 (= ^{1}1966)
Carnap, Rudolf: Mein Weg in die Philosophie, Stuttgart 1993 (= ^{1}1963)
Carrier, Martin / Mittelstraß, Jürgen: Geist, Gehirn, Verhalten. Das Leib-Seele-Problem und die Philosophie der Psychologie, Berlin 1989
Cartwright, Nancy: How the laws of physics lie, Oxford 1990
Clayton, Philip: Mind and Emergence. From Quantum to Consciousness, Oxford 2004

Clayton Philip / Davies, Paul: The Re-Emergence of Emergence, Oxford 2006
Clayton, Philip (Ed.): A Naturalistic Faith for the Twenty-First Century. Arthur Peacocke, Minneapolis 2007
Damasio, R. Antonio: Ich fühle, also bin ich. Die Entschlüsselung des Bewusstseins, Berlin 2009
Davidson, Donald: Handlung und Ereignis, Frankfurt 1990
Dewey, John: Philosophie und Zivilisation, Frankfurt 2003
Dewey, John: Erfahrung und Natur, Frankfurt 2007 (= ^{1}1925)
Dewey, John: Logik. Die Theorie der Forschung, Frankfurt 2008 (= ^{1}1986)
Dretske, Fred: Die Naturalisierung des Geistes, Paderborn 1998
Dürr, Hans-Peter (Hrsg.): Physik und Transzendenz. Die großen Physiker unseres Jahrhunderts über ihre Begegnung mit dem Wunderbaren, München ^{3}1989
Engels, Friedrich: Dialektik der Natur, Berlin 1955
Einstein, Albert: Mein Weltbild, Stuttgart 1953
Fischer, Klaus: Galileo Galilei, München 1983
Fölsing, Albrecht: Albert Einstein, Frankfurt 1995
Fraassen, Bas. C. van: The empirical stance, London 2002
Frank, Philipp: Das Kausalgesetz und seine Grenzen, Frankfurt 1988 (= ^{1}1932)
Galilei, Galileo: Schriften, Briefe, Dokumente (2 Bände), Hrsg.: Anna Mudry, München 1987
Garcia, Carlos: Popper's Theory of Science. An Apologia, New York 2006
Geier, Manfred: Der Wiener Kreis, Hamburg 1992
Greenspan, Louis / Andersson, Stefan (Eds.): Russell on Religion, New York 1999
Gregersen, Niels Henrik (Hrsg.): From Complexity to Life, Oxford 2003
Guitton, Jean / Bogdanov, Grichka und Igor: Gott und die Wissenschaft, München 1993
Habermas, Jürgen: Nachmetaphysisches Denken. Philosophische Aufsätze, Frankfurt 1992
Habermas, Jürgen: Die Zukunft der menschlichen Natur. Auf dem Weg zu einer liberalen Eugenik, Frankfurt 2001
Haller, Rudolf: Neopositivismus. Eine historische Einführung in die Philosophie des Wiener Kreises, Darmstadt 1993
Hampe, Michael: Erkenntnis und Praxis, Frankfurt 2006
Hastedt, Heiner: Das Leib-Seele-Problem, Frankfurt 1988
Heisenberg, Werner: Die Ordnung der Wirklichkeit, München 1989
Hattrup, Dieter: Einstein und der würfelnde Gott. An den Grenzen des Wissens, Freiburg 2001
Hawking, Stephen W.: Eine kurze Geschichte der Zeit. Die Suche nach der Urkraft des Universums, Hamburg 1988

Heller, Michal: Der Sinn des Lebens und der Sinn des Universums, Frankfurt 2006

Horkheimer, Max: Zur Kritik der instrumentellen Vernunft, Frankfurt 1985

Horkheimer, Max: Die Sehnsucht nach dem ganz Anderen, Hamburg 1970

Jaspers, Karl: Chiffren der Transzendenz, München 1970

Jaspers, Karl: Der philosophische Glaube angesichts der Offenbarung, Zürich 1984

Kanitscheider, Bernulf: Von der mechanischen Welt zum kreativen Universum. Zu einem neuen philosophischen Verständnis der Natur, Darmstadt 1993

Kanitscheider, Bernulf / Dessau, Bettina: Von Lust und Freude, Frankfurt 2000

Kaulbach, Friedrich: Einführung in die Philosophie des Handelns, Darmstadt 21986

Keil, Geert: Handeln und Verursachen, Frankfurt 2000

Kenny, Anthony: The Five Ways, London 1969

Kenny, Anthony: Aquinas on Being, Oxford 2002

Kim, Jaegwon: Philosophy of Mind, Cambridge Mass. 22006

Kitcher Philip: In Mendel's Mirror, Oxford 2003

Körtner, Ulrich: Schöpfung, Kosmologie und Evolution, Wien 2007

Kuhn, Thomas S.: Die Struktur wissenschaftlicher Revolutionen, ²1996 (= ¹1969)

Lambert, Karel / Brittan, Gordon G.: Eine Einführung in die Wissenschaftsphilosophie, Berlin 1991

Lichtenberg, Georg Christoph: Aphorismen, Frankfurt 1976

Lorenz, Konrad: Das sogenannte Böse. Zur Naturgeschichte der Aggression, Wien 1963

Lorenz, Konrad: Der Abbau des Menschlichen, München 1983

Mackie, J.L.: The Cement of the Universe. A Study of Causation, Oxford 1974

Kenny, Anthony: The Five Ways, London 1969

Maritain, Jaques: Die Stufen des Wissens oder durch Unterscheiden zur Einung, Mainz 1954

McDowell, John: Wert und Wirklichkeit, Frankfurt 2009 (= ¹1998)

Megenberg, Konrad von: Buch der Natur, Frankfurt 1990

Meixner, Uwe: Theorie der Kausalität, Paderborn 2001

Metzinger, Thomas: Subjekt und Selbstmodell, Paderborn 1993

Meyer, Hans: Systematische Philosophie. Bd. I Allgemeine Wissenschaftstheorie und Erkenntnislehre, Paderborn 1955

Meyer, Hans: Systematische Philosophie. Bd. II Grundprobleme der Metaphysik, Paderborn 1958

Meyer, Hans: Thomas von Aquin. Sein System und seine geistesgeschichtliche Stellung, Paderborn 1961

Meyer-Abich, Klaus Michael: Praktische Naturphilosophie. Erinnerung an einen vergessenen Traum, München 1997

Millikan, Ruth Garrett: Die Vielfalt der Bedeutung, Frankfurt 2008 (= ^{1}2002)

Mormann, Thomas: Rudolf Carnap, München 2000

Mormann, Thomas: Bertrand Russell, München 2007

Müller, Klaus: Gottes Dasein denken. Eine philosophische Gotteslehre für heute, Regensburg 2001

Mutschler, Hans-Dieter: Spekulative und empirische Physik. Aktualität und Grenzen der Naturphilosophie Schellings, Stuttgart 1990

Mutschler, Hans-Dieter: Naturphilosophie, Stuttgart 2002

Mutschler, Hans-Dieter: Gibt es Finalität in der Natur?, in: Kummer Chr. (Hrsg.): Die andere Seite der Biologie, Norderstedt 2003

Mutschler, Hans-Dieter: Physik und Religion, Darmstadt 2005

Neumann, John von / Morgenstern, Oskar: Spieltheorie und wirtschaftliches Verhalten, Würzburg 1961 (= ^{1}1944)

Neurath, Otto: Wissenschaftliche Weltauffassung, Sozialismus und Logischer Empirismus, Frankfurt 1987

Peacocke, Arthur: Gottes Wirken in der Welt. Theologie im Zeitalter der Naturwissenschaften, Mainz 1998

Peirce, Charles. S.: Naturordnung und Zeichenprozess, Frankfurt 1991

Penrose, Roger: Schatten des Geistes. Wege zu einer neuen Physik des Bewußtseins, Heidelberg 1995

Pflug, Günther: Henri Bergson. Quellen und Konsequenzen einer induktiven Metaphysik, Berlin 1950

Polkinghorne, John: Belief in God in an Age of Science, London 1998

Popper, Karl: Logik der Forschung, Tübingen 1976

Popper, Karl: Eine Welt der Propensitäten, Tübingen 1995

Putnam, Hilary: Vernunft, Wahrheit und Geschichte, Frankfurt 1990

Putnam, Hilary: Für eine Erneuerung der Philosophie, Stuttgart 1997

Quine, Williard von Orman: Ontologische Relativität und andere Schriften, Stuttgart 1975

Quine, Williard von Orman: Wort und Gegenstand, Stuttgart 1980

Quine, Williard van Orman: Theorien und Dinge, Frankfurt 1985 (= ^{1}1981)

Quine, Willard van Orman: Unterwegs zur Wahrheit, Paderborn 1995 (=^{1}1992)

Rahner, Karl: Sämtliche Werke Bd. 15 (Hrsg. Hans-Dieter Mutschler) Verantwortung der Theologie. Im Dialog mit Naturwissenschaften und Gesellschaftswissenschaft, Freiburg 2002

Rehmann-Sutter, Christoph: Leben beschreiben. Über Handlungszusammenhänge in der Biologie, Würzburg 1996

Rescher, Nicholas: A System of Pragmatic Idealism, Volume I: Human Knowledge in Idealistic Perspective, Princeton 1992

Rescher, Nicholas: A System of Pragmatic Idealism, Volume II: The Validity of Values. A Normative Theory of Evaluative Rationality, Princeton 1993

Ricken, Friedo (Hrsg.): Klassische Gottesbeweise in der Sicht der gegenwärtigen Logik und Wissenschaftstheorie, Stuttgart 1991
Rorty, Richard: Der Spiegel der Natur. Eine Kritik der Philosophie, Frankfurt ^{4}1997 (= ^{1}1979)
Rorty, Richard: Eine Kultur ohne Zentrum, Stuttgart 2002
Rosenberg, Alex: Philosophy of Science. A contemporary introduction, New York ^{2}2005
Rosenberg Alex / McShea Daniel W.: Philosophy of Biology, New York 2008
Russell, Bertrand: Autobiography, New York 1998 (= ^{1}1967)
Russell, Bertrand: History of Western Philosophy, London 2002 (= ^{1}1946)
Russell, Bertrand: Die Philosophie des logischen Atomismus, München 1976
Russell, Bertrand: Philosophische und politische Aufsätze, Stuttgart 1971
Russell, Bertrand: Denker des Abendlandes, Bindlach 2005
Schäfer, Lothar: Karl R. Popper, München 1988
Schilpp, Paul Arthur: The Philosophy of Bertrand Russell, London 1946
Schilpp, Paul Arthur: Albert Einstein: Philosopher-Scientist, London 1949
Schilpp, Paul Arthur: The Philosophy of Rudolf Carnap, London 1963
Schilpp, Paul Arthur: The Philosophy of Karl Popper I + II, London 1974
Schlick, Moritz: Allgemeine Erkenntnislehre, Frankfurt 1979 (= ^{1}1918)
Schlick, Moritz: Die Probleme der Philosophie in ihrem Zusammenhang, Frankfurt 1986 (= 1933)
Schlick, Moritz: Grundzüge der Naturphilosophie, Wien 1948
Schröder, Jürgen: Einführung in die Philosophie des Geistes, Frankfurt 2004
Schrödinger, Erwin: Meine Weltansicht, Frankfurt, 1961
Schulz, Walter: Die Vollendung des Deutschen Idealismus in der Spätphilosophie Schellings, Stuttgart 1955
Schurz, Gerhard: Einführung in die Wissenschaftstheorie, Darmstadt 2006
Searle, John R.: Geist, Hirn und Wissenschaft, Frankfurt 1994
Sedlmayr, Hans: Verlust der Mitte: Die bildende Kunst des 19. und 20. Jahrhunderts als Symbol und Symptom, Frankfurt 1983 (= ^{1}1948)
Sellars, Wilfried: Science, Perception and Reality, London 1963
Sherrow, Victoria: Encyclopedia of Hair. A Cultural History, London 2006
Spaemann, Robert: Das unsterbliche Gerücht. Die Frage nach Gott und die Täuschung der Moderne, Stuttgart 2007
Stegmüller, Wolfgang: Probleme und Resultate der Wissenschaftstheorie und Analytischen Philosophie, Berlin. Band I ^{2}1983
Strawson, P.F.: Einzelding und logisches Subjekt, Stuttgart 1972
Strawson, Peter F.: Analyse und Metaphysik. Eine Einführung in die Philosophie, München 1994
Taylor, Paul W.: Respect for Nature. A Theory of Environmental Ethics, New Jersey 1986
Teilhard de Chardin, Pierre: Der Mensch im Kosmos, München 1969

Thomas von Aquin: Die Gottesbeweise. Text, Übersetzung und Kommentar von Horst Seidl, Hamburg, ²1986

Tugendhat, Ernst: Vorlesungen zur Einführung in die sprachanalytische Philosophie, Frankfurt 1976

Tugendhat, Ernst: Vorlesungen über Ethik, Frankfurt ³1995

Tugendhat, Ernst: Philosophische Aufsätze, Frankfurt 1992

Tugendhat, Ernst: Egozentrizität und Mystik. Eine anthropologische Studie, München 2006

Vogeley, Kai: Repräsentation und Identität. Zur Konvergenz von Hirnforschung und Gehirn-Geist-Philosophie, Berlin 1995

Vollmer, Gerhard: Auf der Suche nach der Ordnung, Stuttgart 1995

Weinberg, Steven: Die ersten drei Minuten. Der Ursprung des Universums, München 1980

Weinberg, Steven: Der Traum von der Einheit des Universums, München ²1992

Weizsäcker, C.F. von: Die Einheit der Natur, München ⁴1984 (= ¹1971)

Weizsäcker, C.F. von: Aufbau der Physik, München 1988 (= ¹1985)

Weizsäcker, Carl-Friedrich von: Zum Weltbild der Physik, Stuttgart 1958

Wiener, Norbert: Kybernetik. Kommunikation und Kontrolle in Tier und Maschine, Düsseldorf 1963 (= ¹1948)

Wilson, Edward O.: Die Einheit des Wissens, Berlin 1998

Wiener, Norbert: Kybernetik. Kommunikation und Kontrolle in Tier und Maschine Econ-Verlag, Düsseldorf 1963 (= ¹1948)

Wright, Georg Henrik von: Normen, Werte und Handlungen, Frankfurt 1994

Eine Auswahl aus den Büchern der Grauen Edition

W. Alt / U. Eibach / V. Herzog / S. Schleim / G. Schütz:
Lebensentstehung und künstliches Leben.
Naturwissenschaftliche, philosophische und theologische
Aspekte der Zellevolution
410 Seiten, ISBN 978-3-906336-56-5

H.-P. Dürr / F.-A. Popp / W. Schommers (Hrsg.):
Elemente des Lebens
395 Seiten, ISBN 978-3-906336-28-2

Alfred Schmid: Principium motus.
Vom Wesen der Schöpfung. Eine gnostische Schau
173 Seiten, ISBN 978-3-906336-49-7

Michael Hauskeller: Biotechnologie
und die Integrität des Lebens
261 Seiten, ISBN 978-3-906336-53-4

Michael Hauskeller (Hrsg.): Die Kunst der Wahrnehmung.
Beiträge zu einer Philosophie der sinnlichen Erkenntnis
385 Seiten, ISBN 978-3-906336-36-7

Gernot Böhme: Die Natur vor uns.
Naturphilosophie in pragmatischer Hinsicht
305 Seiten, 38 Abbildungen, ISBN 978-3-906336-33-6

Gernot Böhme: Invasive Technisierung.
Technikphilosophie und Technikkritik
350 Seiten, ISBN 978-3-906336-50-3

Thomas Fuchs: Leib und Lebenswelt.
Neue philosophisch-psychiatrische Essays
378 Seiten, ISBN 978-3-906336-51-0

Ottmar Leiß: Streifzüge durch ärztliche Welten.
Essays zur biopsychosozialen Medizin
195 Seiten, ISBN 978-3-906336-54-1